企业管理思想史系列

质量管理思想史

蒋明琳◎著

企业管理出版社
EMPH
ENTERPRISE MANAGEMENT PUBLISHING HOUSE

图书在版编目（CIP）数据

质量管理思想史 / 蒋明琳著. —北京：企业管理出版社，2022.12
ISBN 978-7-5164-2694-4

Ⅰ. ①质… Ⅱ. ①蒋… Ⅲ. ①企业管理—质量管理—思想史
Ⅳ. ① F273.2-09

中国版本图书馆 CIP 数据核字（2022）第 163067 号

书　　名：质量管理思想史
书　　号：ISBN 978-7-5164-2694-4
作　　者：蒋明琳
责任编辑：尤　颖　　徐金凤　　黄　爽
出版发行：企业管理出版社
经　　销：新华书店
地　　址：北京市海淀区紫竹院南路 17 号　　　邮　　编：100048
网　　址：http://www.emph.cn　　　电子信箱：emph001 @163.com
电　　话：编辑部（010）68701638　　　发行部（010）68701816
印　　刷：北京环球画中画印刷有限公司
版　　次：2022 年 12 月第 1 版
印　　次：2022 年 12 月第 1 次印刷
开　　本：710mm × 1000mm　1/16
印　　张：20.75
字　　数：249 千字
定　　价：98.00 元

“企业管理思想史”丛书主编

胡海波　蒋翠珍　林晓伟　边俊杰

编委会

曾国华　蒋翠珍　李晓园　陈　武　孙立新　万　金
谌飞龙　甄英鹏　朱文兴　陈　鹰　周　静　刘　磊
许　菱　余来文　舒　辉　李　晶　郭同济　刘元秀
胡海波　陈　颖　林晓伟　蒋明琳　范春风　马孟丽
陈丽琴　邹　玲　周　丽　陈　明　卢　锐　边俊杰
杨旭宁

顾问委员会

陈传明　黄速建　苏　勇　宋志平　徐少春　施　炜

丛书序

中国企业近年来在钢铁、建材、石化、高铁、电子、航空、航天等领域通过锻长板、补短板、强弱项，大步迈向全球产业链和价值链的中高端，成果显著。2021 年，我国制造业增加值达到 31.4 万亿元，已经创造了连续 12 年制造业总量位列全球首位的佳绩。中国企业在联合国划分的工业 41 个大类、207 个中类和 666 个小类里辛勤耕耘，这在全世界是独有的。围绕中国企业取得的每一个成就、每一项进步，企业管理无不闪耀着骄人的光辉。当越来越多的中外学者和企业家倾心深入探求企业管理之道时，中外企业发展过程中管理大师每一步重要的理论开拓，管理思想的演变脉络，企业管理实践的成败得失，无不成为有待系统梳理展现的急迫之需。“企业管理思想史”丛书（以下简称“丛书”）的出版注定要成为中国企业管理领域的一件大事。

以知识部类划分，企业管理从属于管理类。管理是人类一项基本的实践活动，管理能力是人类生存和发展不可或缺的软实力，管理思想不仅是人类社会活动所积累的精神财富，也是人类文明的璀璨结晶。企业管理则是工业文明的产物，随着十八世纪末期机器化大生产的兴起与演进，企业管理逐步从随意化、个人化的形式向专业化、科学化的形式过渡。如果从四次工业革命的角度思考，每一次重大技术革命和产业变革都带来一次管理理论以及企业管理模式的飞跃。站在当今发展之巅回顾与展望，以往工业革命进程中企业管理的创新性实践及理论探索弥足珍贵，每一簇思想的火光至今仍可作为借鉴；而面向未来新的攀登，古典管理理论、近代管理理论、现代管理理论，构成了继续向前探索的坚实阶梯和基础。

黑格尔说，历史就是时代观念外化的结果。企业管理思想史与一般思想史动辄皇皇百万言，呈现无所不包的百科全书全景式巨著不同，“丛书”冠之以“思想史”是力图承接前行者的伟大传统，使后来者得以站在巨人肩上，形成宏大开阔的视野和把握脚踏实地的方法，通览企业管理自诞生到辉煌的思想历程。“丛书”通过研究和揭示管理思想的产生、发展、演变的历史过程及其一般规律，包括记载管理的观点、见解，将其理论化、系统化，并论证管理理论产生、发展、演变的历史，进而归集到企业领域。

经典思想史的编撰一般会沿着历史的演进和思想家体系的构建两条主线展开，“丛书”充分体现自身的特点，又增加了企业管理实践的主线。相较二十世纪思想史领域最著名的偏重于哲学范畴的“施特劳斯学派”和偏重于历史学范畴的“剑桥学派”而言，“丛书”更加关注历史对今天的启示。用历史的方法研究思想，不是一般意义的注释考据和推演思辨，而是更注重对现实企业管理的真实关切能否有所裨益和借鉴。

可以看到，自十九世纪末，管理学成为一门相对独立的学科以来，管理思想的发展相对缓慢，直到二十世纪中后期才成为一个比较独立的研究领域。美国管理思想史学家小乔治（Claude S. George）撰写的《管理思想史》于 1972 年正式出版，全面介绍了管理思想（主要是西欧和美国的管理思想）发展的过程；美国管理思想史学家雷恩（Daniel A. Wren）所著《管理思想的演变》于 1979 年出版，比较详细地介绍了西方管理思想发展演变的历程。

中国工业化的探索自清末洋务运动以来就没有停止，但国家层面的工业化建设还是从中华人民共和国建立开始。建国后企业的现代化管理在一开始即按照苏联模式，纳入计划经济的体系。尽管中国式企业现代化管理的尝试不断出现，有的也取得一定成效，但总体上仍没有摆脱计划经济的窠臼。自 1978 年 12 月召开的中国共产党十一届三中全会开始，中国走上了改革开放的全新进程。中国企业逐步甩开了计划经济时代的企业管理做法，探索与世界接轨又符合中国特点的企业管理之路。改革开放以来，为适应我国企业改革发展和加强管理的需要，有关现代企业管理的研究和著作相继问世，标志着中国企业管理创新进入新的发展阶段。一批中国企业家矢志探索符合中国企业特点的企业管理创新之道，任正非、张瑞敏、宋志平等企业领军人物在带领企业争创世界一流的同时，形成了颇具特色的企业管理创新理论和专门论著。中国企业联合会已经连续 28 届审定了全国企业管理现代化创新成果逾 4000 项，展示了我国企业管理创新方面的进展和成果。一批企业家和中国学者也在管理学领域不遗余力地进行实践，并开展了管理思想史的研究。特别是我国学者周三多、杨先举、李明新、孙耀君、郭咸纲、唐任伍、赵志军、彭新武等先后撰写了管理思想史方面的多部专著，在管理思想史的研究上取得了一系列成果。但总的来看，现有管理思想史类著作多以研究西方管理思想为主，较少系统性地研究中国管理思想，也鲜有按管理学特别是企业管理分支学科进行深入研究的成果。“丛书”以此为切入点，以时间为经、以代表人物为纬，旁征博引、纵横推移，对中外企业管理思想各发展阶段的代表人物、见解观点、思想灵感、理论背景及其发展进程进行了系统阐释，以期读者能够从中把握中外企业管理思想的发展脉络和精髓，前瞻分析企业管理问题，更好地提出解决方案。

一、“丛书”的研究对象

“丛书”的研究对象既包括企业管理理论的思想继承、扬弃和创新，也包括企业管理实践，拓展性地研究以下问题。

一是，阐述企业管理思想的演化过程和发展规律。“丛书”不只是梳理企业管理理论的演化过程与发展规律，更多的是从唯物历史观出发，分析企业管理思想的产生背景、发展缘由、理论贡献与局限性等，并对比中外管理理论与思想，试图探索企业管理思想形成与发展的内在规律。

二是，关注社会生产方式的变革与企业管理思想演变的相互关系。厘清社会生产方式与企业管理思想之间存在“实践—理论—实践”的逻辑关系，提出与管理相关的命题，前瞻预见未来的发展与挑战。

三是，把脉不断发展的企业管理实践。从管理实践与管理思想的辩证关系入手，将中国传统文化中的管理思想与现代企业管理实践相融合，用理论不断指导实践，同时提供系统、全面的方案来应对企业管理实践中的复杂变化。

四是，把握中国企业管理实践与中外企业管理思想、管理理论的辩证关系。用辩证的思想将西方管理思想和我国传统的管理理念加以比拟融合，在实践中探索出一套符合我国国情且利于我国企业发展的管理理论。

二、“丛书”的研究内容和研究思路

“丛书”的研究以企业管理各主要分支学科为脉络，以前人管理思想史研究为基础，阐述各学科主要学派的代表人物、见解观点、产生背景及其发展进程，进而抵达管理思想研究前沿，提出企业管理中国化命题。“丛书”包括《管理思想史》《组织管理思想史》《知识管理思想史》《人力资源管理思想史》《营销管理思想史》《战略管理思想史》《财务管理思想史》《创业管理思想史》《商业模式思想史》《供应链管理思想史》《信息管理思想史》《公司治理思想史》《科技管理思想史》《商业伦理思想史》《企业管理思想史精读》《协同管理思想史》《质量管理思想史》《电子商务思想史》《组织行为学思想史》《公共管理思想史》《价值链管理思想史》《企业管理前沿理论》《运营管理思想史》《生产管理思想史》《旅游管理思想史》《跨国公司经营管理思想史》《项目管理思想史》《投资管理思想史》《创新管理思想史》《公司金融思想史》《物流管理思想史》《风险管理思想史》《成本管理思想史》《内部控制思想史》《企业文化思想史》《管理决策思想史》《系统管理思想史》《国际贸易思想史》《品牌管理思想史》《数字管理思想史》《服务管理思想史》《人力资本管理思想史》。

作为丛书，各分册共同的框架逻辑主要体现在以下四个方面。

一是，企业管理思想的形成与发展。以时间为主轴，以具体标志性事件为重要节点，系统地、完整地追溯和回顾企业管理各学科涉及的中外企业管理思想演变和自身成长的进化过程，探讨各学科如何随着企业管理实践的发展和技术的变革而演化发展。

二是，中外管理思想溯源。将企业管理各学科涉及的古今中外管理思想作为一个整体，包括早期管理思想、古典管理思想、现代管理理论和当代管理思想等，溯其源流、综其脉络、述其精华、探其内涵、究其本质，为后续深入剖析各学科流派提供理论基础和观点素材。

三是，主要学派述评。在介绍具体各学科管理思想学派及其分支学派的代表人物、见解观点、产生背景、发展进程的基础上，以生产力、生产关系和上层建筑的决定性作用和能动性作用为标准，评述在不同历史发展阶段和社会形态下，各学科管理思想学派及其分支学派的发展沿革、历史作用、局限性等，并对中外管理思想进行差异性比较。

四是，国内外研究前沿探讨。在生产力层面，数字技术创新及其应用创新使万物互联、信息共享、效率提升成为必然；在生产关系（经济基础）层面，数字化新业态、新模式、新机制层出不穷；在上层建筑层面，数字化新理论、新理念、新价值观不断涌现。数字经济的迅速崛起与国际竞争新态势迫切要求中国企业管理思想与时俱进、拥抱未来。“丛书”探讨国内外研究前沿理论和方法，源于实践、高于实践、引领实践，为中国企业提供前瞻性方案。

三、“丛书”的主要特色

“丛书”遵循辩证唯物史观的本质要求，以“古为今用，洋为中用，践行当下，引领未来”作为使命担当。

一是，突出时代呼唤、时代使命和时代要求，有助于有效填补中国企业管理思想研究的发展空白。“丛书”从专业和微观角度，按照企业管理各分支学科的发展演变分门别类地进行研究，构建具有中国特色的现代化管理思想体系。这一点可以说不仅填补了国内企业管理思想史的空白，在一定程度上也填补了国际企业管理思想史的空白。

二是，突出中国问题、中国元素和中国方案，有助于坚定增强走中国式企业管理道路的发展信心。“丛书”融汇了中国上下五千年管理思想史，对中国企业管理思想的研究上溯到先秦时期，弘扬中华优秀管理文化。“丛书”立足本土，总结凝练中国原创企业管理理论，建设性地提出现代化管理的中国方案，致力于提高中国管理研究在国际上的学术地位和影响力，为中国管理在世界舞台的崛起贡献力量。

三是，突出管理历史、管理研究和管理实践，有助于深入总结中国式企业管理的发展规律。“丛书”覆盖面广、核心内容扎实、重点突出，从中外古代文明的管理思想入手，着重探讨近代以来的企业管理思想，紧密结合相关理论产生的时代背景，紧扣其形成、发展的演进脉络，有利于读者更好地理解相关企业管理理论的缘起、应用与兴替。

四是，突出人文精神、人文道德、人文品格，有助于切实提升中国式企业管理的发展境界。“丛书”注重比较分析，强调企业管理智慧和道德融合统一，总结归纳企业管理实践的历史经验，为“商智”和“商德”的辩证统一关系正本清源，明确了商业主体应该遵守的商业行为原则和规范、应当树立的优良商业精神等商业道德问题，形成了商业群体最重要、最长远的约束机制，同时保证了商业群体的长盛不衰，为中国企业管理理论发展提供正信、正念和正能量。

五是，突出创新理念、创新模式、创新方法，有助于不断增强中国式企业管理的发展动能。“丛书”探讨企业管理创新，提倡学以致用，将中国特色企业管理与数字化创新相结合，在每一分支学科对应分册都有前瞻性研究成果，且重点论述了数字化技术发展对企业管理的促进作用，为中国企业提供新思路、新模式和新方法，助力中国企业用自己的方法解决自己的问题，使中国式管理拥有平视世界的底气和实力。

希望这套丛书能帮助中国企业家迈向世界企业管理的高水平殿堂，助力中国企业探索出具有中国特色的企业管理创新模式，为中国大专院校、科研单位开展企业管理的教学、科研和实践提供有价值的参考，成为向世界展示中国企业管理的窗口，促进中国企业健康可持续发展。

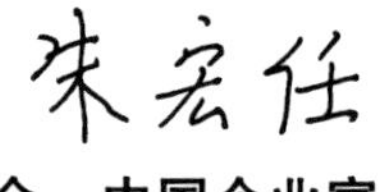

中国企业联合会、中国企业家协会党委书记、

常务副会长兼理事长

2022 年 3 月 26 日

推荐序一

管理思想作为人类对于管理实践过程规律和本质的思考，既是过去和现在的经济、社会、政治和文化的结晶，也是开拓未来的宝贵经验。“企业管理思想史”丛书以“学史明理、学史增信、学史崇德、学史力行”为目标和要求，探寻“上善若水、大制不割、和合共生”等中国传统哲学智慧精髓，探究“科学管理、人本管理”等西方经典管理理论与哲学思维，探讨“去中心化、自组织”等后现代管理前沿理论，探求“物联网技术、量子力学”等世界前沿科技的创新应用。同时，融入“中国元素”，努力创新，科学性、系统性、拓展性地探索中国企业管理面临的诸多普遍性和特殊性问题。

严格意义上讲，现代管理学发展历程不过百余年，但历史长河中的管理思想代表着不同时代、不同地域的管理特色。因此，“企业管理思想史”丛书秉承弘扬中西方优秀文化，以时间为主轴，以学科学派、代表人物、主要观点、研究前沿和发展趋势等为主要内容，突出中国元素，深入阐发、提炼和展示古今中外优秀传统文化的精神标识和具有当代价值、世界意义的文化精髓，廓清该学科理论的发展脉络和演化进程，批判与继承该学科相关研究的精华，具有较高的理论价值和社会效益。

第一，研究框架体系新颖，既梳理学科发展史，也明晰发展脉络。丛书以时间为经，以理论观点为纬，旁征博引、纵横推移，对中外管理思想各发展阶段的代表人物、见解观点、思想灵感、理论产生背景及其发展进程等进行系统阐释，梳理管理学及其主要分支学科的历史沿革和发展脉络。

第二，学派划分的独特性，溯源古今中外管理思想，萃取智慧结晶。将管理学及其主要分支学科涉及的古今中外早期管理思想、古典管理思想、现代管理思想和当代管理思想等作为一个整体（系统），溯其源流、综其脉络、述其精华、探其内涵、究其本质。

第三，研究的前瞻性，多视角地探索中外理论研究前沿，提出前瞻命题。丛书基于 TRIZ 理论（发明问题解决理论）、智慧管理理论、知识管理的视角，探讨未来企业管理的发展趋势，并从政府、学术界、业界、咨询界等多视角，提出中国管理未来的研究焦点和热点。

该丛书是一项庞大的系统工程，是历经多年潜心谋划，集众人心血和智慧之大成，不仅填补企业管理领域的研究空白，拓展相关学科研究的深度、广度和高度，也为管理学科学化、系统化、中国化的前沿研究奠定理论基础，必将成为学习企业管理理论的必备丛书。

该丛书之所以令人耳目一新，不仅源于独特的研究框架、严密的逻辑框架、完整的历史叙事和充实的背景描述，更主要的是裨益读者领悟“古为今用，洋为中用，践行当下，引领未来”之精髓。

陈传明

南京大学商学院教授、博士生导师

2022 年 3 月 16 日

推荐序二

“企业管理思想史”丛书以管理学分支学科为切入点，以丰富具有中国特色的现代企业管理思想体系为目标，系统研究古代、近代和现代的中外管理思想，比较中西方企业管理思想的差异，并分析造成这种差异的原因。在批判和继承中西方管理思想的基础上，尝试解决企业管理理论研究存在的突出问题：研究对象模糊、史料考证缺乏、忽视时代背景、各种管理思想间关系缺乏梳理等。同时，结合中国国情和实际问题开拓创新，为“中国管理”发展提供研究方向、思路和命题。

“企业管理思想史”丛书深入、全面地描绘了企业管理思想的历史画卷，系统梳理中西方管理思想的演化融合进程，不仅能让读者理解管理思想及其研究方法的起源、文化背景、发展过程，更有助于拓展读者思维边界，并为企业管理的实践提供良好的理论基础，具有较高的价值和社会效益。

第一，覆盖面广、核心内容扎实、重点突出，有助于“学史明理”。该丛书从中西方古代文明的管理思想入手，探讨工业革命前后的管理思想，包括科学管理、古典管理理论、行为科学、现代管理思想乃至于当代管理思想等；紧密结合相关理论产生的时代背景，紧扣形成、发展的演进脉络，有利于读者更好地理解相关企业管理理论的一脉相承、百家争鸣之妙。

第二，突出中国问题、中国元素和中国方案，有助于“学史增信”。该丛书各分册都设置“前沿命题和未来发展”章节，旨在提出企业管理理论研究前沿与中国化命题，为中国管理创新与变革提供新思路。

第三，注重比较分析，强调管理智慧和道德融合统一，有助于“学史崇德”。该丛书总结归纳企业管理实践创造和历史经验的启迪智慧，为“商智”和“商德”辩证统一正本清源，为中国管理理论发展提供正信、正念和正能量。

第四，探讨管理创新，提倡学以致用，有助于“学史力行”。企业管理思想史是企业管理实践最好的教科书，也是最好的清醒剂。不仅有助于读者把学习企业管理思想史同推动实际企业管理工作结合起来，也有利于读者将管理智慧同企业管理实际问题结合起来。

一部管理思想史，就是一部人类文明的发展史。以史为镜，可知兴替。管理思想史研究除了探索历史真相以正本清源，为现实管理实践提供历史借鉴外，更重要的是要通过历史映照未来，揭示管理思想的发展趋势。因此，学习该丛书，读者能够了解人类对管理的认知历程，管理者能够从中汲取历史经验与教训。“企业管理思想史”丛书是不可多得的管理智慧结晶，契合目前“中国元素”理论创新与变革的大趋势，为中国新管理理论突破与发展奠定坚实的基础，助力中华民族早日实现伟大复兴的中国梦。

中国企业管理研究会会长

中国社会科学院工业经济研究所研究员、博士生导师

2022 年 3 月 18 日

前　　言

早在一万多年以前的旧石器时代，人类对器物就有了原始的质量意识，对当时生产的器物也进行极简单的检查。1771 年，第一次工业革命期间，世界上第一个工厂在英国建立，开始有了质量管理的萌芽。但科学研究质量管理是从 20 世纪初开始的。质量管理理论是随着现代化工业生产的发展而逐步形成、发展和完善起来，并伴随着人们对质量内涵的认识、理解的不断变化而丰富起来的。质量管理在其产生和发展的历程中，不断吸收和借鉴现代科学技术、管理科学等内容；质量管理理论通过在世界范围内的传播、应用和发展，它的思想、原理和方法对于各国质量管理的理论研究和实际应用的指导价值已得到充分的证实。

研究历史是为了走向未来。差不多每隔二十几年，在解决质量管理工作方面就会发生重大的变革。按照质量管理在工业发达国家实践中的特点，质量管理理论也在不断地继承并创新，先后经历了质量检验阶段、统计质量控制阶段、全面质量管理阶段和精益质量管理阶段等多个阶段。在其发展、演变的过程中，又陆续出现了许多新的质量理论，如科学质量管理理论、质量抽样检验理论、可靠性理论、质量功能展开理论和六西格玛管理理论等。质量管理理论起源于美国，但在 20 世纪中叶在日本得到继承并创新，在这些先进的质量管理理论指导下，“日本制造”得到飞速发展并获得很好的经济效益。日本企业质量管理的成功经验在众多国家中被广泛地推广应用。自改革开放后，我国也积极开展质量管理活动，我国质量管理理论发展从最初的引进、学习，转变为借鉴、融合和自主创新，并出版了许多国内外相关教材和专著。然而，笔者通过梳理文献发现，关于质量管理理论的内涵与系统架构尚未有清晰的界定，系统研究质量管理思想史的著作很少。以史为鉴，可以明理，可以知兴替，可以更好地开创未来，因此，结合时代实践，系统研究质量管理理论的产生、发展和演进就具有重要的理论与现实意义。

本书从以下创新视角撰写质量管理思想史，以期达到“学史明理、学史增信、学史崇德、学史力行”的目标和要求。

一是紧密结合相关理论产生的时代背景。任何质量管理理论的形成都是基于解决所处时代各类质量管理问题应运而生的，本书结合经济社会发展背景研究质量管理理论的形成、发展和演进，有利于读者更好地理解相关理论。

二是纳入中国质量管理思想。目前关于质量管理理论发展和演进的研究，以西方为主，将中国质量管理的思想起源、理论与实践研究融入世界质量管理思想史的研究很少。

三是历史回顾与前瞻性研究相结合。本书既有质量管理理论思想起源、形成与发展研究，也有人工智能、云计算、大数据、物联网等新一代信息技术对质量管理理论与实践影响的前瞻性研究，回答了质量管理理论从何而来、如何发展、向何而去的系列问题。

四是文献梳理与研究评价相结合。本书不是简单地梳理质量管理思想史，而是基于实践应用导向，分析质量管理理论产生与发展的原因、理论贡献与局限性，并试图探索质量管理发展的内在规律。

本书的研究内容主要分为以下七章。

第一章为质量管理总论，主要梳理整个质量管理思想的形成与发展史，阐述质量管理的内涵、研究边界、拟解决的问题和基本思路。

第二章为质量管理思想溯源，主要研究质量管理思想发展的逻辑，对国外及中国古代质量管理思想进行溯源。

第三章为质量检验阶段相关理论的形成与发展，主要阐述泰勒科学质量管理思想、吉尔布雷斯夫妇的动作标准管理、“标准化之父”惠特尼的标准化工序管理思想和福特标准化质量管理。

第四章为统计质量控制理论的形成与发展，介绍了质量统计控制学派开创人休哈特的学术观点，精选质量抽样检验理论、可靠性理论、旧质量管理七大方法和新质量管理七大方法进行阐述和评价。

第五章为全面质量管理理论的形成与发展，介绍了代表人物朱兰、戴明、克劳士比、石川馨、田口玄一等的质量管理思想，精选质量认证和管理体系以及卓越绩效模式进行阐述和评价。

第六章为精益质量管理理论的形成与发展，对精益生产的质量管理、六西格玛管理理论进行阐述和评价。

第七章为前沿命题与未来发展，主要结合时代背景，介绍几个典型国家的质量战略。此外还介绍了质量竞争力理论、宏观质量管理理论、魅力质量理论、绿色质量管理理论与可持续发展等，并结合未来新产业、新业态、新模式的发展对质量管理理论发展的前瞻性研究及其他的质量管理理论进行阐述和评价。

撰写并出版本书将有利于读者更好地理解和运用质量管理理论，研判质量管理理论的发展方向，促进质量管理理论和实践的创新发展。

本书在写作过程中参考了大量文献，谨向相关文献作者致以诚挚的谢意！感谢学生邱晗、谢宝佳协助搜集相关资料，感谢余来文博士对本书出版的大力支持！

本书既是一部学术专著，又兼具工具书功能；既可以为进行质量管理理论研究与实践提供参考和信息索引，也可以作为高等学校质量管理相关课程的教材。本书致力于将作者长期从事质量管理的教学、研究与实践的感悟融入其中，并试图对质量管理思想的研究有所创新，但由于质量管理思想史涉及内容浩如烟海，作者水平有限、篇幅有限，因此书中中国元素还不够丰富，难免有疏漏之处，敬请读者批评指正。

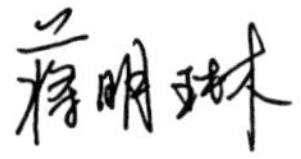

2022 年 7 月 1 日

目　录

第一章

质量管理总论

▲

CHAPTER 1

质量管理学是一门实践性较强的学科，既涉及社会科学、经济科学、工业企业管理学，又涉及数学、自然科学的数理统计学等。随着现代管理科学理论和实践的发展，质量管理学经历了一个多世纪，已发展成为一门比较成熟的、独立的学科。

第一节　质量管理发展历程

一、世界范围的质量管理发展历程

质量管理活动可以追溯到旧石器时代，根据日本质量管理专家高木金地教授对石器时代的器物考证[1]，认为在1万年之前的旧石器时代，人类就产生了朴素的质量管理意识，这些远古人类使用的石器留有简陋的质量检验痕迹。随着生产力的发展，产品形态变得更加复杂，为更好地适应种植、驯养、制造和交换等活动，人类对产品质量也提出了相应的要求。后来，人类为提高工作效率，形成了分工，一些职业实现了专业性发展，如农民、工匠和商人等职业。工作的专业性分工，使农村市场上买卖双方对产品质量的评价出现分歧，并引发一系列新的质量问题，质量问题逐渐成为社会纷争的焦点，引发社会管理者对产品质量管理的思考，并在相关立法中得以体现[2]。从出土的相关文献可知，人类最早有关质量责任的法律可以追溯到约公元前18世纪，在《汉谟拉比法典》中就有一条法律规定，如果房屋建造因质量问题而倒塌，并致房主身亡，营造商将被处以极刑。在中东，一块被挖掘出的泥土档案记录显示，大约在公元前429年，皇室管理者对皇室所设工场的产品开展原始的质量管理，具体规定如下：皇室用的金戒指若装上翡翠，要保证翡翠20

年内不会掉落下来。如果掉落下来，作为处罚，工场要向皇室赔偿价值10个“马拉”（Mana）的银子[3]。在中国，《周礼·考工记》记载了春秋战国时期官营工业的质量管理方法，内容十分丰富，证明我国是世界上最早进行质量管理的国家。《管子》《吕氏春秋》《韩非子》等著作中都有丰富的有关质量管理的内容[4]。由此可见，在古代，中西方生产者在劳作过程中逐步发展了质量管理的内涵。但受限于男耕女织的劳作方式，古代产品主要是满足自给自足，商品交换的规模和范围还极其有限。而且那时的产品工艺都较为简单，大多数产品并不需要太多的劳动者参与就能完成，生产的社会化程度较低。在这种情况下，产品的质量管理虽然有所发展，但还处于较低层次，因质量问题引发的纠纷还局限在市场上，比较容易解决。

随着生产的不断发展，产品设计越来越复杂，运用也更加多样化，已经无法依靠人的感官直接判断产品是否合格。特别是在第二次工业革命以后，产品推陈出新，促使生产模式不断变革，需要更加先进的质量管理模式以适应新的生产模式。另外，随着新的产品生产出来并被销售到更加广阔的市场，消费者对产品质量也提出更加严格的要求，产品的质量问题日益成为尖锐的社会问题。为解决质量导致的销售问题，西方发达国家开展了质量管理理论和实践研究，并取得了丰硕的成果。

在第一次工业革命初期，产品产能得到了提高，但是产品不能完全符合消费者的要求，对问题分析后发现，主要是产品出厂时未进行质量检验，即使有部分厂家开展了质量检验，但也缺乏相关的质量检验标准，质量检验活动还未形成良好的程序规范。随着生产规模的进一步扩大，每一个工业品都是由相关零部件装配而成的，但这些零部件却不能互换，一些工厂意识到这个问题后，开始制定零部件的标准规格，设计可以互换的零部件[5]。

虽然欧洲已经开始标准化生产试验，但这种大量的生产到1800年左右才由美国的惠特尼（Whitney）公开实行。与欧洲国家相比，美国的工业化进程较晚，机械制造业也起步较晚，但这并不影响美国机械制造业的发展。其一开始就把机械制造业与先进的标准化生产方式相结合，使生产出来的机器零部件可以按照标准规格互换，遇到机器发生故障时，不需要拆卸整台机器，只需要找到损坏的零部件，用新的符合标准规格的配件直接替换，机器就可以继续使用了。这些配件也较容易及时找到，从而大大提高了装配工人的工作效率。这种生产方式为大规模生产提供了基础。随着机械和量器的不断发展和改进，美国的标准化生产方式推广到了各行各业。1854年，美国的沃尔瑟姆钟表制造厂首先采用了标准化生产方式[6]，1850—1851年，缝纫机制造厂也进行了变革，采用标准化生产方式，进行规模化生产。此后，农业机械与其他轻重工业部门都开展了标准化生产。美国大范围开展标准化生产提高了效率，增加了收益，因此重新引起了欧洲工业国家的关注，它们到美国考察研究标准化生产，并把这种生产方式带回欧洲工厂。1854年，英国从美国购买了生产来复枪的成套设备，运回国并开发了来复枪标准化生产线。

在20世纪以前，产品质量管理为“操作者的质量管理”，即产品质量是否过关由操作者本人的技术及经验来保证，导致产品质量不稳定。为弥补这一缺陷，19世纪末至20世纪初，泰勒（Frederick W. Teylor）通过科学管理实验研究认为，产品质量检验是产品生产的重要环节，有必要从加工制造环节中分离出来，由此设立了“工长质量管理”，将产品的质量把关由操作者本人转移给工长。随着产品规模的增加和产品复杂性的进一步提高，企业对产品质量管理的要求也提高了，产品合格的技术标准、相关公差制度也在不断完善，越来越多的质量检验工具和技术得到发展，此时仅靠工长一人已无法完成所有的质量检验工作，一些企业设置质量检验部门形成了“检验员的质量管理”[7]。以上质量管理方式都是在产品生产出来后进行检验的，因此这个阶段被认为是质量检验阶段。

由于西方一些国家开展标准化生产管理后，产能、效能都得到了提高，产品被销售到世界市场，由此，在国际上出台相关的标准化规范成为迫切需求，一些行业的国际标准化团体、协会等组织（如ISO 组织）成立了。这些组织制定相应的标准化生产规范，围绕产品在国际市场销售所应达到的质量要求，形成抽样检查说明书，从而把控产品质量，降低废品率。著名的质量管理专家休哈特在开展工序操作的质量管理实验中，通过反复实验，认为以质量控制图为中心的质量管理方法效果最好，并创造了质量控制技术。1931 年，休哈特《工业产品质量的经济控制》的出版，标志着产品质量管理进入了统计质量控制阶段[8]。

随着计算技术的发展，产品质量的统计管理方法也得到不断改进，在 20 世纪 30 年代休哈特提出质量控制图后不久，美国贝尔实验室的道奇（H.F.Dodge）与罗米格（Romig）提出了有关“产品检查容许不合格品率（LTPD）的概念及其抽样方案”的设想，并提出了统计抽样检验方法。20 世纪 40 年代，美国贝尔电话公司将统计质量控制技术应用到工厂质量管理中，获得了较好的成效。20 世纪 50 年代，美国的爱德华兹·戴明（以下简称戴明）进一步改进了统计质量控制技术，并将这些方法应用到生产和经营管理中，通过不断地总结和完善，最终形成了有重大影响力的“戴明十四法”。1958 年，美国军方制定了 MIL-Q-9858A 等系列军用质量管理标准，提出了“质量保证”的概念。1960 年，费根堡姆、朱兰认为产品质量管理不是个别部门的任务，所有的职能部门都要参与到质量管理活动中，质量管理是全过程管理，从而引出了全面质量管理的概念[9]。

费根堡姆、朱兰与戴明的全面质量管理理论传到日本后，被日本的众多企业所接受，并开展了质量管理变革，不断创新质量管理方法，新旧质量管理工具被广泛应用到企业生产管理中。日本企业开展全面质量管理（TQM）后，竞争力大为提升，其汽车、家用电器等产品在国际市场占领了较大的市场份额，并促进了日本经济的发展[10]。与此同时，质量管理理论也在日本得到进一步提升，并涌现出了一批著名的质量管理专家，如石川馨、田口玄一、赤尾洋二等。在这一时期，日本的主要质量管理方法包括质量小组理论、质量功能展开、质量工程学等。

20 世纪 60 年代，北大西洋公约组织（NATO）以美国 MIL-Q-9858A 等质量管理文件为基础，结合统计质量控制的相关方法，制定了 AQAP 质量管理系列标准。1979 年，英国将军方适用的质量保证方法引入民用企业质量管理中，因此，在保证军用物资装备生产质量的同时对民用企业也产生了影响，民用企业也掀起了执行质量认证标准的热潮。

1962 年，菲利浦・克劳士比突破性地提出了“零缺陷”理论，他认为开展质量管理并不会造成高成本，因为质量是免费的，高质量产品反而会为企业带来持续、稳定的回报。随着质量管理对企业发展的良性促进越来越显著，越来越多的国家意识到了开展质量管理的必要性，中国、美国、英国、日本等国家纷纷设立了国家层面的质量管理奖，用以激励企业通过加强质量管理提升竞争力。质量管理方法被引入到医院、机关和学校等各行各业。有些企业甚至将开展质量管理作为企业战略管理的主要内容。

20 世纪 80 年代，ISO 9000 系列国际质量管理标准发布，通过制定一系列质量管理和质量认证方案，保证了世界范围内经济和贸易活动能够有序展开[11]。1994年，新的ISO 9000标准进一步完善，并在世界绝大多数国家推行，促进了全球质量管理活动的普及，提高了这些国家的质量管理能力。

采用全面质量管理的企业纷纷获得成功，有些企业甚至一跃成为世界知名企业。质量管理的内涵从符合规范逐步引申到以“顾客满意”为目标。全面质量管理不仅提升了企业的产品质量，更重要的是提升了服务质量，形成了全面质量管理文化，一些企业变革了生产流程，围绕质量管理，降本增效，缩短生产周期，获得了较强的竞争力。一些新的管理方法也被创造出来，如精益质量管理、精益六西格玛管理等[12]。

进入21世纪后，大数据、智能化、移动互联网和云计算等新科技不断发展，知识创新与管理创新协同发展，质量管理有了更深层次的内涵。朱兰曾经说过：“21世纪是质量的世纪。”[13]质量管理的内容也更加丰富，除了工厂生产需要质量管理外，人们的衣、食、住、行、用等方方面面都涉及质量管理。人与自然、人与社会的发展也涉及质量问题，质量管理理论和方法必然会突破以往的桎梏，在更深、更广的范围获得更大的发展。

二、中华人民共和国成立后中国质量管理发展历程

中华人民共和国成立后至20世纪70年代，我国还处于质量管理检验阶段，质量管理方法主要是借鉴苏联20世纪40—60年代的百分比抽样方法。在此期间，一些国有企业创造了新的质量管理方式，例如，鞍山钢铁集团公司的“两参一改三结合”，批判了一长制，即干部要参加企业生产劳动，工人要参与企业管理，要对不合理或不符合规范的规章制度进行改革，工人群众、领导干部和技术

员三结合，共同提升企业管理水平，提高产品质量。再如，大庆油田“三老四严”的管理制度，强调在油田管理中，要有严格的要求，每个操作都要符合相应的质量管理规范，确保油田安全生产。

20 世纪 70 年代末，我国实行改革开放，引进了大量国外先进的质量管理理论，我国邀请了日本专家石川馨来华讲授全面质量管理。1978 年，北京内燃机厂第一次与国外企业合作，将国外先进的质量管理理念与本厂实际相结合，成立了质量管理小组，建立了质量管理系统，这是我国企业迈出的现代质量管理的第一步。1979 年，我国成立了中国质量管理协会，面向全国宣传和推广质量管理政策、理论与方法[14]。对遏制假冒伪劣产品、提高产品生产合格率、提高售后维护质量、减少质量导致的浪费、提高企业质量管理能力、提高员工质量意识、提升百姓质量维权意识等，都起到较好的作用。20 世纪 80 年代初，我国制定并贯彻计数抽样检查标准后，才开始进入统计质量管理阶段。1980 年，原国家经济委员会颁布了《工业企业全面质量管理暂行办法》，一些大中型国有企业被要求开展全面质量管理活动。此后，在交通运输业、商贸服务业，甚至在一些金融机构、卫生服务部门、事业单位开展了全面质量管理的改革。

1978 年，我国向发达国家学习，引进了质量认证制度，有助于中国企业与国际接轨，走向世界。ISO 9001 标准一般被认为是我国企业走向国际的通行证。1992 年，我国围绕 ISO 9000 国际标准的核心要义制定并颁布了 GB/T 19000-ISO 9000 系列标准，此后 ISO 国际标准不断更迭，我国始终紧跟国际步伐，迅速地对这些国际标准进行转化，推出了 1994 版国际标准、2000 版国际标准等[15]，在国内推广使用[16]。

2001 年，我国加入世界贸易组织（WTO）后，将在跨国公司应用得较为成功的六西格玛方法逐渐推广到我国的一些大公司使用，如 TCL、美的等制造企业。这些企业通过对六西格玛法的引进和学习，不仅降低了制造成本，还提升了产品质量、提高了产品生产效率，有效地提升了中国企业在国际市场的核心竞争力。

2001 年，为激发全国企业重视质量管理，推动全国各层次企业提升质量管理能力，中国质量管理协会参考美国、日本等国家设立国家质量奖的相关指标，结合中国实际设立了“全国质量管理奖”，用来表彰在质量管理方面取得突出成效的企业。从 2006 年起，“全国质量管理奖”更名为“全国质量奖”。国家通过设立“全国质量奖”，一方面，可以让质量水平高、质量管理能力优越的企业更好地展示自我；另一方面，对全国企业提升质量管理工作水平有较好的推动作用，能够使消费者获得更好的产品与更加完善的服务，增强我国产品的国际竞争力[17]。“中国质量奖”在世界范围内形成了一定的影响力，并与“美国马尔科姆·波多里奇国家质量奖”“日本爱德华·戴明质量奖”“欧洲质量奖”三大世界质量奖齐名。

2015 年，我国全面推进实施制造强国战略，积极推动中国企业在自主创新能力、资源利用效率、产业结构水平、信息化程度和质量效益等方面实施升级转型和跨越发展，追赶世界先进水平[18]。新的工业革命催生产业升级，制造业将首当其冲接受新技术的革新，网络化、数字化及智能化的制造模式也会带来质量管理的变革。数字化质量管理贯穿于产品实现和销售的全周期，质量强国建设推动质量变革、效率变革、动力变革，推动高质量发展。中国深入实施质量提升行动，引导广大企业积极开展质量监测分析，广泛开展质量改进、质量攻关、质量诊断、质量提升小组等活动，推动质量管理数字化、信息化，全面提升质量水平和质量竞争力。中华人民共和国成立后中国质量管理发展历程如表 1-1 所示。

表 1-1 中华人民共和国成立后中国质量管理发展历程

时间	特点	内容
中华人民共和国成立至20世纪70年代末	以生产为主导的质量管理	初步建立质量管理体系，注重生产质量检验管理，降低不合格品率
20世纪70年代末至20世纪90年代初	以消费者为主导的质量管理	注重消费者需求，围绕消费者需求设计和开发新产品，追求综合质量提高
20世纪90年代初至21世纪初	向国际标杆学习的质量管理	积极与国际质量标准并轨，向国际质量标杆企业学习，以国际质量标准驱动国内产品质量提升，引进、学习并创新国外先进质量管理理论和方法
21世纪初至今	以追求卓越为主导的质量管理	以卓越绩效模式为追求目标，设立全国质量奖，追求全产业链、供应链质量提升

第二节 质量管理的本质内涵

一、质量的定义

质量者，“质”之“量”也。在古代汉语中是没有“质量”这个词的，用“质量”来评价产品或服务的范畴，还是近几十年的用法。虽然日本较早重视质量管理，将质量作为企业的立身之本，但日本术语中也没有“质量”这个词，而是借鉴中国汉语中“品质”这个词指代英语“Quality”的意思。中国台湾同样采用“品质”来形容产品或服务的质量，由此可见“质量”这个词并不是一开始就有的，而是现代汉语词语。

中国古代虽然没有“质量”这个词，但并不意味着人们没有质量的概念、没有对产品进行评价，只是古代产品工艺较为简单，产品的质量特性非常少，评价产品是否过关只需要凭借肉眼观察或者其他感官接触的方式就可以了。因此，古人对质量的评估还处于较低水平，从相关古籍中可以看出，他们仅仅使用“优”“良”“好”等词语评价相关物品。《周礼·考工记》有言：“天有时，地有气，材有美，工有巧，合此四者，然后可以为良。”“美”“巧”“良”都是质量好的意思，分别用来评价材料、工艺、产品。《管子》有言：“官无常，下怨上，而器械不功。”“功”是质量好的意思[19]。

《辞海》对“质量”的解释是：①量度物体惯性大小和引力作用强弱的物理量；②指优劣程度。第一个释义与本书的研究无关，故不做讨论。《辞海》的第二个释义就是评价产品质量的好坏，但也只是对产品质量的简单评价，是一种简单的语义性解释。随着现代社会产品复杂性的增加，人们对美好事物的追求有所提高，对质量的解释也需要进一步深入分析。但无论是“质量”还是“品质”，都有“质”这个字。“质”在古代汉语中使用较为久远，有两三千年的历史。“质”的繁体字写法是“質”。《说文解字》：“以物相贅。从貝从所。”古代的典当行也曾经被称为“质”，“以物相贅”大概的含义是以物换钱。貝，是指贝壳，古代贝壳曾经作为交易的货币。所，两个斤字，指有二斤的意思。“貝”和“所”均含有“价值”的意思。由此可见，古代对“质”的评价即可以通过货币的多寡评估物品所具有的价值[20]。因此，无论是“质量”“品质”还是英语单词“Quality”，其词源相同，都有“价值”“性质”的意思。

现代社会，随着生产规模的扩大，有关产品质量的要求越来越多。著名质量管理大师朱兰博士提出“质量”这个词的含义不应该只局限于评价产品的特性，更应该站在消费者的角度，认为能够满足消费者的需求，符合适用性、免于不良的产品质量就是好的。朱兰对质量的定义，不再局限于生产者本身，而是加强了与消费者的互动，认为那些真正适用于消费者的产品就是质量好的产品，将产品前端的生产与后端的使用相结合，从而深化了质量的内涵[21]。

20世纪60年代，日本大规模开展质量管理革命后，涌现了大量的质量管理学家，石川馨就是其中一位。他认为“质量”对企业的生存发展实在是太重要了，狭义的质量就是指产品质量，但一个企业的发展，仅仅关注产品质量是不够的，还应该关注员工、工程师、企业管理者的工作质量，各个工作岗位员工的服务质量，所收集到的情报信息质量，生产过程中各个环节的质量，整个企业的生产协调质量，公司的运作质量等，他认为企业的质量管理应该涉及企业运营管理的许多方面。除此以外，石川馨还认为质量的好坏应该由消费者参与进来评价，高质量的产品和服务应该满足消费者的期望。

日本质量管理专家田口玄一突破性地从“损失”的角度对质量进行了评价。他认为产品出厂后并不是完全满足消费者的，消费者在使用产品后会感受到产品应用的不足，从而带来了消费者的损失，从整个社会来看，产品的质量问题，给社会带来的损失则更大。当然，每个人在体验产品时的质量损失也有所不同，其对应产品的价值损失同样也存在差异[22]。田口玄一对质量的评价不是局限于企业内部、产品未出厂前，恰恰相反，他对质量的解释定义是产品出厂后给社会带来的损失，这很有理论意义和现实意义。他对质量的研究放在整个社会的宏观背景下，研究的是整个社会因为消费者未能满足自身要求而导致的全社会的质量损失。他的这个研究和经济学的社会福利损失有点相似，也可以认为田口玄一的质量观是“经济一质量”观，用质量的损失程度评价产品质量的高低及产品质量所满足的最低程度。田口玄一的社会损失质量观较朱兰的质量观向前推进了一步。

美国质量管理专家克劳士比则认为：“人们一谈到质量，就认为其应该满足优良、精美等特征，但其实不同领域质量的内涵有所不同，质量应该是符合要求的。”符合“要求”（Requirement）的具体内容应该被明确地表示出来，避免其被人误解，然后再结合具体的应用场景再进行测量、修改、改进、完善，凡是不符合的地方，则表明缺乏质量。由此，“质量”有了更清晰的定义，有了明确的具体内容。克劳士比将“质量”空泛的概念具体为一系列核心参数指标，并基于这些核心参数的特性，对产品质量性能和服务进行评估，从而能够对质量形成量化评价[23]。随着克劳士比对“质量”的深入研究，他认为“预防胜于救火”，克劳士比还提出了“零缺陷”质量管理理论，认为好的质量应该是零缺陷的，强调“第一次就把事情做对”的重要意义。

社会发展的车轮不断向前，关于“质量”的定义也较以往有了较大的改进。国际标准化组织和国家质量管理部门也与时俱进地更新了对“质量”的定义，同时从符合性和适用性两个维度提炼出“质量”的定义，使“质量”的概念更容易理解，也更容易被推广。如国际标准 ISO 9000：2015 中就对质量进行了定义，认为开展质量文化建设是企业组织文化的重要内容，企业重视质量管理，满足消费者和各利益相关方的需求和期望，促进员工不断改进其工作行为、服务态度，优化活动和工作过程，不断创造价值。随着质量概念的引入，组织内员工对产品和服务质量的认知能力得到了有效提升。通过具体的行动改进产品和服务质量，能够满足消费者和各利益相关方的预期功能和性能，让消费者在消费过程中感知质量的价值和质量获得感[24]。

综上所述，不同的历史时期人们对“质量”的理解是不同的，但都认为质量的内涵应该具备经济价值、社会价值和系统价值。所谓经济价值，是指质量能够满足相关群体的需求，通过应用相关产品感知质量的获得感，同时在交易的过程中，使付出方获得一定的经济利益，质量的高低也是评价经济利益的重要标准[25]。社会价值则是从社会安全和稳定等方面对质量进行评价，包括良好的产品质量、降低质量引发的各类安全风险问题，以及人民安居乐业、幸福安康。系统价值则认为质量本身并不是孤立的概念，应该包括产品、消费者、企业员工、企业管理者、企业生产过程等方方面面，质量是各种属性的集合。

二、质量管理的内涵

质量管理属于一种管理活动，质量管理理论一直随着社会的发展而不断演进，其并不是一成不变的。这种演进是由社会环境、自然环境、人类的思想进步等导致的，能够促进质量管理与相应的环境不断融合和协调[26]。有观点认为，质量管理理论与达尔文进化范式相吻合，即：

传统的质量管理理论＋环境变异＝新的质量管理理论

质量管理是一种有意识、有目的的活动，为满足消费者对产品或服务的质量需求，通过制定一系列质量标准，确定质量管理方针，加强产品生产制造过程或服务的计划，以科学的方法进行组织活动，基于良好的质量领导能力，对质量评价，并控制质量过程，保证和改进产品质量。一些著名的质量管理专家也对质量管理提出了相应的定义，如朱兰认为质量管理是使产品或服务质量的管理适用于相应的情境，是一种适用性、市场化管理。费根堡姆则认为质量管理活动是由一系列活动构成的体系，其基于成本最低的维度，从市场前端的研究、设计、生产过程，以及后期的售后服务等都需要不断地加强质量的相关管理工作，使各部门通过研究质量管理的具体内容，制定并执行质量管理活动，提升质量管理水平的相关体系[27]。克劳士比对质量管理的理解不同于其他质量管理专家，他认为质量管理不能仅仅追求优良的质量品质，而是必须符合“要求”，对那些不符合“要求”的“过程”必须修正。此外，他还认为质量管理不能仅仅是事后检验，更应该事先“预防”，质量不应该有一丝一毫的不足，要做到“零缺陷”。ISO 9000 系列标准对全球开展质量管理活动具有通用性和指导性作用。随着企业与社会经济的发展，ISO 9000 系列标准对质量管理术语的定义也与时俱进。如 ISO 9000：2015 关于质量管理的定义为：“质量管理可包括制定质量方针和质量目标，以及通过质量策划、质量保证、质量控制和质量改进实现这些质量目标的过程。”[28] 其内涵包括三个层面：一是生产质量管理，认为质量管理应该从设计阶段就展开，确保生产出的产品和提供的服务总是相同的；二是产品质量管理，认为质量管理要确保产品或服务满足顾客的需求和期望；三是组织质量管理，认为无论是何种组织开展质量管理活动，都应当使组织更高效地运行，满足相关方的需求和期望。通过组织的实践，不断完善质量管理原则，组织内每位成员能充分理解质量管理相关术语和定义，夯实质量管理基础，持续改进质量管理能力。

国家的发展、企业效益的提升、高效高质的质量管理活动是很重要的先行工作。上至国家，下至企业，对待质量的态度不仅仅代表一种质量文化，更代表国家的形象及民族精益求精的精神。因此，企业要结合自身特点，建立相应的质量管理体系，构建适宜的质量管理模式，有效地开展质量管理活动[29]。

第三节　近现代质量管理理论体系

人类社会质量管理历史最早可以追溯到旧石器时代，但开展科学质量管理活动则是从20世纪初开始的，并随着工业的发展而不断改进和完善。

一、近现代质量管理理论体系演化进程

随着工业技术和管理理念的发展，近现代质量管理理论的发展可以概括为四个阶段。

（一）质量检验管理阶段：20世纪初至20世纪30年代末

手工业时代，产品质量凭借手工业劳动者的经验和技能控制。第一次工业革命初期，尽管工业化机器被广泛采用，但产品质量仍然靠厂内熟练工人的手艺和经验进行检测和控制。这样的质量管理使得产品质量非常不稳定。进入20世纪后，工业化进一步发展，一些企业的规模不断扩大，企业内分工更加细致和专业化，单纯依靠经验和手艺控制产品质量已经不能适应大规模及专业化生产的要求。泰勒开展科学管理实验获得巨大的成功后，专业的质量检验岗位被单独设置出来。质量检验人员“事后把关”，从成品中挑出废次品，

这样，通过最终环节的产品质量检验，在一定程度上有效地提升了产品质量水平。但随着生产环节的复杂化，产品的复杂性增加，越来越多的质量管理人员发现，这种“最终检验”的质量管理通常费时、费力，而且不经济。

（二）统计质量控制阶段：20 世纪 20 年代至 20 世纪 50 年代末

这个时期质量管理的重点是确保产品质量符合规格和标准。一些工厂的工作人员对每道工序进行分解，能够快速找出生产中的异常问题，并采取相应的方法进行修理，确保每道工序更加稳定。20 世纪 20 年代，美国著名统计学家休哈特深入企业调研后发现，企业产品质量统计具有一定的规律，他将统计学方法引入质量控制，发明了产品质量控制图、统计过程控制等方法，结合他的前期成果，在 1931 年出版了著名的《工业产品质量的经济控制》一书。在同时期，美国贝尔实验室的道奇和米罗格将抽样检验的方法应用到产品质量检验中，完善了产品质量抽样方案，于 1944 年发表了“道奇－罗米格抽样表”。20 世纪 30 年代，英国的皮尔森专注于工业标准化及质量控制中的统计学问题，把这些方法汇总并发表。这些统计学家将产品质量控制与统计学方法相结合，关注生产过程中扰动质量水平的因素，监测产品生产过程中的质量问题，促进了产品质量水平的提高。在第二次世界大战中，统计质量控制方法被应用到武器的生产管理中后效果显著，因此在 20 世纪 40 年代后被广泛推广，但由于数学计算较为复杂，此时的统计质量控制主要由经过训练的质量统计专家管理。由于数理统计方法在质量管理中的广泛应用，这一时期的质量管理被称为“统计质量控制”，质量管理实践从关注成品“最后一点”的控制发展为对整个产品生产过程“一条线”的控制[30]。由于数理统计方法不断改进，统计质量控制管理方法实际上也在不断更新，并与新兴质量管理方法结合使用。

（三）全面质量管理阶段：20 世纪 50 年代至今

虽然统计质量控制方法在质量管理中取得了一定的成果，但在生产过程中人们发现，要提升质量水平还涉及其他因素，如产品的生产流程的合理性、员工工作积极性、售后服务等。为进一步探究提升质量的深层次因素，20 世纪 50 年代，美国贝尔实验室进行了名为“全面质量保证计划”的科学实验，旨在探索从生产前端到生产后端都开展质量管理对整个生产绩效的影响。1961 年，美国的费根堡姆出版了《全面质量控制》一书，第一次从理论上正式提出了全面质量控制（TQC）的概念[31]。随着全面质量管理思想和方法的传播，20 世纪 50 年代后期美国许多行业都开展全面质量管理活动并取得了较好的效果。此后，全面质量管理思想也传到了其他国家，特别是在日本被发扬光大。爱德华兹·戴明博士在帮助日本的过程中，不仅把全面质量控制的基本思想引入日本，更提出了质量管理十四要点、戴明环等方法，推动全面质量管理思想的发展。日本通过学习、引进、创新全面质量管理方法，涌现了石川馨、田口玄一等质量管理专家，日本工业制造能力、质量管理能力大为提高，一跃成为世界先进制造业的代表。20 世纪 60 年代，菲利浦·克劳士比提出了“零缺陷”理论，他指出不允许出现任何的生产质量问题，强调“第一次就把事情做好”，要做到零缺陷，可以消除生产中的损失[32]，丰富全面质量管理内涵。到 20 世纪 70 年代后期，全面质量管理思想进一步深化，由全面质量控制（TQC）演化为全面质量管理（TQM），强调以质量为中心、关注消费者需求、利用事实和数据开展全面质量管理活动，包括企业的全部生产活动、全部的服务事项，全部岗位的工作人员都需要参与质量管理，形成全面质量管理。当前，全面质量管理方法依然是一些企业重要的管理方法。

（四）精益质量管理阶段：20 世纪 80 年代至今

精益质量管理由精益生产方式发展而来。早在 20 世纪 50 年代，日本丰田公司的丰田英二到美国学习先进制造经验，他结合日本的现实情况，与大野耐一共同商讨后认为，美国的大规模生产方式不适合日本，提出了小批量、多品类、柔性生产、高质量的生产新方式。20 世纪 80 年代，美国麻省理工学院开展了“国际汽车计划”项目研究，对比全球 14 个国家 90 多个汽车生产企业，肯定了丰田生产方式的优异性，首次定义丰田生产方式为精益生产方式，并在 20 世纪 90 年代出版了《精益思想》一书，进一步完善了丰田生产理论体系。精益管理和质量管理结合，其核心思想是使企业与顾客都满意，成本最优、质量最高、消除浪费、创造价值。随着技术的发展，精益质量管理与其他理论结合衍生出新的方法。20 世纪 80 年代，摩托罗拉公司结合公司实际提出了六西格玛管理理念，美国通用电气公司（GE）在此基础上提炼出了六西格玛质量管理理论。20 世纪 90 年代末期，美国联合技术公司研究优化企业内部生产流程，提升产品质量水平，获取持续的竞争优势，开展 ACE（Achieving Competitive Excellence，获取竞争优势）管理。如今，精益质量管理思想仍被广泛应用，并随着企业环境的改变而不断地发展演变。表 1-2 是质量管理发展历程概述。

表 1-2　质量管理发展历程概述

阶段	时期	特征	代表人物
传统质量管理阶段	旧石器时代至 19 世纪末	产品质量主要依靠人为经验、手眼等感官方面的估计和简单的度量衡器测量	—

续表

阶段	时期	特征	代表人物
质量检验管理阶段	20世纪初至20世纪30年代末	质量管理在质量检验管理阶段从操作者发展到专职的检验员	泰勒、吉尔布雷斯夫妇、惠特尼、福特等
统计质量控制阶段	20世纪20年代至20世纪50年代末	利用数理统计原理预防产生废品并检验产品质量。由于数理统计方法不断改进，统计质量控制方法不断更新	休哈特、戴明、道奇和罗米格
全面质量管理阶段	20世纪50年代至今	以产品质量为核心，关注顾客需求，建立起一套科学、严密、高效的质量体系，以提供满足用户需要的产品或服务的、全面的、全员全过程的管理活动	费根堡姆、朱兰、戴明、克劳士比、石川馨、田口玄一、赤尾洋二
精益质量管理阶段	20世纪80年代至今	融合前几个阶段质量管理的优势，以用户需求为核心，在对关键质量数据定量化分析的基础上，综合运用多种知识和方法，对关键质量指标持续系统改进，追求达到卓越标准。方法兼容性强，不断改进	大野耐一、新乡重夫、比尔·史密斯

二、近现代质量管理体系的分类

近代美国的工业发展水平处于全球领先水平，与此同时，许多质量管理理论与方法也是从美国发明起源并不断推广的。第二次世界大战后，欧美发达国家、日本、苏联等都积极推行质量管理活动，开展质量管理成为全球企业的风气，但基于不同国家的文化背景和各国特有的工业生产结构，这些国家开展质量管理活动的发展过程又有所不同。一般而言，从国家层面分类，质量管理体系主要分为三类：一是以美国为代表的质量管理体系；二是以日本为代表的质量管理体系；三是以苏联为代表的质量管理体系。

（一）以美国为代表的质量管理体系

美国质量管理体系的历史并不久远，却在整个质量管理发展历程中具有举足轻重的地位。随着工业化的发展，在美国，泰勒率先开展了科学管理实验，开创了科学质量管理先河。工业化使生产规模化——美国的福特公司开展标准化生产质量管理。此后，休哈特把统计知识与质量管理相结合，开始了统计质量控制阶段。为进一步解决质量管理中存在的事前、事中无法兼顾，以及顾客满意度不高等问题，费根堡姆和朱兰开启全面质量管理时代。为解开 20 世纪中后期美国工业质量落后密码，摩托罗拉公司与 GE 开展精益质量管理，克劳士比在这个时期深入解释了“零缺陷”质量管理思想。美国质量管理理论与方法不是一成不变的，也会反思自身的不足，结合实际生产情况和生产需求不断创新改进质量管理理论与方法。美国质量管理体系发展有以下特点。

1. 政府与市场主体协同推进质量管理体系发展

美国质量管理体系的发展并不完全由美国政府主导，一些社会组织、部分龙头企业作为中坚力量参与其中。质量管理活动涉及专业的技术支持，政府不可能掌握所有专业技术领域的质量管理。专业的事情由专业的人做，美国政府充分借助社会和市场的力量，基于有限资源和有限能力，与社会市场主体形成伙伴关系，协同促进并提升行业自治能力。基于此，一些有里程碑意义的质量管理理论是在企业内被发明并完善的，如六西格玛质量管理理论[33]。

2. 美国民族文化与质量管理体系

早期，很多美国移民是从欧洲过来的，一起带过来的还有欧洲的清教文化，清教文化强调独立、自主、勇于创新等精神，美国众多的发明创造在质量管理方面也得以体现。一些重要的质量管理思想、方法和技术都源于美国，并且结合顾客满意度不断创新。美国质量管理活动更加强调领导层的参与，把责任落实到具体员工，主要采取“由上而下”的质量管理方法。此外，开展质量管理注重对股东负责，对每一位员工的薪酬进行奖惩等[34]。

3. 美国政府可独立开展质量管理监管工作

美国政府为更好地开展质量管理监管工作，避免成为既是规则的监管者，又是规则的执行者，独立设置美国质量管理监管部门。在设立程序方面，由国会通过法案直接设立[35]。在行使职能时，无须向总统或其他部门汇报申请，可自由行使相关权力。在设置人事任免方面，有一套独立的方案，不受总统任职期限影响。特别是在财务支持上，由美国国会单独审核，保证了财务的独立性。由于美国政府开展质量管理监管工作的独立性，使其能够客观公正地处理质量问题，对解决美国国内可能出现的质量风险做出很好的响应。

（二）以日本为代表的质量管理体系

日本质量管理体系是在充分吸收美国质量管理体系优点的基础上再创新的。第二次世界大战后，日本民不聊生，工业基础十分薄弱，为提振经济，日本一方面派了大量学者、企业领导人、质量管理专家到美国学习先进经验，另一方面请了美国大量专家到日本指导开展质量管理工作。日本把在美国学习到的先进质量管理方法与本土实际相结合，落地开花、创新结果。日本开展质量管理体系具有以下特点。

1. 日本政府主导并推动质量管理在国内的发展

第二次世界大战后，为提振日本经济，获取较高的竞争优势，日本提出了“质量救国战略”。日本政府主导国内质量管理工作，制定了一系列有利于质量提升的法律，出台了一系列有利于提升质量的政策，特别是为表彰在质量管理领域有杰出贡献的优秀人才，起到标杆示范作用，日本政府在1951年以美国人戴明的姓名设立了“戴明质量奖”，这是全球第一个从国家层面制定的质量奖，体现了日本政府对开展质量管理的重视。日本制定促进质量提升政策具有一定的持续性，在工业发展的不同阶段适时调整相关质量政策[36]，旨在帮助日本企业更好地走出国门，以品质取胜，提升产品质量竞争力，更好地应对外部市场冲击。

2. 日本民族文化与质量管理体系

日本国土面积小，自然灾害多，这使得日本民众有较强的危机意识，也有较强的心理承受能力。为应对艰难的生存环境，日本人重视人才智力开发，培养较强的集体意识观念。因此，日本企业在开展相关质量管理活动时，有较强的危机感和紧迫感，同时也有较强的集体意识。著名的质量管理小组活动形式源于美国[37]，却在日本获得巨大成功，这也与日本民族的文化相关[38]。由于日本民族有较强的危机意识，也有较强的民族责任意识，因此其重视质量管理创新，有众多的质量管理专家涌现，并在质量管理发展历程中，发挥了重要的推动作用。

3. 日本质量管理活动在全国推广

日本开展质量管理不是局限在某一个企业，而是在全国开展[39]，是举国体制，在日本的各个地方都进行质量管理活动。为提升质量管理效率，每年从国外邀请专家或者本国著名专家开展相关质量管理活动，将质量管理理念深入每个工厂，对工厂全员进行质量管理教育，使每位员工都具备较强的质量管理意识，全员参与质量管理活动，进而真正提升了日本的质量管理水平。

（三）以苏联为代表的质量管理体系

苏联及其他东欧国家在20世纪初工业生产较为落后，相关企业更为重视生产的产量，对质量管理并不重视。但第二次世界大战后，美国等国家开展质量管理活动获得成功，东欧国家也意识到质量管理的重要性，开展质量管理研究，并形成自己的一些思路和模式，如著名的萨莱托夫制度。以苏联为代表的质量管理体系有以下特点。

1. 政府主导质量管理活动开展

苏联以计划经济为主要特征，其开展质量管理强调行政干预，形成国家、各级行政部门、企业的三层质量管理层次。由于苏联经济发展的重点是重工业，其一些重要生产的质量管理是在由最高权力机构直接领导与控制下展开的。在改进产品质量的同时也强调有相关计划部门参与，重视质量管理中的标准化管理[40]。为鼓励企业重视质量管理、生产出更多的质量稳定和全球领先产品，苏联采取价格补贴制度，根据产品的不同质量水平给予不同层次的价格补贴，旨在鼓励国内企业更加重视质量，积极开展质量管理活动，一方面满足国内需求，另一方面出口创汇[41]。为保证产品质量，苏联实行国家验收制度，这项创新制度在一定程度上促使相关企业和政府部门重视质量效益，但由于涉及的政府部门和相关企业众多，存在制度不完善、执行阻力大等难点[42]。

2. 苏联的一些典型的质量管理理论体系

苏联在发展初期，经济较落后，更注重生产产量。第二次世界大战后，当物资产量满足人民的需求后，人民对产品质量就有了更高的要求，与此同时，大量的出口产品因为质量问题被退货，即使已经出口的产品也因质量低在市场上只能卖到极低的价格，基于此窘境，从国家到企业不得不重视产品的质量管理。期间涌现了一些重要的质量管理典型和经验。最著名的是萨莱托夫制度，萨莱托夫制度对产品或零件的规格和标准提出了具体的要求，其强调无缺陷产品制造，同时有非常严格的质量检验程序，坚决杜绝质量不合格的产品。为细化工作质量考核体系，里沃夫体系在萨莱托夫制度的基础上进一步改进。雅拉斯托夫工作体系则结合相关技术参数，通过试验等方法改进工艺和设计，提升产品质量。高尔基地区工作体系也较成功，强调设计阶段就要重视质量管理，首件工业样品的完成时间越短越好。后期，苏联标准化研究院在总结上述质量管理体系优秀经验的基础上提出产品质量综合管理体系[43]。苏联的质量管理理论数量和美国、日本等国家相比可能并没有那么多，但是执行力却很强，在一定时期内对苏联提升质量管理水平发挥了重要作用。

第四节　小结与评述

优良的产品质量与服务质量有助于推动社会生产力的发展，促进文明的进步，创造更加美好幸福的生活。质量管理理论的发展也不是一成不变的，其随着生产力的发展而不断更新。

第一次工业革命前，工业发展极其落后，质量管理活动是自发的，评价质量的好坏只能靠肉眼及经验。20 世纪后，工业得到了极大的发展，开始了科学的质量管理活动，并随着科学技术的进步而不断演进。现代质量管理活动可以被分为四个阶段，第一阶段是重视事后质量管理的质量检验阶段，第二阶段是将统计学知识与质量管理活动相融合，形成统计质量控制阶段，第三阶段是认为事前、事中、事后全员都要参与质量管理活动的全面质量管理阶段，第四阶段是精益质量管理阶段。各个阶段的质量管理活动并不是孤立的，每个阶段的演进都是以前一阶段为基础，继承、发展、完善和丰富相关质量管理理论，最终质量管理学科形成了自己独特的理论和方法。

当今开展质量管理活动已经不是某一个国家特有的行为，全球许多国家都重视质量管理活动，并从开展质量管理活动中获得竞争优势，获得超额收益，促使国家竞争力提升。当然，每个国家的文化背景不同，各国开展质量管理活动的形式并不是千篇一律的，而是各有特点，如美国强调个人英雄主义，因此开展质量管理活动更注重领导的作用，而日本有较强的集体意识，质量管理小组形式则能很好地在日本开展。

我国开展质量管理活动主要是从 1949 年后开始的。由于当时我国是计划经济体制，因此 1949 年后我国向苏联学习，并照搬了苏联的一套质量管理方法。改革开放以后，我国政府派出学者到欧美、日本等国家和地区考察学习，意识到了我国的质量管理水平与这些国家的差距，20 世纪 80 年代开始在国内大范围开展全面质量管理活动，不断地引进先进的质量管理理念和方法，通过学习再创新，一些先进的质量管理理论与我国的本土企业相融合，涌现了海尔、上海宝钢等质量管理先进企业。路漫漫其修远兮，我国开展质量管理活动道阻且长，要不断地学习其他国家先进的质量管理经验，再结合我国国情，创新发展适合我国企业实际的质量管理理论。

可以预见，科学技术不断进步，社会生产力水平不断提高，质量管理理论仍然会动态发展，解决相关质量管理问题所采用的思想将更加成熟，方法将更加科学，手段将更加完善。虽然我国真正开始科学质量管理的时间不长，但并不意味着我国质量管理工作永远落后，为实现中华民族的伟大复兴，需要更多的有识之士共同参与到提升我国质量管理水平这项伟大的事业中来。

第二章

质量管理思想溯源

▲

CHAPTER 2

第一节　质量管理思想的形成与发展动因

原始社会，人类为更好地适应大自然，不断创造新武器、新生活工具，有时生产出多余的武器、工具或劳作产品后，就到市场交易。随着交易市场的发展，人们对交易产品的要求越来越高，迫使原始人类对相关产品进行改造。随着产品复杂性不断增加，越来越多产品的质量特性无法被快速判定，产生了原始社会交易市场无法解决的质量问题。进入奴隶社会，奴隶主掌握国家机器权力，借助权力可以要求产品按照自己的意愿进行生产，产品的质量特性由自己决定，奴隶主借助国家机器开展质量管理，满足私欲。此外，与之前相比，奴隶社会商品交易的品种更多，市场更加广阔，质量问题不仅局限在交易市场内部，整个社会都有质量的萌芽意识。因此，人类对于质量的认识并非一开始就天然具备，而是通过交易和产品对比才有质量意识，此后通过国家机器才逐渐介入质量管理活动的。由此，必须站在经济社会发展的高度来整体思考产品质量问题[44]。

一、生产力提高对交易物品质量提出更高要求

远古社会，随着生产力的提高，人们生产了更多物品参与交换，从而满足更高层次的需要。在这种市场上，买主希望通过多方比较，以较低的价格交换到较好质量的商品。在这种竞争性市场内，卖方因为产品未交换出去，意识到产品质量对产品交换的重要性，在未

来的生产过程中，将会有意识地提高生产质量[45]，加强对相应产品的质量管理。由此可见，即使在远古社会，作为社会中的人，其对产品品质的好坏也有一定的心理评价，物质问题的社会性得以体现[46]，从而开始了人类质量管理意识的萌芽。

二、质量管理与国家机器紧密相连

古代社会经济并不发达，大多是封闭的、自给自足的自然经济，科学技术能力有限，社会经济生活并不是很活跃。原始社会解体，统治阶级和国家机器出现，君臣间建立森严的等级关系，统治阶级掌握国家机器大权，为获取品质更好的物品，借助国家机器对相关生产者进行压迫，促进产品质量改进。如先秦时期，国家治理强调不同等级之间尊卑有伦，“上下有义，贵贱有分，长幼有等，贫富有度”（《管子·五辅》），天子、诸侯、大夫、百姓应当各安其位、各守其礼。据《周礼》记载，先秦职官分天官、地官、春官、夏官、秋官、冬官六种，由冬官司空掌管器物的制作和工程营造，为更好地开展工作，司空下面又设有工师职位，管理官营手工业者，对官营手工业者生产的器物质量进行把控。当时，受生产水平的限制，不同层级的官员使用的器物的制作标准和质量是不同的，不同身份的人佩戴的玉佩材质和工艺也有所不同，甚至连军队内不同等级的将士使用的弓箭材质也分等级[47]。由此可见，古代开展质量管理主要是为了满足特权阶级的物欲需求。

三、生产方式升级推动质量管理发展

尽管在人类历史发展的长河中，最原始的质量控制手段已经很难找到，但是从古至今在人类发展历程中，人类就一直在想办法解决各种质量问题，并想出各类质量解决方案。远古社会，人类只能向大自然获取食物时，食物采集者制造各种工具。为了更快猎取目标，古代的猎人砍伐不同的树做弓箭，从而评判出最适合做弓箭的木材，这是对弓箭质量评价的最朴素的方式，也是人类为了解决生存问题而不得不做出的质量选择。原始社会人类群居生活，逐渐形成了分工制度，为更好地生存进行物物交换，随着交换需求的增加，开展交换的场所逐渐形成集市。在集市上，买卖双方相互交换商品（一般是自然物品或自然材质的制造品），商品的质量可以根据感觉来判断。

奴隶社会的生产力有所提高，大量奴隶参与生产，社会分工更加细致，因为简单的分工和协作，奴隶的劳动效率和劳动熟练程度不断提高，社会生产力提高了，进而对质量有更高的要求，质量的提高促使手工业和商业有了更大的发展。

封建社会延续了两千年以上，采取中央集权制，由政府成立专门机构主导官方使用物品的质量管理[48]。封建社会经历多个朝代的更替，社会生产能力总体是不断提升的，社会的分工协作不断细化，商业逐渐开放，民间交易对商品质量逐步重视，对不同质量的商品给予不同的定价。由于商业的发达，一些商品被卖到更远的地方，口头式的质量保证已经不能适应新的市场变化，《产品担保书》等一些新的质量保证形式发展起来，政府加强度量衡的划一管理，加强商品标准规格的制定，到封建社会后期，政府为加强行业自治，甚至允许一些社会主体参与到质量治理活动中。

资本主义社会的社会生产能力进一步加强，工业生产的深度和广度进一步得到拓展，对质量有了更高的需求，迫使质量管理的方法、手段不断升级以适应复杂的生产背景。

由此可见，社会生产力的不断升级使社会生产方式也跟着改变，进而推动质量管理的方式不断发展，出现一系列新的质量管理理论以适应相关的生产方式[49]。

第二节 国外质量管理思想溯源

欧洲许多大陆国家地广人稀，游牧文化使人们注重个体价值，更专注自然界的规律。而地中海地区的古希腊、古罗马注重科学精神，专注于解决实用问题，关注物质世界的“物性理论”发展[50]。文艺复兴时代的意大利已经开始关注知识产权的保护研究，个体制作质量较好的产品可以获取一定可预见的回报，这也为开展质量管理提供了外在的推动因素。西方那些不断创新产品品类、提升产品质量的技艺师傅也倍受人尊敬，他们加强对产品的质量管控，不断创造出新的品类以获得更多的利益。但随着工业化进程的加快、大规模生产的开展，西方质量管理活动则朝着强调集体行动的统一性和标准化发展。在近现代东方国家中，日本是重视质量管理的典范，强调个人与团体的共同价值，家族和行会等社会团体机构在日本质量管理活动中充当着主要角色，在一些质量管理决策中重视共同决策、共同担责。国外开展质量管理思想渊源可以从以下几个方面展开。

一、社会分工思想

古希腊学者柏拉图描绘了《理想国》，论述了社会分工的思想。色诺芬以制鞋为研究对象，来论述劳动分工有益的观点[51]，对制鞋过程的各道工序进行详尽的描述，他认为劳动分工是必要的，一个人把他擅长的工序搞懂搞精，有益于提高制鞋工艺的质量水平。古埃及建造金字塔时涉及大量的质量管理工作，如选择坚固耐风沙的金字塔石头材质、设计每块石头长宽高的规格、搭建金字塔的工序及最后的工程验收，都属于质量管理范畴。古罗马的克优斯·贾图认为，要提高农业生产效率，除了奴隶主要加强对奴隶的管理外，也要注重生产管理的质量问题。

中世纪前后，欧洲开始进行海外探险并获得成功，海外贸易逐渐繁荣，欧洲经济向重商主义发展。在此阶段，欧洲商业迅速发展，资本扩大，社会分工进一步细化。中世纪晚期，资本主义生产方式出现，大量的工厂手工业出现。这时期法国著名的理论家德·孟克列钦出版的《献给国王和王后的政治经济学》一书认为，法国要向其他手工业发达国家学习，形成新型生产方式，提升法国工业品质量。意大利的兵工厂开展生产时注重部件标准化等实践管理。当手工业生产达到一定规模时，一般的家庭作坊已经不能适应生产需求，因此，工厂制出现了。工厂制促进现代企业管理思想和制度的形成，一些工厂初步形成现代管理制度。英国的韦奇伍德是开展陶瓷工业化生产的先驱，他认识到标准化的技术、熟练的手艺有利于提高生产效率，其管理的陶瓷工厂享誉世界。

二、法律契约精神

国外开展质量管理可以追溯到3800年前。据相关文献记载，公元前18世纪古巴比伦就制定了一部著名的《汉谟拉比法典》，里面的法律规定，如果建筑师建造的房子倒塌导致房主死亡，则建筑师也应该被处死，如果死亡的是房主的孩子，则建筑师的孩子也应该被处死。这则法律条文体现了古巴比伦对建筑质量的重视。罗马法是意大利法制发展的重要标志，随着商业发展，罗马法不断完善生产活动与商品交换的关系，重视商品质量的法律责任。罗马法规定，如果标的物有瑕疵，卖方承担相应的担保责任，买方可以向卖方请求解除合同或减少价钱，但如果买主向卖主进行索赔，则需要同时符合三个要求：一是商品须有严重瑕疵，以致不符原有的功能或降低了商品使用价值，但双方另有特约的，则不在此范围内；二是法律意义上的瑕疵应于订约时即产生，而且应在起诉前尚未消除；三是物体的瑕疵须潜藏在物体之内，并未能让买主发觉[52]。罗马法对瑕疵标的物担保责任的确定为后世其他大陆法系民法典的制定提供了参考，有些条文被普遍移植。

资本主义大生产兴起，商品经济日益发达，所伴随的生产风险不断加大、问题越来越隐蔽、消费者维权意识逐渐觉醒，促使相关国家产品质量立法步入崭新的时代。自19世纪中期起，以英国、美国两个国家的判例为基础，资本主义发达国家建立了产品质量民事责任体系。对未造成伤害的产品质量纠纷，按照劳动合同法进行追究；已经造成伤害的产品质量纠纷，不论受害人与责任人是否签订合同，都由相关责任人承担产品质量责任[53]。

由上可见，国外产品质量法律制度是不断完善并与生产力相适应的。通过产品质量立法，相关产品得以更好地满足人们的生产和生活需求，明确产品质量责任关系和监督关系。

三、工业质量管理思想

在第一次工业革命以前，质量管理工作主要是对手工生产的质量进行检验，凭借手感和肉眼观察，利用直观的文字记载，结合零散的技术总结，从而缓慢发展的。近代工业革命以后，开展生产需要各种大批量的物资，将不同地区的原料汇集在一起，产品样式、品种繁多，但也出现了产品质量低劣、产品结构失控、生产流程不合理的现象，亟待质量管理整治。生产方式转变、大机器生产的推广使原有的质量管理模式已经不能适应新的生产方式，迫切需要专业质量管理机构与队伍开展质量管理活动，形成相关理论指导社会化大生产活动，近代科学质量管理理论与方法因此孕育而生。严格地说，近代科学质量管理工作是在大机械工业的基础上逐渐发展起来的，工业与科技的高速发展给质量管理工作带来了科学的实践方法，以适应更高效率的工业生产方式[54]。由于工业生产力的迅速发展和科技的进步，近代质量管理范围也由机械工业等行业迅速延伸至交通、工程、技术、食品卫生和商业管理等领域，而质量管理的内涵也由机械质量管理、工业生产质量管理、检验技术质量管理逐渐扩展为技术、符号方面的基本质量管理和企业产品经营质量管理等，逐渐形成了近代企业对产品管理的重要基础。

在近代质量管理活动中，各个组织按照工作的程序和方式开展质量管理活动，结合企业生产规律设计质量管理标准文件格式，形成了独特的文件格式，这样就使质量管理活动有章可循。在这个时期，与现代生产相比，生产的重复性、产品的综合性一般还不够，同一种产品至多只有几百成千个零部件，而合作公司也不多，靠孤立地制订质量管理活动章程、实施品质管理活动还不能够解决，所以还没有形成系统的质量管理观点[55]。

经过对质量管理思想的溯源研究表明，质量管理思想是人类经济社会发展到特定时期的必然性产物，是人类发展实践的必然性产品。质量管理工作必须和生产力、生产方式相辅相成，一起发展。既接受其发展的限制，也为其成长创造条件、开拓途径。经济、社会、科学和文明的发展是质量管理发展的基本动力。

第三节　中国质量管理思想的溯源

通过对生活在中国土地上原始人类的古物进行考证发现，中国土地上生活的原始人类已经开展朴素的质量管理活动。到夏商时期已经形成较原始的质量管理方法，秦汉时期，随着生产力与中国文明的发展，对一些产品形成较成熟的质量管理制度。邹依仁广泛阅读相关古籍，考证《周礼·考工记》的记载[56]，认为中国是世界上最早实施质量管理的国家之一[57]，我国开展质量管理活动也可以追溯到4000年前。中国古代产品质量管理主要围绕官营手工业产品展开。进入封建社会，官营手工业生产体系逐渐稳定，虽经历许多朝代，但中国古代产品质量管理工作和文化只有表现形式的差异，从秦汉开始逐步定型延续到清代。我国古代质量管理已经有了明确的历史分期，就产品质量与效益相互之间的关系[58]，具有明显的时间特点，可分成先秦、秦汉、唐宋及明清等阶段[59]。

一、先秦及秦汉时期质量管理思想

中国古代质量管理体系在秦汉时期已初步定型，大致有以下几个特点：国家统一规范度量衡，确立产品工艺技术流程并对质量提出规定，通过国家法规对手工业产品实施质量管制；国家在中央及地方都设置手工业生产及监督机构；设置“物勒工名”，明确工匠的质量职责；政府对生产、分配环节采用质量检验手段；政府有权力强征民间制造的优良产品，但官方生产的手工业优良品不能被民间仿制；训练工匠时，应该加强质量管理培训[60]。先秦时期，质量监督与管理都是通过设计各种制度来实现的，产品质量程度还和各种社会制度设计紧密联系[61]。

（一）统一度量衡

春秋战国时期，诸侯林立，小国割据，各个地方的度量衡基本不相同。有的地方计重单位以十两为一斤，有的地方则以十三两为一斤，不同的称重单位导致市场交易十分混乱，为形成有序的市场秩序，秦始皇统一六国后也决定统一度量衡。新的度量衡确定一斤为十六两，意喻为北斗七星加南斗六星，以及福、禄、寿星，少一两则没有福气，少二两则俸禄减少，如果少三两就折寿了。一斤十六两也有“四时乘四方”的含义，“四时”是四季，“四方”是东、西、南、北四个方位，代表一斤十六两在所有的时空都成立。一斤十六两的计量方式沿用了2000年，一直到中华人民共和国成立之初才被废止[62]。汉承秦制，度量衡技术有了更多的创新，王莽时期刘歆等主持并汇总度量衡的使用方法，逐步发展形成系统的度量衡理论[63]。班固整理了历代度量衡理论，去其伪劣，取其精华编入《汉书·律历志》，成为对后代影响深远的度量衡经典论著[64]。

秦代相关律法对手工业制作进行规定，从湖北云梦县出土的《睡虎地秦墓竹简》是我国首次系统发现的秦律，里面记载：

衡石不正，十六两以上，赀官啬夫一甲；不盈十六两到八两，赀一盾。甬（桶）不正，二升以上，赀一甲；不盈二升到一升，赀一盾。

斗不正，半升以上，赀一甲；不盈半升到少半升，赀一盾。半石不正，八两以上；钧不正，四两以上；斤不正，三朱（铢）以上；半斗不正，少半升以上；参不正，六分升一以上；升不正，廿分升一以上；黄金衡羸（纍）不正，半朱（铢）以上，赀各一盾。

由上可见，秦代已经意识到统一度量衡对经济发展的促进作用，从法律层面对度量衡进行了规定，利用度量衡规范生产，对不符合相关度量衡标准的行为采取经济处罚[65]，促进生产有序开展。

（二）“物勒工名”质量责任制度

先秦时期，官府虽没有专职的质量检验机构，但这并不意味着官府不关心产品质量，官府所管辖的一些职能部门通过设计制度对产品质量加以控制。如工官制度，从中央到地方都设立专门的管理机构对手工业和商业机构进行管理[66]。在这个时期，因为手工业的发展，专业化水平提高，一些管理者因知识储备不足而无法对这些产品进行正确的评判，所以要求器物的制造者、监督者、生产部门把制作日期、位置、官名、工名等信息镌刻在所生产的器物上面，以便政府后期对手工业等产品实施有效管理和监督。如果发现产品存在质量问题，政府就要追究相关官员与手工业制造者的责任，并予以严格惩罚。这就是著名的“物勒工名”管理制度。

“物勒工名”制度大约开始于公元前300年前的春秋战国时期，

并在《礼记·月令》这部经典著作内有记载。在秦朝统一六国后，“物勒工名”得以广泛实施，有利于促进秦代手工业水平的提高，此后“物勒工名”制度被各朝代沿袭。“物勒工名”体现出当时手工业的分工已经越来越细致，管理责任也更为严格，体现了各级负责人对生产的质量监管机制，是我国古代非常重要的质量管理制度之一[67]，是促进并维持我国手工业生产的重要质量管理制度。“物勒工名”也体现了中华民族诚信的美德，把制作者和监管者姓名刻在器物上，“流芳百世”或是“遗臭万年”都可以由产品的质量展现，体现了良好的岗位责任制和制作监管者的社会责任。随着社会的发展，一些拥有高超技艺的杰出工匠，在社会上有广泛的知名度和美誉度，他们更倾向于主动把自己个人独特的记号留在产品上，“物勒工名”反而成为产品的品牌代言[68]。

（三）满足官营手工业质量管理要求

先秦时期人们除了进行质量检验与标准化管理活动，还注重质量预防工作。然而这些质量管理活动与近现代科学的质量管理有所不同，主要满足官营手工业质量管理要求，当然这时期的产品工艺与近现代产品工艺有较大差距。从秦代开始，生产力提高，统治阶层要求手工业生产能够保质保量完成，对手工业产品规格提出标准化规定，实行检查制与验收制，甚至基于生产经验提出一些预防方法以提高产品质量。

在标准化管理方面，《秦律十八种·工律》规定：

为器同物者，其小大、短长、广夹（狭）必等。

为计，不同程者毋同其出。

县及工室听官为正衡石羸〈羸〉（纍）、斗用（桶）、升，毋过岁壶〈壹〉。有工者勿为正。叚（假）试即正。

意思是指制作相同款式的器物，它的大小、长度及宽度等规格必须相等。在记录账册时，不同规格的产品不能记入在同一个账户下。官府每年要校正一次度量的衡器，如果这些衡器有专门的工匠管理，并且这些工匠每年都已经校正过衡器，则官府可以不必开展这项工作[69]。此外，衡器每次在领用时也必须进行校正。对布料的质量管理方面也有规定，如果质量不好，规格不符合相应标准，也不得进入市场流通。由上可见，秦代政府已经从法律层面对官营手工业产品的标准进行了规定，利用度量衡规范生产，并采取了较严格的工作程序，促进了生产的有序开展。

在春秋战国时代，诸国争霸，战争不断，兵车品质优劣对战事胜负具有举足轻重的影响。《周礼·考工记》对造车技术提出了五大方面的品质要求，即坚固、轻便，快捷、稳定与舒适。还需要制造人考虑轮子的尺寸和拉车的马相匹配，车子各个部件的构造都要精细，轮子也要适合马所行驶的路线等因素，这也体现了战车生产与标准化管理的关系[70]，说明当时战车检验标准达到较高的水平，这是人们制造和使用战车不断地修正后形成的宝贵经验。

秦代还建立了一系列质量检查制度，对不符合质量检查结果的官员和工匠都要进行处罚。如《秦律杂抄》记载：

蓦马五尺八寸以上，不胜任，奔挚（絷）不如令，县司马赀二甲，令、丞各一甲。

…………

省殿，赀工师一甲，丞及曹长一盾，徒络组廿给。省三岁比殿，赀工师二甲，丞、曹长一甲，徒络组五十给。

非岁红（功）及毋（无）命书，敢为它器，工师及丞赀各二甲。县工新献，殿，赀啬夫一甲，县啬夫、丞、吏、曹长各一盾。城旦为工殿者，治（笞）人百。大车殿，赀司空啬夫一盾，徒治（笞）

五十。

漆园殿，赀啬夫一甲，令、丞及佐各一盾，徒络组各廿给。漆园三岁比殿，赀啬夫二甲而法（废），令、丞各一甲。

采山重殿，赀啬夫一甲，佐一盾；三岁比殿，赀啬夫二甲而法（废）。殿而不负费，勿赀。赋岁红（功），未取省而亡之，及弗备，赀其曹长一盾。大（太）官、右府、左府、右采铁、左采铁课殿，赀啬夫一盾。

秦代已经对运输业、建筑业和采矿业等许多行业都开展了质量检验。这种质量检验制度主要从官方层面展开，既考查产品质量，也考查官员职责，把产品质量与官员职责结合起来考查，有利于官员对产品质量的把控，提升官员对产品质量的重视程度[71]。另外，秦代政府对官员因产品质量监管不利的惩罚是逐级渐进的，目的是让官员不断地总结经验教训，恪尽职守，提升质量，只有屡教不改、产品质量屡屡出问题的官员才会被做出撤职、永不叙用的处分。先秦时期，官营手工业质量检验逐渐发达，《周礼·考工记》中记载了对弓箭的弹性和射程进行检测的方法[72]。战国时期不断提升琉璃质量检测，琉璃生产达到较高水平，可以用来代替珠宝和玉器作为装饰品[73]。

先秦时期，大量的质量检测经验被积累下来，一些制造者结合以前的失败教训，汇总治理质量问题的策略。《周礼·考工记》总结了大量的制作弓箭材料的特点，汇总出制造弓箭的木材的优劣特性，认为制造弓箭的材料“柘为上，檍次之，檿桑次之，橘次之，木瓜次之，荆次之，竹为下”。这样就使得在制造弓箭之前就能够选出最好的材料进行制造。《礼记·月令》里也结合大量的酿酒经验，对酿酒提出要求，认为谷物要成熟，酒曲投放要及时，酿酒用的容器要保持清洁，特别是水质要好，器皿要用优良的陶器，而且火候要掌握适宜，有专门的监督管理人员，按照相应的酿酒程序展开，这样才能够酿出好酒。先秦时期的质量预防是基于大量的失败案例不断总结经验后提出的，这种行为是被动进行的。通过质量管理的事先预防，把可能引发质量问题的因素提前预见，在生产之前消除，从而更加经济，节约成本，质量也能保证。同当今推行的以预防为主的生产管理原则有点相似，但又有很大不同，主要体现在工艺较为落后。

先秦时期官营手工业质量管理相对原始社会已经有较大改进，但和近现代质量管理方法相比还有许多不足。主要体现在质量管理方法极为落后，还需要政府通过政治权力推动，开展质量管理活动主要是为统治阶级服务的。

（四）先秦法律制度注重质量管理

先秦时期国家政权逐步建立，统治者制定相关法律制度对国家进行管理。关于质量监管的法律条文，由于时间过于久远，有些已经遗失，从目前的已有文献来看，可在《礼记·王制》内寻得一丝踪迹。《礼记·王制》是战国中晚期关于君主治理天下的法律制度的篇章之一[74]，其中有关于商品质量及使用的记载可以被认为是较早的法律制度。里面记载“用器不中度，不粥于市”“布帛精粗不中数、幅广狭不中量，不粥于市”“奸色乱正色，不粥于市”等，意思是说生活中的日常器物如果达不到国家相应的规格要求，则这些器物不能在市场销售，如果布帛密度达不到国家相应的规格要求，布帛的长宽尺寸达不到国家的相应要求，也不能在市场上销售，如果布帛被染色，与正色不同，同样不允许在市场上销售。从这些条款可以看出西周官府对产品质量的重视，从法律层面对粗制滥造的商品或者达不到官府要求的产品进行规制。

秦代以后产品质量立法日趋完善，主要包括以下方面：一是关于度量衡管理，《秦律》已经把相关内容引入，形成定期的检查制度；二是关于仓储管理制度，《秦律》里提及若是因仓储保管不当，使粮食质量受损或库房内存放的皮革质量受损，不仅参与管理的仓储人员要受处罚，主管的官吏也要受处罚；三是有关手工业产品制造过程的质量监督管理，《秦律》规定手工生产要定期考核，县工官上交的新商品被列为下等的，生产者和管理人员要受到处罚，连续三年评定为下等的加重处罚[75]；四是产品销售时要分级陈列。所谓“以陈肆辨物而平市”，即要求在市场上，要把质量相似的产品陈列在一起，以防消费者上当受骗。

法制在秦兴起的过程中功不可没，故在秦朝成立后仍非常注重法制。《睡虎地秦墓竹简》之《秦律》等对手工业制品的尺寸、技术标准、商品的质量检验等都有一整套比较系统的规定，这是先秦手工业产品质量法律方面非常关键的资料[76]。在张家山发现的汉代《二年律令》对食品质量安全问题及其处罚也进行了立法规范，为防止劣质肉类产品进入市场做出相应规定：“诸食脯肉，脯肉毒杀、伤、病人者，亟尽孰（熟）燔其余。其县官脯肉也，亦燔之。当燔弗燔，及吏主者，皆坐脯肉臧（赃），与盗同法。”[77]其意思是说，如果把腐肉、变质的肉放到市场销售导致食用者生病，主事的官员没有处理，则官员与卖腐肉者都要受到惩处[78]。汉法还规定：“贩卖缯布幅不盈二尺二寸者，没入（官府）之。能捕告者，以畀（给予）之。”[79]意思是如果所销售的布匹尺寸不够，官府有权没收。同时汉代律法还提倡对质量存在问题的产品或缺乏诚信的商人进行检举并给揭发者以奖励。

先秦各政府注重以法律的形式对商品的质量进行监管，有益于构建公平交易、有序发展的市场交易环境，是稳定市场、杜绝伪劣品的重要保障，也规范了社会商业活动有序开展，使商人遵守商业道德，形成诚信的社会风气。这些法律制度也维护了国家经济利益，提升了政府的公信力。

（五）先秦文化思想与质量管理

礼制思想是先秦时期国家治理的主导思想，目的是将人分成不同的等级，做到尊卑有伦。在礼制思想的影响下，不同等级使用的产品质量标准也有所不同。《周礼·考工记》里记载："天子用全，上公用龙，侯用瓒，伯用将，继子男执皮帛。"意思是天子用最好的工匠打造最好材质的玉饰品，其他等级的官员则根据所处的等级请相应等级的工人打造。先秦时期天子及王族使用的器物质量最好，能够体现当时生产质量的最高水平，但受礼制思想影响，王族所使用的产品不能在市场流通。《礼记·王制》里记载了多个"不粥于市"的情况，意思是服务于王室的祭祀或朝会的用品不能在市场流通，普通百姓不能使用这些物品，森严的社会等级使当时产品的质量无法全面提高，也影响了整个社会产品生产的发展。

诚信是保证产品质量的前提[80]。先秦诸子百家都肯定"诚信"治国、治人、治兵的重要性。特别是管子从商人、手工业从业者的角度强调"是故，非诚贾不得食于贾，非诚工不得食于工"[81]。先秦时期，大量的古书籍记载重约守诺的"信"，说明当时人们对诚信非常重视，并成为一种商业道德。一些商人因为重守诚信、保证产品质量而被后人称颂，如春秋末期的范蠡，其在从事商业活动时，强调一定要保证货物的质量，只有没有损坏或者变质的货物才能交易。白圭是战国时期的商人，他主张要提高粮食质量就必须选择良种，种出的粮食才能更好销售[82]。

（六）小结

先秦时期的质量管理水平更加规范化，已经出现以法律形式对产品质量进行管理的现象。秦代通过立法对度量衡进行统一，有利于不同区域的商业贸易往来，促进商业的发展。为提升产品质量，采用“物勒工名”制度，将工匠和监管者的信息刻在相关器物上，一方面能够加强行业自律，另一方面有利于产品后续的监管，为后世产品质量监管提供了很好的范式，并在一些产业沿用至今。先秦时期，主要对一些官营手工业产品开展质量管理活动，目的是满足优质的官用产品的需求，但由于当时阶级森严，对普通百姓使用的产品质量的管理则没有像官营手工业产品那么严格，因此，全社会产品质量与官营手工业产品相比，仍然还有差距。

二、唐宋时期质量管理思想

唐宋时期，生产力水平进一步提高，国内国际贸易的发展，必然对商品有更高的质量要求，从而在生产组织管理方式和法律等方面也有了更高的标准。

（一）监督质量管理的组织更加多元化

唐宋时期，经济贸易往来更加频繁，对商品的质量要求也更高。对产品进行质量管理的组织也更多元化。

唐宋时期手工业逐渐发达，官营手工业作坊在生产兵器及王室用品方面依然发挥重要作用。官营手工业内部传承了先朝的三级建造管理制度，并在这个基础上对各个岗位的工作人员进行分工，即监造者不再从事生产活动，主要负责质量管理工作，主造者中技艺更精湛的工师等还要负责产品的设计与管理事宜，组织其他技师共同开展相关的生产活动，这样就能使官营手工业内部形成良好的组织管理方式，那些表现优异的人还可以获得升迁的机会，充分调动生产、管理积极性。《武经总要》和《梦溪笔谈》中也有关于兵器制造及其质量管理问题的记载。宋朝初期，因无中央监管机构，地方政府不负责任，大量武器质量极低，刀枪被腐蚀，受损严重。王安石变法后，中央设立军器监，对各地兵器制造进行监督和检验。并把兵器的数量和质量作为评价官员升迁的考核依据，这些举措大大提高了兵器的质量[83]。

唐代生产力不断提高，面临着多余的产品不知道销售到何处的窘境，牙郎作为交易中介人的角色应运而生。他们刚开始给买卖双方介绍生意，后来还为商品质量评定等级。一个行业出现了多位牙郎，他们就成立牙行，在商品贸易中起到重要作用。如在唐代存在一些专门从事金银珠宝鉴别的牙行，他们对金银珠宝质量的评价结果就具有一定的权威性，有利于维护市场稳定。唐代牙行的出现是自发且无序的。到了宋代，官方强调经营牙行需要政府批准，而且需要向政府领取特许经营牌照——“付身牌”，同时缴纳税赋[84]，这样牙行的经营就更加正规，其对市场产品质量的评定也更加权威。

行业的名称“行”最早在宋代的《太平御览》内出现，并得到新的发展。据记载在唐代长安城内有货财二百二十行。此时的“行”还不能算正式的行会，“行首”只是市场中的一肆之长，并非行业意见领袖。宋代城市经济更加繁荣，为更好地对工商业者征调徭役，政府要求各经营者按其所处行业，加入相关的行会。宋代行会与唐代有所不同，更加体现行会自治。各个行会都设有行老或行头，即行会的领袖。对外，行老或行头可以代表本行会，接洽交涉行会的相关事项。对内，行老或行头加强行会治理，协调行业内的纷争，评定商品的质量等级，监督和管理行业内存在的以次充好的质量问题。而那些生产或销售质量较差商品的商人，若屡劝不听，则很可能被开除出行会。《续资治通鉴长编》中记载："曾犯私假香人法，当勒出行。"行会内集结了行业的优秀人才，行会可以协助官府检验官方生产产品质量。

由于生产力的进步，唐代质量管理的组织方式更加多元化。有满足官营手工业要求的三级建造管理制度，也有满足家庭手工业质量要求的家族技艺传承再创新管理模式。牙行及行会组织的出现和发展，有力地促进唐宋经济的繁荣。

（二）唐宋时期质量管理制度

唐宋时期，封建经济不断发展，原本只能在州县指定地方设置市场的惯例被打破，一些经济贸易往来频繁的交易场所也普遍成为市场，甚至夜市也大量出现，这样就要求在市场管理时，相应的质量管理法律制度也应不断改进。《唐律疏议》是中国现存时间最古老、体例最完整的刑事法典，里面对市场交易主体的行为进行规范，强调销售的产品质量要过关，买卖双方要诚信，建立公平公正的交易市场，如果违反相关法律，则必须处以严刑峻法。《唐律疏议》对牛、马买卖行为进行规定，牛、马如果在销售三天后发现疾病等问题，即使已经谈定价格和签订合同，同样可以要求解约，这种规定一直到北宋仍在沿袭[85]。在度量衡管理方面，《唐律疏议》规定："诸校斛斗秤度不平，杖七十，监校者不觉，减一等；知情，与同罪。"可见，在唐代对未公正行使度量衡的官员，要求他们负刑事责任。《宋刑统》沿用了《唐律疏议》的框架与内容，与质量相关的法律也基本一致。

商品经济的发展直接推动着唐宋封建经济社会的发展，唐宋时期发生大量的“行滥”行为。“行滥，谓器用之物，不牢不真”是指产品达不到国家允许的市场流通标准，主要包括两个方面：一是以假乱真，特别是一些肉眼无法辨别真假的金银器皿；二是质量低下，制作非常粗糙的产品。针对“行滥”现象，唐代政府也做出相应的处罚要求，《唐律疏议》里记载，如果将自己制造的质量不合格的物品拿去出售，则制造人要承担相应的刑责。如果销售产品的货商，明知道产品质量不合格，仍然销售，则销售商品的人与制造人同罪。如果管理市场的官员知法犯法，与违法者同罪，如果官员对“行滥”行为知情，则官员也要减二等处罚[86]。除此以外，当时社会各界也针对“行滥”现象制定一系列措施，如明确销售物品的质量标准、加强对销售物品的质量监督、惩治“行滥”制造者等。袁采在他的《袁氏世范》里指出，大抵转贩经营，须先存心地，凡货必真，必须敬惜，他还借助“因果报应说”奉劝人行善，不要“行滥”。宋代的《宋会要辑稿》将“行滥”行为按照盗窃罪定罪，如宋太祖的诏令：“自今宜禁民，不得辄以纰疏布帛鬻于市，及涂粉入药，吏察捕之重置其罪。”《宋史》里记载：“辇道商贩，讥察其冒伪违纵者。”意思是政府各个部门都有权查处伪劣商品[87]。唐宋时期，对市场销售物品质量的严格管理，有利于促进公平交易，保证市场交易顺利进行，促进生产繁荣，维护地主阶级利益，具有积极意义。但实际上，宋朝后期，尽管宋代皇帝不断颁布诏令整治，“行滥”现象却越来越普遍。有观点认为，这与宋代冗官冗兵的情况有关，过多的官员导致不作为，从而影响相关法律在市场的执行[88]。

唐宋时期手工业生产规模得到进一步扩大，为提高工徒质量，开展法式教育。法式教育是把生产经验集成的技术规范、图样、制度等内容传授给徒弟，使营造规格标准化、操作程序规范化、选材用料精细化，通过对纸质内容的系统学习，工徒的质量控制能力提高，生产产品实现标准化，产品质量更加稳定。宋代的《元祐法式》《营造法式》《墨谱法式》对这类教育都有记载[89]。

三、明清时期质量管理思想

（一）明清时期质量管理组织的改进

明代中后期，生产力更加发达，老百姓的需求不断提高，大量工匠离开官营手工业进入民营手工业，民营手工业快速发展，迫使官营手工业工匠的管理体制发生了改变。到了清初，匠籍制度已经不能适应新的生产管理方式，统治者着手废除匠籍制度。为了解决官营手工业瓦解可能导致的质量问题，清代产业标准化水平得到空前提高[90]。手工业各行业把传统工匠积累的技术和经验以则例文本的方式保存，如果政府需要招募匠人从事手工业生产，匠人则以则例标准进行生产，从而保证了产品生产质量。在清代，一些传统产业的发展已经采用标准化数据，这些数据不是简单的数字罗列，而是将各种数学模型引入标准化中，注重各个参数得出的逻辑关系。如《清工部工程做法》就以建筑构件标准为例，介绍了各个构件的参数关系，有利于参与建设的工匠更好地把握制作工艺的特点[91]。

明清时期，江南经济发展迅速，特别是民间蚕丝和棉等纺织业做工工艺达到较高水平，在南北形成不同产品的分工体系，在生产组织内部，各个工作流程的分工也更加细致。明代后，行会除了保持唐宋时期的基本职能外，还进一步扩大其在其他领域的影响力；除了维护从故乡来的客商的利益、协调行会内纠纷外，一些同行的行会还会相互兼并，成立会所、公所和商会等[92]。他们救助同业，维护行会业务声誉和服务质量，提倡公平交易，对一些商品的尺寸标准、定价、质量规格都有具体的规定，从而稳固产品的市场销售[93]。

（二）技术进步与明清时期的质量管理

《天工开物》被认为是世界上第一部关于农业和手工业生产的综合性著作，是由明代著名科学家宋应星所著的“中国17世纪的工艺百科全书”。《天工开物》内容非常广泛，包括农业、手工业、建筑业等许多行业，里面介绍了一些工艺的铸造过程，从工艺的设计规范、铸造过程的精细化描述为相关行业开展标准化生产提供范例。

据史料记载，明朝将统计抽样调查的方法融入产品质量检验。如明代《工部厂库须知》内记载“每熔铜，先抽一百包堆放两旁，内点二包敲断，验其成色，秤兑二百斤，分东西二炉熔化”，意思是要确定熔铜的品质，可以抽取其中一部分进行试验，结合试验结果再决定熔炼的步骤。后来，有的工师发现这个方法还可以改进，就改为“抽铜八包，每包取铜五十斤，共四百斤”，从而对铜成色检查的结果更加精确。由此可见，明朝就已经掌握了抽样调查产品质量的方法，得到样本量越大，抽样调查结果越准确的规律，符合现代数理统计抽样调查的基本思想。而在欧美提出抽样的概念还是在19世纪，我国应用抽样调查的方法对产品质量检验的时间比欧美早了300多年。

晚清时期，英国等国家开展第二次工业革命，产业技术得到大幅度提高。与此同时，清政府管理的一些工厂产品手工业技术也有了长足进步，但与西方工业国家相比，产品质量总体水平一般，在技术方面也远远没有满足现代工业发展的要求。由于没有较高层次的专门的质量监督机构，并且企业生产产品的质量，也大多由企业技术和管理部门根据产品特点把关，所以在清朝，一些大的企业设立了工务科或质量检验处，专门对新产品、在产品、产成品进行监督检验[94]。地方监督管理机构对工业生产的监督也基本是走形式，根据相关要求照办而已。实际上，由于晚清时期的战乱加上巨额赔款，清政府对产品质量的管理力度是非常薄弱的，这使得我国的商品在国际市场上缺乏基本的竞争力。

（三）明清时期质量管理与相关法律规制

《大明律》是明代法规的典型体现，里面有较多关于质量问题的重要法规。如在工程建造方面，对工程建设的设计、预先审批程序、工程建设的材料费用等都进行了法律规定，严惩那些以次充好、偷工减料的行为。《大明律》对建筑师也有严格的要求，如果建筑师建造的建筑出现损坏，导致人死亡，建筑师按照过失杀人罪判罚，相关的工匠、官员也要按责任承担相应的罪行。《大明律·户律》对在仓库管理中，不注重保管产品质量而导致仓库财务受损的行为，根据财务受损的轻重给予处罚。《大明律·工律》中也强调货物不牢固，绢布等纺织品质量伪劣、商品数量不足、尺寸不对，都要受到笞刑。可见，《大明律》对产品质量不符合要求者，要给予严厉的惩罚。《大明律》中对军械制造不规范、不标准、不合格的人各笞五十，返工后仍然存在问题，则要赔偿损失，如果制作产品合格率太低，按“坐赃”罪论。

据《明史》记载，明成祖朱棣迁都北京后，命在京兵马指挥司并管市司，“每三日一校勘街市度量权衡，稽牙侩物价”，他们注重对度量衡的管理，加强对牙行的管理，防止牙行利用自己特殊的身份造假、降低产品质量、扰乱市场秩序。在市场管理方面，清朝沿袭了明朝的管理制度，有意思的是，明清政府虽然对度量衡进行了严格管理，但明清政府自身并没有直接参与产品的质量检验活动[95]。《大清律例》中同样注重对产品质量问题的责罚，如果制造假茶500斤以上，不仅制茶者要处罚，销售茶叶的人同样要被处罚，要被发配到附近“充军”。《大清律例·工律》也规定对那些没有按照营造法式步骤、采用低劣原材料制造的人进行处罚。可见，明清时期的立法对质量管理相对重视。

由上可见，中华上下五千年文明，离不开质量管理。我国由古代朴素的质量管理思想，随着生产力不断发展，不断与生产关系相适应，到近代，质量管理思想发生了质的飞跃。但总体而言，受封建专制制度的影响，我国古代质量管理的发展较缓慢。

第四节　小结与评述

从远古社会、原始社会到奴隶社会，再从封建社会到近现代资本主义社会，以及共产主义社会，我们发现质量管理思想的发展与生产力的提高密切相关。新的生产力必然要有新的生产方式与之相适应，伴随着质量管理方式也要不断变革。

原始社会开展的质量管理活动是天然的、自发的，是为了满足自身生存需要的。原始社会解体后，统治阶级和国家机器出现，政府主导的质量管理活动出现，从奴隶社会一直延续到资本主义社会，在这其中政府参与质量管理由直接管理向间接管理转变[96]，随着生产力的提高，贸易往来频繁，到封建社会末期，政府直接参与质量管理的程度较为弱化，行业自律加强，一些行会应运而生，行会的职能也由辅助市场管理转到加强行业产品质量监管等方面。

国外开展质量管理历史悠久，据文字记载至少有将近3800年的历史，《汉谟拉比法典》里就有规定房屋和船舶制造质量不合格将会受到惩罚。古埃及的金字塔、古希腊的多立克柱等屹立几千年不倒，体现了当时的人们对建筑质量的重视并以法律的形式开展质量管理，形成了现代建筑标准化生产观念的雏形。古希腊哲学家柏拉图的《理想国》认为国家得以成立，离不开社会分工，社会阶层有统治者和被统治者，被统治者由从事各种一般职业的人组成。古罗马的克优斯·贾图认为奴隶主也要注重生产中的质量问题。此后，随着生产力的不断进步，专门从事质量管理的职位被分离出来，新的生产关系进一步推动国家生产力发展。

中国开展质量管理的历史可以追溯到先秦时期，邹依仁通过考证认为，中国在4000年前就开始了质量管理活动，是最早开始质量管理的国家之一。中国质量管理沿袭先秦礼制思想，后融合了诸子百家的精髓，强调质量管理是为统治阶级服务的，随着生产力提升，民营手工业发展，中国封建王朝不得不对质量管理的方式进行改革，但由于中国古代历朝历代强调“普天之下，莫非王土”的思想，因此古代质量管理无法挣脱“王土”思想，相应的消费能力和消费方式决定了中国古代生产能力和生产方式无法像西方第二次工业革命时期那样挣脱王室束缚，大刀阔斧地改革[97]。

无论是古代中国，还是国外其他国家，有文明以来，它们都十分注重对质量管理的立法，但遗憾的是，近代以前，尚未形成单独的质量管理法律，相应的质量管理法律条文穿插于刑法、民商法等法律条文内。法律的制定是为了更好地开展社会管理，国外质量管理的法律制度随着社会生产力的发展而改进，以更好地适应经济社会的发展需求。中国古代质量管理法律制度以礼制思想为根基，以《秦律》相关条例为基础，注重“轻罪重罚”，有利于市场管理的开展，维护统治阶级规制，节约原料成本，保证产品质量。科学的质量管理是第二次工业革命后开始的，同时期的清代工业有长足发展，但生产水平和质量管理水平与西方相比仍有差距。主要体现在清代传统工业依然是手工和半手工生产，尚未开展大机器生产，这就无法实现近代大规模生产，标准化质量管理必然落后。清代工业生产依然为统治阶级服务，标准的制定权由官府掌握，标准更新的速度缓慢，与国外工业革命国家相比，清代的工业质量管理水平还处于很落后的状态。

第三章

质量检验阶段相关理论的形成与发展

CHAPTER 3

20世纪前，开展质量管理的方法较为单一，主要由制作者结合自身技术水平和相关生产经验判断产品质量能否过关，这个阶段的质量管理被认为是“操作技术人员的管理”。然而，第一次工业革命后，机器大规模生产，如果仅靠操作人员的经验来判断产品是否合格，不仅时间长，而且产品工艺更加复杂，不能保证每次都能检验出不合格的产品。20世纪初，美国的泰勒开展了科学管理研究，认为企业内部有必要进行分工，有的员工专门从事机械加工，有的员工负责销售，产品质量检查的工作也需要从生产线分离出来，由专人负责，成立专职检验部门，产品质量管理是“工艺技术长的管理”。在这个时期，企业生产规模加大，产品工艺更加复杂，为了有序开展大规模机器生产，企业技术标准管理制度、公差制度也不断完善，开展质量标准检验的工具和技术也不断改进，这些都属于事后质量检验方式，为质量检验奠定了良好的基础[98]。

第一节　泰勒科学质量管理思想

1911年，美国著名管理学家泰勒发表了人类历史上非常重要的技术管理著作——《科学管理原理》，并因其被尊称为“科学管理之父”。泰勒的研究不是天马行空，而是深入工厂，在生产实践中，泰勒不断通过科学实验和科学计算，发展他的科学管理理论。该理论围绕“提高劳动生产率”“提高产品质量”的主要问题，提出了有关管理和组织的基本理论，主要包括工作规范、管理职能专业化和标准化管理功能等，逐步形成“泰勒制”科学管理思想。“泰勒制”进一步巩固了第二次工业革命的成果，并在此基础上开始了现代意义的质量管理研究，促进了人类机械化生产的开展。

一、泰勒科学质量管理思想的产生背景

泰勒科学质量管理思想的产生不是偶然的，而是与当时资本主义社会生产力的提高有重要关系。当时欧美大部分国家已经进行第二次工业革命，生产方式从小作坊变成大规模的工厂生产，复杂的生产过程取代了简单的体力劳动，垄断资本主义出现。与此同时，面对复杂且竞争激烈的市场环境，许多大型企业利用机器代替工人生产，原有的组织结构和管理模式无法适应新的生产方式与劳动力管理模式，许多资本家迫切希望有一些切实可用的理论能实际指导并破解他们所面临的难题。因此，提高生产效率、提高产品质量水

平、降低废次品率等成为迫切需求。以上是泰勒开展科学管理理论研究的现实背景。

泰勒深入美国企业，通过一系列实验，结合相关的实验数据，创建了科学的管理制度，并出版了《计件工资制》《车间管理》和《科学管理原理》三部著作[99]。泰勒认为，生产操作流程是可以被分解的，可以将每项工作动作标准化，形成生产操作标准化。他还认为，机器生产时代，生产的组织模式也要变革，以一系列法律、规则和原则为指导，开展最精细的合作，才能促进企业生产力与生产效率的提高。泰勒的这些科学管理思想，为当时资本主义开展生产活动提供了重要的理论支撑，许多企业在“泰勒制”下开展变革，取得了非常好的效果[100]。

二、泰勒科学质量管理的三个重要实验

泰勒毕生致力于提高劳动生产率，他通过铁锹试验、搬铁块试验和金属切削试验，试图形成工作规范，解决工人效率低的问题，提高劳动生产率，开展现代科学管理研究[101]。

（一）铁锹试验

泰勒著名的铁锹试验是在美国伯利恒钢铁公司进行的。他观察到，在同样时间内，有的工人铲铁砂多，有的工人铲铁砂少。为什么不同工人的工作效率不同呢？针对这个问题，他展开了研究。

他发现工人是自己带铁锹到工厂干活，每位工人的铁锹大小与重量都不相同，铲煤砂和铲铁矿都使用同一把铁锹，有的工人铲煤砂时速度慢，而铲铁矿时速度却快多了。针对这些现象，他认为铁锹的材质、大小及重量都会影响工人的工作效率。后来，他通过测

验，对铲每种物料的铁锹的形状和规格进行了设计，选择特定的铁锹铲特定的物料，对工人铲物料的动作进行分解，设计合理的标准化动作，使每个工人每铲的负荷都达到 21 磅。泰勒的铁锹试验大大提高了工人每日的铲装量，工人效率大为提高，工厂用工人数也由 500 人降到了 140 人，单位日薪也大为提高。

泰勒的铁锹试验在工业界引起了巨大震撼，许多工厂都过来取经，并把伯利恒钢铁公司科学高效的定额标准管理方法应用到自己的工厂内部。泰勒也在这项试验中总结出了企业生产经营管理的经验，要注重计划与执行分离，企业开展标准化管理有利于提高生产效率，人要尽其才，物要尽其用。铁锹试验为泰勒开启科学质量管理思想奠定了科学的试验基础。

（二）搬铁块试验

泰勒开展的搬铁块试验同样是在美国伯利恒钢铁厂内进行的，开展这项研究的目标是确定工人每日多少的工作定额是合理的。

他组织相关人员对铁块搬运小组内动作最快的员工的工作过程进行跟踪，用秒表记录他一天内每个基本动作所花的时间。在准确测算时间的基础上，将工人搬运铁块的动作分解成更小的基本动作，算出正常的单位工作量。他对搬运生铁块的动作进行改进，研究搬运生铁块最合理、最省力的动作，计算出工人工作量的标准定额。此外，为了让试验结果更加精确，泰勒还采用对照组，挑了一位比较能干的外籍移民工人史密斯，让他听从管理人员的指令工作。管理人员把史密斯一天内所有的工作动作记录下来，并用秒表记录史密斯的工作时长与休息时长，以及每个动作的间隔时长，结果史密斯一天内完成了 47.5 吨的生铁块搬运量。泰勒在实验过程中发现，并不是每个人都是干活越多越容易疲劳的，有的人搬运 10 吨生铁块就很疲惫了，有的人搬运 20 吨生铁块仍然很轻松，他积极寻找影响工人劳动工作量的答案，得到的结论是：工人工作疲劳程度与其搬运生铁块的间歇频率有关，和搬运多少生铁块的重量无关。由此，泰勒设计了一个合理安排工人工作量的新方法，从而在不增加工人疲劳感的前提下，提高了工作量。

泰勒应用秒表研究搬运铁块的工时和动作，对工人进行科学的方法训练，为实现生产标准化创造条件。他的工时研究也为之后运筹学的发展奠定了基础。

（三）金属切削试验

19 世纪 80 年代初，泰勒预计用 6 个月测试完成切削钢铁的试验，但最终试验了 3 万多次，用时 26 年才完成。这个试验的目的是测算出车床的转速是多少时才能在最短的时间内完成工作，切割钢铁的工具采用什么材质、切割的角度和切割的形状要如何效果才最佳，总之，就是通过试验探寻出切削金属的最佳标准化流程。

受制于当时工程科学、数学发展水平，这个试验没办法很快得出答案，只能采用反复试验的方法，在积累了大量的数据后，数学家巴斯设计出了快速计算尺，才把这个问题解决了。那些不懂得数学的工人，根据快速计算尺也能在半分钟内得出切削金属的最佳方法。

金属切削试验表明，要使工作实现“最佳”，需要把这些设计的内容交给有关专家研究，确定好工作方案后再交给工人去实施，如果仅靠工人的经验是不足以实现的。在设计工作方案时，需要对整个项目的计划、时间进程、动作操作标准化等内容展开设计。

三、泰勒科学质量管理的主要思想

泰勒是19世纪末20世纪初，世界管理界杰出的管理学家，他将工程知识、数学知识与管理知识融合，形成“科学管理制度”。他通过分析工人的工作环境，对工人的操作动作进行分解，制定出科学的、标准的操作方法，对开展工作使用的工具和器械进行标准化管理。他认识到工人的素质是有差异的，针对不同的工作对工人进行相应的科学培训。他还意识到工人不能完成设计工作，企业内部计划职能和执行职能必须分开，领导要注重分权，关注那些战略性的、重要性的事务。同时他还实行计件奖励制度。“科学管理”这个词本身不是由泰勒先提出来的，而是他人结合泰勒的工作内容提出的观点。泰勒认为他所做的工作实质上是一场心理革命，用科学主义代替经验主义，为提高产量和利润，企业的雇主和工人要相互协调、相互协作[102]。1912年后，泰勒的“科学管理制度”在美国传播，许多行业的生产能力得到提升，特别是机械加工业产量提升了4～18倍。苏联成立后，在列宁的号召下，这种制度也被引入苏联企业，并获得了不错的产量和利润。

（一）工作流程标准化

泰勒开展科学管理研究是基于当时的工业发展背景的，一方面工业革命开展后，生产力得以提高；另一方面企业仍然按照以往的经验主义进行管理。工人每天都在工作，但资本家却认为他们偷懒，通过延长工人劳动时间和增大劳动强度，强迫工人工作，对工人进行剥削。而工人认为自己已经做了很多，资本家却给自己很低的报酬，双方爆发剧烈的劳动冲突。

为解决这个问题，泰勒认为有必要对工人的工作进行科学实验和精确计算，精确分解工人的劳动步骤和动作。因此，他选择企业里的高度熟练工，对他们在生产过程中的操作流程和相关的使用工具进行分析，用秒表记录每个工人的工作时间、必要休息时间和浪费的时间，从而确定完成工作所需的总时间。这就是泰勒提出的劳动定额标准化方法。

泰勒的工作流程标准化启发我们在企业开展生产前要规范每项劳动过程，对相关的任务进行分解，将大目标化为小目标，对所有的生产流程进行标准化分割，力求每一步都是完成这项任务最简单、最科学的方式。泰勒还根据不同的工作性质，定义不同的任务目标，完成每个岗位的岗位说明和资格标准化，确保每项工作都由能胜任该工作的员工担任，大大提高生产效率，减少企业雇主与工人的纠纷，从而保证产品质量。

（二）管理职能专业化

泰勒认为，在企业管理中不能让工人们同时进行计划工作和执行工作，要将管理者和工人的职能分离出来，管理职能由管理层承担，工人负责具体任务的执行。他认为一个管理者除了对各项工作进行计划外，还需管理并评价各工长的工作质量。泰勒认为要使工长的职能更有效率，工长的职能也应该进一步细化，每个工长仅需承担一种特定的职能。泰勒设计了八个职能，每个工长都可以在自己的职能范围内向工人下达命令并开展工作。这就是泰勒提出的“职能工长制度”。泰勒认为，通过这种制度的执行，可以明确每个工人的职责，可以充分利用每个人的专业知识，提高管理效率，降低培训成本。

在这种职能工长管理制度下，质量检验的职能也被分离出来，建立了专职的质量检验部门，企业内有专门的人从事质量检验工作。同时，大规模标准化生产的互换性理论及公差概念的出现，也为企业开展质量检验奠定了理论基础。根据这些理论，企业对产品的加工精度和技术标准进行规定，质量检验人员根据技术标准相关参数，结合测试方法，对零部件、半成品和产成品进行质量检查，如果质量检验不过关则不能进入下道工序或出厂。

企业将专门的质量检验职能分离开来后，虽然能有效地提高产品合格率，但也会出现一些问题。有些企业的工人认为质量检验是企业质量检验职能部门负责的，工人只负责生产，产品生产出现缺陷也是正常的，质量检验是检验人员的工作，与己无关。基于这种质量责任不清的现象，泰勒当时并未提出解决之道，但他采用“职能工长制度”开展质量管理工作是很重要的管理创举。

（三）管理例外原则

泰勒开展一系列工作后，总结经验，认为管理层不能面面俱到，每件事情都参与管理。管理者要学会放弃，将那些常规性、程序化的工作分配给手下去执行，形成制度化、标准化的工作方式，自己则重点关注那些特别好或者特别坏的工作，要把更多的时间用在研究企业发展的战略、大政方针，关注手下是否称职，自己如何协调好不同下属的关系，解决他们的矛盾和冲突上。泰勒管理例外原则有利于其职能工长制思想的贯彻实施。泰勒的管理例外原则被不断改进，著名的管理决策学家西蒙提出的“程序化决策与非程序化决策”也是在这一原则基础上不断改进的，此后授权原则、分权原则和划分管理方法也陆续发展起来[103]。

泰勒科学管理思想影响深远，其提出的理论和方法一直到今天仍被广泛应用。泰勒开展的科学管理核心是提高生产效率、提高产品质量。围绕这个中心问题，他提出了工作规范、差别计件制度、专业化管理功能、管理例外原则等。在当前的质量管理中，仍然可以利用科学管理理论指导企业实际的质量管理工作。

第二节　标准化管理及发展

质量与标准的关系非常密切，质量管理始于标准。产品标准是指规范企业生产经营活动、确定企业产品质量特性、指导企业开展生产的一系列技术规定及相关技术文件。产品质量由一系列的标准参数和相应的执行标准的结果决定，产品的标准是维持产品质量的基础，质量是执行标准的体现，标准化是维护质量的过程，质量管理是贯彻标准结果的实践。因此，在开展科学的质量管理之初，重视标准化管理不仅能提升产品质量、促进大规模生产，也能降低成本。

一、“公差与配合”及“泰勒原则”

18 世纪，欧美等国家和地区开始利用机器进行大批量生产，原有的适应手工业生产要求的质量管理方法已经不能适应新的生产要求。开展大规模机器生产，必然需要一些标准件，当原有零部件损坏时，新的零部件安装上，机器马上就可以继续运转。但很多同样部位的零件因为缺乏标准，有的粗有的细，很多目测差不多大小的零部件不能互相匹配，由此一些企业质量管理部门针对这个问题提出解决方案，形成公差的概念。公差的意思是零部件的生产允许有误差。公差的大小取决于设定的两个极限尺寸的差值，这样设计的零部件就可以实现互换了[104]。19 世纪 40 年代，英国的约瑟夫·霍特沃在工业界号召使用统一的螺纹规格，设计惠氏螺纹，实现螺纹在不同机器的互通互换。此后，惠氏螺纹经不断改造成为各国通用的英制螺纹，并被广泛采用在许多军用或民用设备上。

刚开始，许多零部件的公差值比较大，后来随着零件的精确度和互换性条件的提高，公差值逐步缩小，对零件公差与配合形成比较系统的规定，并进一步细化为尺寸公差和形位公差。据记载，1902 年出版的纽瓦尔标准的“极限表”，被认为是工业界最早设计出来的公差与配合标准。

20 世纪初，虽然建立了公差概念，但不同工厂对极限尺寸没有进行统一，配合概念没有理解，而且对零件配合过程中有多少误差是合适的，没有形成统一的、正确的共识，不同的企业间因为公差的极限尺寸设定不同，导致无法配合，矛盾非常突出。为解决这些问题，1905 年，英国的 W. 泰勒提出“泰勒原则”，意思是指孔、轴要限制在极限尺寸内，局部的尺寸和形状误差也要控制在公差范围内。“泰勒原则”的提出为规范零部件规格、开展零部件质量检验提供了良好的依据，近现代许多质量检验工具就是根据“泰勒原则”设计制造的。“泰勒原则”也为大规模生产下，零部件的互换及零部件质量检验奠定了理论基础[105]。

二、吉尔布雷斯夫妇的动作标准管理

弗兰克·吉尔布雷斯自小成绩优异，但因家庭贫困，放弃了到麻省理工学院继续深造的机会，转而投身建筑行业，当起砌砖工。

他是一个爱观察、爱思考的人。在当砌砖工期间，他发现许多工人动作冗余、效率不高，针对这个现象他对工人的砌砖动作进行了分解，认为可以删除一些不必要的动作，加强对砌砖工具的升级，教工人同时使用双手进行劳动。他改进操作方法，加强管理和协作，使砌砖动作由 18 项减少到 5 项，工人每小时砌砖数也由 120 块提升到 350 块[106]。虽然开展砌砖实验时，吉尔布雷斯并不认识泰勒，但砌砖实验取得成功其本质也属于科学管理范畴。首先，对所有工人的动作形成规定，工具和工作条件也不断改善和标准化；其次，精心挑选和培育砌砖工人，采用最好的工人和条件；最后，要求管理人员有较强的监督能力和协调能力，与工人共同努力，提升工作效率[107]。吉尔布雷斯把他的动作研究命名为“动作经济学”，他也被誉为“动作研究之父”。1907 年，吉尔布雷斯与泰勒见面，两位管理学家互相认同对方的思想，并把科学管理思想应用到了生产实践中，获得了更加显著的收益。

莉莲·吉尔布雷斯是弗兰克·吉尔布雷斯的贤内助，也是他工作上非常重要的助手。莉莲将心理学知识与管理学知识相融合，从心理学的角度为其丈夫开展动作研究提供帮助。她研究过去经验管理制度下工人的心理状态，总结出科学管理有利于改善工人的心理状态，让他们工作有目标，对企业有归属感、责任感，认为自己只要完成工作就可以拿到薪酬，因此也具有职业安全感，心态也更加平和，工人自然就会提高工作效率，减少与企业的对抗。莉莲把动作管理从工厂生产延伸到家庭家务管理。她有 12 个孩子，对每个孩子在家庭里的任务进行分工和协调，获得了巨大的成功，并出版了《和我们的孩子们生活在一起》等著作。她还对管理学发展史进行划分，认为可以分为三种方式：一是单一直线指挥、中央集权的传统管理方式；二是第一次工业革命后，泰勒提出科学管理制度之前这段时期，尚未形成统一范式但多样化的管理方式；三是以泰勒科学管理为代表的科学管理方式。她的这种管理史划分方式，对后世管理学发展史的划分影响深远[108]。

三、“标准化之父”惠特尼的标准化工序管理思想

伊莱·惠特尼是美国著名的机械发明家，他发明的轧棉机能高效地实现棉籽与棉花的剥离，这使18世纪末期，美国本土品种的棉花得以大规模种植并大量出口国外，获得较高的外汇收益[109]。

惠特尼更重要的成就是基于互换性理论和标准化思想，开展枪支的标准化生产。18世纪末期，原本与美国交好的法国，在海上劫持美国船只，导致双方外交关系紧张，很可能引发战争，此时美国政府需要大量的枪支应对随时可能爆发的战争。惠特尼与政府签订了1万支枪的订单合同。这是一笔大订单，主管官员非常怕惠特尼不能完成任务，因为当时枪支的生产方式与现在不同，由一位工人负责生产整支枪，所有的工序都由这个工人承担。惠特尼把他伟大的设想告诉了政府官员，他认为可以把枪的各个零件进行分解，保证同一部位零件标准化，实现相互更换，这样，他只要培训一位熟练工人把枪的各个零部件精确地组装起来，就可以实现快速生产的目的[110]。惠特尼的设想在当时属于异想天开，因为还没有人这么做过，但是美国政府相关部门的领导人却很支持他的想法，并与他签订了合同。得到订单，惠特尼非常自信自己可以在规定时间内完成任务，但随着工作的推进，他发现困难重重，因为缺乏标准化的枪支零部件，所有标准化的零部件模具需要他自己设计和制造，这大大耽误了工期，以至于到了合同约定时间，他一把枪也没有完成。为了让订单继续有效，惠特尼到华盛顿向当时的总统托马斯·杰斐

逊表演了蒙眼组装枪支的节目，杰斐逊非常欣赏惠特尼的表演，也赞同惠特尼的生产方式，允许再给他一些时间开展枪支的设计和生产。1801年9月，惠特尼终于提交了第一批枪支，这些枪支的质量和性能都非常优越，获得了一致好评。经过9年的努力，惠特尼才把所有的枪支订单完成，许多厂商也纷纷与惠特尼签订新的合同。

惠特尼的伟大成就在于提出“先设计出标准化的、可替换的零部件，再以最短时间、最少步骤、最少的人工将这些零部件组装起来，形成完整部件”的标准化工序管理思想[111]。他的思想被其他领域借鉴，如钟表制造、缝纫机制造、左轮手枪制造等产业，这些产业通过标准化设计、标准化生产，产量和质量都获得了提升。值得一提的是，惠特尼发明的铣床，经后世的改造可以制造枪托、轮辐等许多形状的产品，加工金属的速度和精确度大为提高。随着铣床被不断地改造升级，美国国内大量的机器被采用。19世纪中叶，美国工业革命如火如荼地开展起来了，惠特尼也因为他的标准化思想被尊为“标准化之父”。

第三节　福特标准化质量管理

20世纪初，美国福特汽车实现大规模生产制造，原本制造完成一辆车需要非常久的时间，而福特汽车在1925年实现了每10秒生产一辆汽车的生产奇迹。福特汽车制造的成功，离不开标准化质量管理。

一、福特制的产生背景

福特汽车获得的辉煌生产成果，与其当时的技术发展水平有关。自从 18 世纪末，法国开启机械制造可互换生产后，标准化管理在机械行业获得发展。但很遗憾，法国政府并不重视机械制造的标准化生产，这种生产制造方式并没有在法国发展起来。后来，到 19 世纪初，惠特尼利用标准化思想进行枪支制造获得巨大成功以后，标准件生产可以实现零部件互通互换，大大提高生产效率。这种生产方式也得到了美国国家领导人的支持，美国许多行业的机械制造都采用标准件进行生产，从而开启了“美国制造体系”。

美国开启大规模生产制造以前，即前福特制时期，还存在一系列问题。当时，资本主义圈地运动正如火如荼地举行，大量农民失去土地，被迫进入工厂，成为企业的雇工，市场上存在大量急需进入工厂就业的人员，市场上的劳动力数量呈供大于求的现象。另外，这些工人的能力普遍较差，还不适应大规模生产制造的生产方式，需要经过耐心的培训才能上岗。由于对工人的工作时间与工作量缺乏科学统计，雇主常常延长工人劳动时间，不让工人休息，并不断增加工人的劳动强度。雇工干活多，工资少，受到雇主的剥削，却无法据理力争，最后只能降低工作效率，与雇主消极对抗。除此以外，汽车作为高品质工业商品，购买汽车、使用汽车代表一种权贵的身份，第二次工业革命后，许多人经营成功，购买汽车的意愿大大增强，市场上汽车需求量增多，出现供不应求的现象。但是当时市场上的企业制造汽车的效率低下，汽车制造大规模生产要求工人工作同步化、协作性好，互换标准件要求更加精细和准确，这些要求在当时也是做不到的。因此，一直到 20 世纪初，大量的熟练工人培训完成，泰勒科学管理提出、标准零部件生产形成较成熟经验后，在市场和技术的双重驱动下，才得以实现大规模生产。

亨利·福特（1863—1947）踩准历史前进的步伐，运用标准化和专业化的方法简化工艺流程制造汽车，俗称 3S 原则，利用刚性自动流水线进行生产，增加汽车产量、降低汽车生产制造成本、节约汽车制造时间、提升工人薪酬，同时也使汽车售价在大众可接受的范围内。从此，福特制时代开启了。

二、福特制的主要内容

在亨利·福特的思想里，汽车不是某个阶层的专属产品，购买汽车是大众消费，不管处于什么阶层的人，都可以购买物美价廉的汽车，对汽车的消费，富人与穷人是平等的。基于这样的理念，他提出汽车是大众消费品而不是奢侈品，普通公众甚至通过贷款，只要有钱就可以购买汽车。他的观点被许多美国人认同，福特汽车量产后，收获了大批的平民用户。福特汽车规模化生产和批量销售后，一些企业的销售理念，以及一些消费者的消费观念都发生了转变，美国的经济由生产导向向消费导向转变，促进大众消费的觉醒[112]。

1908 年，福特公司最畅销的一款车型是 T 型大众车，物美价廉，众多美国人争相购买，实现了美国普通群众对汽车的消费理想。但因为订单剧增，福特公司面临着巨大的生产压力。当时，汽车装配仍然由工人手工组装，他们组装的模式是，先把一些小的部件组装好，再把其他零部件和部分组件搬到大型车间组装成车。这种组装方式存在的问题是，零件堆放杂乱无序，工人虽然按顺序组装零件，但还是缺乏领导人统一指挥，工人选择零件和工具的耗时太长，超过了安装零件的实际时间，工人在安装场地走来走去，缺乏系统性的统筹安排，工作效率有待进一步提高[113]。为了解决这样的困境，提高整个安装流程的效率，福特冥思苦想，百思不得其解。后来，有一次福特在参观芝加哥肉类加工厂后大受启发。这家肉类加工厂由流水线组成，每一条流水线从事专门的生产任务。福特想，如果把零件组装分解成几个小的步骤，这些步骤再按照流水线的方式生产，生产效率必然会提高。于是，他着手改造企业生产方式。1913年，世界上第一条汽车装配流水线在福特的领导下创立了，这种流水线生产方式也被称为福特制，并迅速被其他行业模仿再创新。这种流水线是建立在标准化生产的基础上开展的，通过作业机械化和自动化，形成“专业分工＋迂回生产＋流水作业＋标准设计”的生产模式。这种模式改变了原来零件堆放无序、安装流程混乱的生产状态，流水线的生产方式促进福特公司劳动生产率的提高[114]。

在亨利·福特所在的年代，劳动力成本比较低廉，劳动力也较容易雇佣。福特认为只要标准化设计好汽车生产的所有流程，将每一个操作步骤进行分解，那么在传送带的强制带动下，工人必然跟随传送带的节奏开展生产。这样，工人的劳动强度会被迫提高，如果工人的劳动能力跟不上，企业可以培训，如果工人培训后依然跟不上，则只能辞退工人。在福特的标准化流水线管理思路中，工人是工具，他们是生产工具的延伸，企业只要给予工人足够高额的薪酬，令工人在流水线上完成任务即可。管理层重视的是如何以最低的价钱生产数量最多的商品，同时使商品的质量仍然得到保证。

福特制的生产方式被认为是存在大量重复性操作的、标准化流水线的生产方式，其通过产、供、销一体化实现纵向管理，并形成了等级森严的科层管理制，但由于某些组件生产的独立性，在某些生产线又形成独立的自治管理方式。由于福特汽车的生产涉及大量零部件，福特制还注重库存管理。为了能在市场胜出，福特还对市场进行细分，实施“市场区隔战略”，允许消费者使用贷款等金融手段购买汽车[115]。

福特制践行了泰勒科学管理理论、惠特尼标准化管理理论，标志着质量管理的标准化和制度化，将标准化方法应用到企业管理，实现大规模生产的预期。经过几十年的发展，福特制在许多国家、行业或产业演变出了不同的形态，促进了各行各业的发展。福特制也对日本工业影响深远，为日本的工业起飞，提供了重要的理论支撑和样本借鉴。福特的著作《我的生活和工作》被日本工业界奉为“圣经”[116]。福特制企业的特点如表 3-1 所示。

表 3-1　福特制企业的特点

类别	特点
市场需求	有稳定的市场需求，市场需求规模大，部分区域形成市场垄断
技术	标准化零部件，流水线生产，工艺复杂，事后检验标准严格，生产周期短
生产过程	大规模标准化生产，流水线生产，加强库存管理
劳动管理	选择素质能力高的工人，加强工人具体岗位职能培训，工人重复单一动作，给予工人高薪；工人跟不上工作要求被淘汰，工人缺乏上升通道
组织机构	纵向一体化，科层组织结构，某些具体的流水线形成工长自治
创新模式	突破性创新

第四节　小结与评述

标准是开展质量管理的依据，标准是开展质量管理的前提，如果没有标准，一切的质量管理活动都是枉然。第二次工业革命后，西方国家意识到标准化管理可以促进生产力的提高。惠特尼将步枪分解成标准的零部件，按照标准流程进行组装并获得成功，唤醒标准化生产意识。吉尔布雷斯夫妇开展动作标准实验、泰勒进行科学管理实验，都认识到确立标准化动作、标准化工作流程并将其应用到生产实践中，有利于提高生产效率，促进企业获得更高的收益。福特为实现汽车大规模制造，建立汽车标准化流水线也获得成功。因此，西方工业大发展与标准化质量管理活动息息相关，近代西方国家开展科学质量管理活动主要是围绕建立一系列科学标准秩序展开的，其杰出成就包括：探索出标准件互换性原理，建立“公差与配合”及“泰勒原则”，提出并实施标准化作业方式与生产方式，形成标准化文件的文本格式，形成一些产业大规模标准化生产的基础数据，逐步掌控某些行业标准话语权[117]。

质量检验阶段又可以分成以下三个阶段。

第一阶段：工人自检的质量管理组织模式。

泰勒开展科学质量管理之前的工厂质量管理组织模式，属于工人自检的管理模式。这阶段的生产工序较为简单，工人结合标准化的样品，开展生产，工厂质量管理活动主要靠一线工人的手艺和经验对质量进行控制，工人既要生产产品又要检验产品质量，工作较为烦琐，效率低下。工厂将检验出的合格品销售出去，产品不合格则返工或者销毁，本质也属于事后质量检验方式。工厂的管理层在这阶段也关注产品质量，但只有在发生较严重的质量问题时，工厂管理层才会介入。

第二阶段：专职质量管理员质检模式。

工业革命中后期，工厂生产能力提升，规模加大，生产工艺更加复杂，原来只靠工人自检的质量管理模式已经不能适应新的生产方式。泰勒开始科学质量管理实验后，对工厂的各个职能进行划分，针对工厂质量活动设置专职的质量管理岗位，对工厂的质量进行管控，设置一系列标准化动作并开展标准化管理。这样，普通工人只需专注于生产，质量检验工作则由专职的质量管理人员行使。这样通过职能划分，具体的职能由专业的人员行使，有利于提升工厂效率。

第三阶段：质量管理部门质检模式。

在泰勒推行科学管理方法后，许多企业纷纷采用这种方法进行生产，工厂产能不断提高，后来发现仅靠质量检验员对产品质量进行事后检验，已经无法满足相应的质量检验需求，迫切需要新的组织管理模式适应这样的质量检验需求。在一些大型工厂，则单独设置质量检验部门。质量检验部门与生产部门互相独立，他们制定质量检验标准化管理规范文件，对企业内部进行标准化管理，应用合适的检测工具和方法，对工厂生产的产品进行全数检验，保证产品出厂质量。

这三个阶段的质量检验模式，由“工人个体自检→专业质检人员→质量检验部门”的模式递进发展，体现了质量检验组织管理模式不断更新以适应新的生产关系，是不断创新的过程。这三种质量检验管理模式，都属于事后检验，由于不放过任何一个残次品，质量检验的成本高、效率低，但与古代质量管理模式相比，是巨大的进步。

第四章

统计质量控制理论的形成与发展

▲

CHAPTER 4

进入 20 世纪后，随着标准化生产的推广，社会生产力得到迅速发展，百姓生活得到较大满足。但到了 20 世纪 30 年代，第二次世界大战爆发，军用物资需求量增长迅速，大量军需品的质量不过关，在出厂前被评判为废次品，以致无法正常交货，延误了前方部队的军事物资需求。美国国防部组织相关专家对存在的问题展开了研究，认为质量检验工作主要立足于事后检验，产品质量出现问题后，很难补救，无法起到预防、控制的作用，而且质量检验工作是全数检验，检验周期长、效果差，一些数理统计专家提出用统计控制图等方法开展质量管理工作，由此开启了统计质量控制管理阶段。

第一节　休哈特统计质量控制思想

沃特·阿曼德·休哈特是美国著名的统计学家、质量管理学家。他提出的统计质量控制方法与泰勒的科学管理方法不同，他拥有深厚的统计学功底，运用数理统计方法开展生产质量控制，对日常的生产进行质量检测并做出评价，促进现代质量管理快速发展。他被授予“统计质量控制（SQC）之父”的荣誉称号[118]。

一、休哈特统计质量控制思想的产生背景

20 世纪 20 年代后期，现代工业生产呈现大批量、快速生产的特点，如果把生产的所有产品都进行检验，不仅要消耗大量的时间，而且一旦发现生产出了大量的残次品，则全部都得重新生产，影响产品合同的履约，损失巨大。因此，当时许多大规模生产的工厂迫切希望能有一种方法可以对产品生产质量进行监测或预报，能够在不合格品即将形成或刚形成时就及时监测出来，并通过技术手段进行补救。

休哈特并不是在一开始就意识到那个时代对质量管理活动的变革需求，而是在工作中破解一些难题后，才逐渐把统计知识与质量管理相结合。休哈特从小品学兼优，先后拿到了经济学硕士学位和物理学博士学位。他有非常深厚的统计学基础和扎实的物理工程学

知识。他先后到西方电器公司和贝尔实验室工作，积累了丰富的工作经验，为他后来开展统计质量控制研究提供前期准备。休哈特在贝尔实验室工作期间，参与一项改进电话传输系统可靠性的项目[119]。由于电话传输的主要设备被埋在土里，要使电话传输更稳定，就要提高电话传输设备的稳定性，尽量不动电话传输设备，降低设备故障和维修的频率。在项目开展过程中，由于缺少技术参数及相应的规范要求，为获得相关设备的标准数据，电话传输设备被反复从土里挖出来进行检验，不仅没有提高效率，反而因为多次变动电话传输设备，导致实验质量下降。针对这个难题，休哈特利用数理统计知识进行研究，提交一份内参和控制图使用方法给管理层，后来他们利用休哈特提供的方法，电话传输设备实验难题被快速破解。

休哈特的控制图刚开始只是在实验室及一些工厂内被小规模试用，后来控制图被不断改进，美国材料测试学会采纳休哈特的控制图方法并进行宣传。第二次世界大战开始后，美国需要大规模生产军需用品，但军需用品的生产质量非常不稳定，无法满足前方战场的军用物资需求。美国政府为了快速扭转军需用品质量不可控的问题，通过多方论证，认为休哈特的控制图方法可以有效地控制产品质量，在军需用品生产中强制推行控制图方法，在生产军用物资的工厂内开展控制图和抽样技术的培训，大大提升了军用物资生产质量，成效显著。由于休哈特控制图简单易懂，而且能高效识别不合格品，此后，休哈特控制图被引入各行各业，获得较好效果。国际标准化组织也将休哈特控制图引入ISO国际标准。我国在制定国家标准时，同样参考了休哈特控制图。

二、休哈特统计质量管理思想的成就

（一）休哈特控制图

休哈特控制图区别于事后的质量检验，可以起到预防质量出现波动、稳定产品产量的作用。目前，休哈特控制图经过不断改进，已经被全球许多国家和地区使用，有的工厂甚至人均有 7 张控制图。在日本有“质量管理始于控制图，终于控制图”的说法[120]。经过改进的休哈特控制图被应用于各行各业，除了管理生产质量外，在产品生产工序、产品市场销售等方面都有广泛应用，帮助许多领域的管理人员找出了问题，提升了质量，获得了成功。

1. 休哈特控制图的原理

休哈特控制图是利用统计科学方法对产品的质量特性进行监测，将一系列的质量监测数据转化为图形记录下来，基于图形的特征实现对产品质量的管理。休哈特认为，可以从两个方面对产品质量的统计特性进行理解：一是产品在生产过程中，不论生产条件多么完善，同类产品质量总是存在差异，产品质量水平在某个区域浮动是正常的；二是产品质量是有一定的分布规律，如正态分布、二项分布与泊松分布等，可以结合概率论与数理统计方法找出其统计规律，再利用这些规律找出产品质量分布规律的特点和性质，从而控制产品质量。

影响产品质量的因素较多，如机器运转疲劳度、工人的素质、机器生产的车间环境、原材料的来源和途径、生产产品的工序和方法、产品生产的监测仪器等方面，根据其性质可以分成两大类：一是偶然因素；二是系统因素。偶然因素总是存在的，不论采用什么办法都无法去除，偶然因素对产品质量影响微小，不同产品质量在合理范围内存在不同是正常的。系统因素则是指对产品质量影响较大的因素，这种因素会导致整条生产线的产品出现相同的质量问题，如果解决了这种因素，这类质量问题就不会出现了。因此，休哈特认为，影响产品质量的偶然因素和系统因素总是存在的，有必要对这两种因素进行区分，偶然因素可以不必过多理会，但系统因素必须重视，产品质量监测的重点是找出影响产品质量的系统因素。

休哈特控制图是二维坐标系，横轴代表顺序抽取样本的时间，纵轴代表样本统计量，在这个坐标系内共有三条重要的线，中间的线叫中心线，一般用 CL 表示；上面的线叫上控制线，用 UCL 表示；下面的线叫下控制线，用 LCL 表示。只要抽样的点落在上下控制线的范围内就是合格产品。那么上下控制线的距离取多少合适？休哈特认为设计控制图时可能存在两种错误：一是产品本身质量没问题，而偶然因素超出界限，这种情况如果按照“点出界就判异”的原则，产生虚发警报错误；二是产品本身存在质量问题，但因某种原因落在界限内，产生漏发警报的错误。休哈特提出，三条线要平行，中线应该处在上下控制线的中间。他通过多次实验验证，结合以上两种错误概率最小，认为中线与上下控制线的距离为 3σ 是最合适的[121]。休哈特控制图如图 4-1 所示。

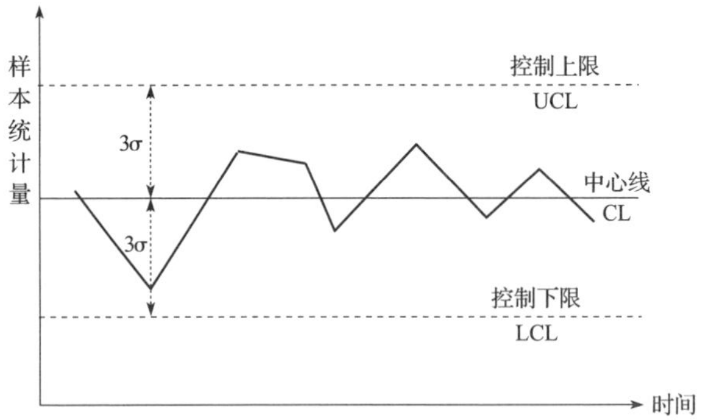

图 4-1 休哈特控制图

2. 休哈特控制图的种类与用途

现代企业开展标准化规模生产后，同样的产品有着相同的设计方案、原材料、操作程序和条件，产品质量分布有一定的规律，但由于某些随机因素不可避免地扰动，产品质量必然会出现异常。休哈特发明控制图后，解决了产品质量的许多问题，但人们在使用过程中认为休哈特控制图还可以改进，在不同的场景内，控制图的使用范围及界限要进行调整，使产品质量监控更加精确。表 4-1 显示了常用的休哈特控制图类型及其特征。

表 4-1 常用的休哈特控制图类型及其特征

分布	控制图代码	控制图名称	控制图界限	控制图数值特点	控制图用途
正态分布	$\bar{x}$-R	均值（极差控制图）	$UCL_x=\bar{x}+2.66\bar{R}_S$ $UCL_{R_s}=3.267\bar{R}_S$ $UCL_{R_s}=\bar{x}-2.66\bar{R}_S$	连续型数值	基本控制图，观察分布均值变化，R 观察分布分散或变异度情况
	$\bar{x}$-s	均值（标准差控制图）	$UCL_{\bar{x}}=\bar{x}+A_3\bar{s}$ $UCL_s=B_4\bar{s}$ $UCL_s=B_3\bar{s}$	连续型数值	样本量大于 10，极差估计总体标准差效率减低，用 s 图代替 R 图
二项分布	p	不合格品率控制图	$UCL_p=\bar{p}+\sqrt{\bar{p}(1-\bar{p})/n}$	计件型数值	适用于控制对象为不合格品率等质量指标，选择重要项目评判不合格品率依据
	pn	不合格品数控制图	$UCL_{pn}=\bar{p}n+\sqrt{\bar{p}n(1-\bar{p})}$	计件型数值	样本量相同前提下，测算不合格品数

续表

分布	控制图代码	控制图名称	控制图界限	控制图数值特点	控制图用途
泊松分布	u	单位缺陷数控制图	$UCL_u=\overline{u}+3\sqrt{\overline{u}/n}$	计点型数值	样本量不同，单位产品缺陷数
	c	缺陷数控制图	$UCL_c=\overline{c}+3\sqrt{\overline{c}}$	计点型数值	样本量相同，判断缺陷数是否保持正常状态

资料来源：根据相关知识点汇编。

3. 休哈特控制图的使用

采用控制图对产品质量监测，一旦发现产品质量出现异常现象，如图形呈现不规则分布等，就找出原因给予消除，产品质量控制贯彻“查出异因，采取措施，不再出现，纳入标准”的原则。如果有多种原因，围绕这个原则依次排查，直到产品出现稳态。休哈特当时提出的控制线 3σ 的间距是比较先进的，而且测算出来的结果是最经济、最有效的。

4. 休哈特控制图的评价

休哈特控制图相对于科学管理方法是巨大的进步，将事后的检验提前到事前或事中控制，有效地预防残次品的发生，特别是其将 3σ 作为控制界限，在当时是非常大的创举。但休哈特控制图也有一些不足，由于涉及大量的样本，相应的检测费用仍然较高，检测周期相对于质量检验时代有所缩短，但时间依然较长。休哈特控制图的应用是有假设条件的，如果是计量型数据则要求满足正态分布，如果是计件型数据则要求满足二项分布，如果是计点数据则要求满足泊松分布，因此对数据的要求较高，如果数据没有满足假设的条件，计算的结果可能是错误的。由于样本量大，计算非常烦琐，只有专业的人士才会计算。休哈特控制图对小样本数据不适用。不过，后来随着休哈特控制图的改进，其存在的问题被逐渐破解[122]。

5. 休哈特控制图的研究进展

休哈特控制图被广泛应用后，人们在具体的实践中发现有必要对休哈特控制图进行改进。20 世纪 50 年代，Page 利用序贯分析理论，对生产过程中非常微小的变动进行分析，构建累计和控制图[123]。Roberts 设计了一种新的控制图，对那些不是呈正态分布的个别观测值进行分析，取得了较好的效果[124]。随着小批量生产的来临，20 世纪 60 年代末，Hillier 博士等利用小样本数据设计出了合适的控制图[125]。20 世纪 90 年代，Quesenberry C P 等设计出了 Q 控制图[126]，而 Joe H S 和 William H W 提出将正态分布均值与方差漂移结合，设计出新的控制图[127]。当前，针对小批量样本的控制图主要有三类，第一类是基于统计数据变换的控制图，第二是利用成组思想设计的控制图，第三类是利用贝叶斯理论设计的控制图。

20 世纪 40 年代，霍特林设计多元控制图，将控制图的研究向多元化发展。此后多元控制图的研究引起众多学者的兴趣[128]。多元累计和控制图、加权移动平均控制图等都朝多元化应用发展。我国著名质量管理学家张公绪对多元控制图的发展也有很大的贡献，提出的两种质量诊断理论得到了国际上相关专家的认可，其开发的多元诊断软件 DTTQ 被广泛应用[129]。

休哈特控制图经过几十年的发展，仍然被广泛应用，体现了控制图原理的正确性和广泛适用性，未来休哈特控制图仍然会随着新的科学方法的发展而不断改进。

（二）休哈特循环

戴明提出的闻名世界的 PDCA 循环是在休哈特循环的基础上改进的，休哈特和戴明是亦师亦友的关系。戴明在其论文里写道：1939 年休哈特把其大规模生产的三个步骤以环状的形式展现出来[130]。休哈特循环如图 4-2 所示。

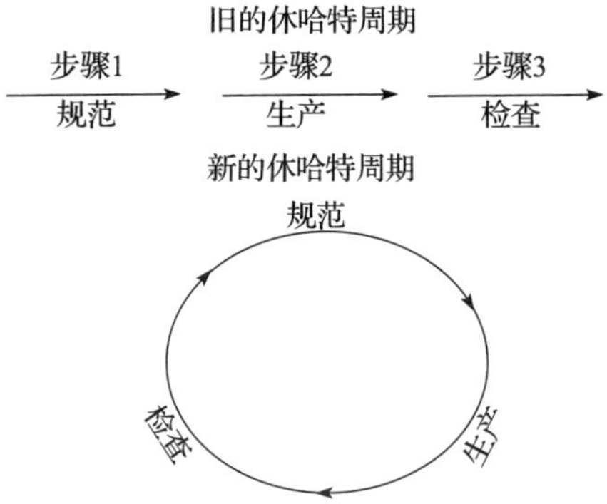

图 4-2　休哈特循环

资料来源：Moen R. Foundation and History of the PDSA Cycle［C］//Asian network for quality conference. Tokyo. https://www. deming. org/sites/default/files/pdf/2015/PDSA_History_Ron_Moen. Pdf. 2009.

这三个步骤必须在一个圆圈内进行，而不是在一条直线上，把大规模生产过程中的三个步骤看作科学方法中的步骤可能会有所帮助。从这个意义上说，规范、生产和检查分别对应提出假设、进行实验和检验假设[131]。这三个步骤构成了一个动态的科学获取知识的过程[132]。

（三）休哈特质量管理的其他成就

休哈特利用其深厚的统计学知识，将复杂的质量问题进行了层层剥茧，揭示了其本质内涵，使产品生产质量变得可以被观测和控制，他出版了很多有关质量控制的专著。他对质量控制的基本原则进行了定义，对质量控制的操作程序和相关取样技术进行了规范。他把质量领域的研究推向统计界，提出统计人员要从质量问题中提取出统计规律。休哈特是美国“工业质量统计学会”的发起人，并被授予“美国质量先驱者”。休哈特也是“休哈特奖章”的第一位获奖人。

三、休哈特统计质量控制思想及其哲学溯源

休哈特在对其质量观点的认识论反思中，认为自己借鉴了过程哲学和实用主义哲学思想。这可以通过他对怀特海的过程哲学和现实哲学的引用得到证明。实用主义哲学，特别是刘易斯的著作对他的思想产生了极大的影响[133]。

休哈特向自己的读者推荐了怀特海的过程哲学和现实哲学，并在他的作品中直接引用了怀特海的哲学[134]。他提出了以下观点来评论其相关质量的主题。

就像一个简单的例子，我们有必要把一个质量特征作为一个整体采用怀特海的思想，如果要全面到可以解决许多实际问题，则选取一个样本加以解释清楚就可以了[135]。

休哈特相信在测量数据的过程中，数据会呈一定的顺序排列，不同排列结果的背后其质量的含义也不同，他对在不同时间观察到的质量结果给予关注，体现了休哈特思想的过程主义基础。对于休哈特来说，观察到的质量现象的时间顺序是构成质量控制理论的主要因素之一。他认为呈现测量过程中的质量结果不是至关重要的，“在发展中我们应该做的最有效的事是控制标准，利用出现的顺序为线索，并使其成为能够被理解的原因”[136]。休哈特相信有必要按时间发生的顺序排列测量数据，组织通过使用过去的数据为未来提供指导[137]。

在休哈特看来，控制图不仅是一种描绘数据的方式，也是对过程本质的有意义的表示。他提出的波动，不仅可以通过使用控制图找出自然界中的一切固有的特点，也适用于生产过程的质量管理：

“我们也必须接受一个公理，即受控的质量不会是恒定的质量。相反，受控质量必须是可变质量”[138]。

休哈特的可变性概念是质量的一个特征，这与赫拉克利特陈述的“一切都是流动的”，以及怀特海对过程本体的解释产生了联系。此外，被监测的现象作为一个随着时间展开的过程与刘易斯的论点一致[139]，即经验对象永远不会只是“现在”，而是作为实际可能的经验在时间上被扩展。戴明将其理念阐述为以下方式：“即使在基本相同的条件下产生，没有两件事是相同的，没有两个苹果是相同的，没有两棵树是相同的。这些差异是由于偶然或未知原因造成的。如果我们把在大概相同条件下生产的东西一件接一件地看一看，我们会发现每件东西的质量都不一样。这种变化被称为抽样变化或波动。”由于认识到可变性的存在，休哈特认为没有必要以达到相同产出为目标来管理工业质量。相反，他认为在一个高质量的交付过程中，任何输出的某种程度的可变性和波动是自然的和可接受的。

第二节　质量抽样检验理论

工业大规模生产后，质量检验采用全检模式已经跟不上交货的速度，迫切需要改变相应的质检方式。1929 年，美国的道奇和罗米格提出质量抽样方法后，将这种质量抽样方法运用到产品质量检验上，提升了产品质量检验的速度。此后，军方和实业界广泛地应用这种方法进行质量检验，获得很好的质量检验效果，质量抽样检验方法逐渐在全球流行开来，至今仍被不断改进。

一、质量抽样理论发展历程

（一）国外质量抽样理论发展历程

质量抽样调查属于非全面调查，通过抽取其中某一部分样品的质量调查结果，推断全部产品的质量结果，是科学的推断过程。这种质量检验思想最早在1929年由美国的道奇和罗米格提出。当时他们通过实验，希望达到用最少的检验费实现最好的质量抽检结果，他们把研究成果发表为论文《一种抽样检验方法》。1941年，道奇和罗米格在原来方法的基础上进行改进，形成二次抽样方法，并共同编制了《一次抽样和二次抽样检验表》。此后，美国陆军兵工署与贝尔实验室等专家通过多次试验，形成《抽样技术表》，对军方供货商产品质量进行管控。哥伦比亚大学则在美国海军的支持下，开发了计数型抽样检验方案。1949年，美国国防部把美国陆军和美国海军开发出来的抽样检验方案合并，形成了JAN-STD-105标准，这是曾被各国广泛采用的MIL-STD-105E标准的前身。此后，美国又发表了针对不合格品计量抽样标准——MIL-STD-414标准，以及单水平和多水平连续抽样标准——MIL-STD-1235C标准。这三个标准通过整理后，进入美国国家标准和ISO国际标准。在ISO国际标准化组织中，专门设置了ISO/TC69/SC5技术委员会，目的是对相关质量抽样检验工作涉及的标准进行制定和修订。

序贯抽样检验法是由美国统计学家瓦尔德在1947年提出的。这种方法没有事先设计样本量，先根据需求抽取少量样本，再根据抽取样本的质量检验结果决定是否继续抽样或者停止抽样。序贯抽样检验法的优点是可以较为精确地对样本量进行推断，所需的样本量和统计人员的工作量也大大减少了。序贯抽样检验理论被广泛应用，日本、英国等国家把序贯抽样检验法引进国家抽样检验标准中。

当今，虽然质量管理发展迅速，许多新方法被引进质量管理中，但质量抽样检验方法依然活跃在各个工业发达国家，对产品进货、生产过程、零件、成品等的质量检验仍然起到关键的诊断作用。

（二）国内质量抽样理论发展历程

我国系统开展质量抽样检验工作的时间较晚，中华人民共和国成立之初学习苏联。改革开放后，学习国际工业发达国家，引进吸收再创新，使我国抽样检验研究得到了蓬勃发展。

1949 年后，我国许多方面都向苏联学习，包括质量抽样检验方法。苏联质量抽样检验方法是采用百分比抽样检验方法，这种方法是使抽样样本数与总样本数一直保持固定的百分比关系进行抽样比对。这种方法最大的缺点是缺乏经济性，意思是同样品种的样品，每批的数量不同，为了采用百分比抽样检验，则每批次都抽取相同百分比的产品进行检验，如果某些批次的产品数量非常大，则可能出现的样本量也非常大，导致需要过多的人工进行质量抽样检验工作。这种方法现在已经逐渐被替代。在这个阶段，许多工作制度正在逐步建立，质量抽样检验还处于萌芽阶段，利用质量抽样检验方法进行抽查，只是一种工作要求，未形成有效机制，相关的机构设置及抽样技术还相当不完善。

改革开放后，我国积极学习发达国家的质量管理经验，重视质量抽样工作。通过系统学习发达国家的质量标准体系和 ISO 标准体系，将这些国家或地区的质量抽样方法向国内企业介绍并推广，鼓励国内企业在质量管理中，吸收借鉴国外质量抽样方法，降低质量抽检成本，提升产品的合格率。在政策方面，我国于 1985 年正式实行产品质量国家监督抽查制度，目的是扭转我国工业品质量低劣的现状，原国家经济贸易委员会在 1985 年和 1986 年下发了一系列文件，对产品质量国家监督抽查工作进行规范，从国家层面加强了对产品质量的监管[140]。此后，尽管国务院机构有所调整，但产品质量国家监督抽查工作一直没有放松。

我国重视质量抽样标准的制定。1978 年，我国第四机械工业部结合 ISO 2859 标准和 JIS-Z9015 标准，制定了部颁标准 SJ 1288-1978。1981 年，我国制定了国家标准 GB/T 2828-1981，将五次抽样方案写入标准内。此后，国际标准更新，我国的国家标准和相关的质量抽样标准也跟着更新，对指导我国开展质量抽样标准活动起到了重要作用。表 4-2 展示了近年来我国的产品质量监督抽样检验国家标准及应用范围。

表 4-2　产品质量监督抽样检验国家标准及应用范围

分类	标准编号	标准名称	标准应用范围
计数抽样检验	GB/T 2828.4-2008	计数抽样检验程序 第 4 部分：声称质量水平的评定程序	评定某一批次、某一过程、某一总体产品的质量水平是否符合某一声称质量水平，属于计数抽样检验程序
	GB/T 2828.11-2008	计数抽样检验程序 第 11 部分：小总体声称质量水平的评定程序	当核查小样本数据时，可采用该程序，属于计数抽样检验程序
计量抽样检验	GB/T 6378.4-2018	计量抽样检验程序 第 4 部分：对均值的声称质量水平的评定程序	当声称质量特性使用均值时，可采用该程序，属于计量抽样检验

续表

分类	标准编号	标准名称	标准应用范围
商品质量监督抽样检验	GB/T 28863-2012	商品质量监督抽样检验程序　具有先验质量信息的情形	对于流通领域消费者反映质量问题较多的产品，重点抽样监测产品，关系到国计民生产品的质量监督抽样程序要求
复检与复验	GB/T 16306-2008	声称质量水平复检与复验的评定程序	对需要总体复检和样本复验的产品检测监督方法和程序说明

二、质量抽样检验理论的主要内容

（一）质量全数检验和质量抽样检验的异同

质量全数检验和质量抽样检验适用于不同的检验场合，两者均存在优缺点。质量全数检验是指对每一件单位产品都进行检验，判断每件产品是否存在缺陷或者是否合格。质量抽样检验的对象是在整批次的产品中选择某些样本，根据样本量的合格情况评判整批次产品的质量是否合格[141]。现代质量全数检验应用的对象是某些极其重要的产品，对其成品的质量特性进行全数检验。质量抽样检验适用的场景是在大规模生产中，或者需要持续交货的产品生产中应用；在一些检测费用的小规模项目中，也可以采用质量抽样检验。由于质量全数检验是对所有的产品进行检验，能够对所有产品的质量进行评价，能保证所有产品的质量，但可能存在错检、漏检的情况，而且质量全数检验的检测费用极高。质量抽样检验不能保证检验出的结果百分之百的准确，存在一定的质量检验风险，但检测费用低[142]。

（二）计数抽样检验和计量抽样检验

道奇和罗米格首创的质量抽样方法的实质属于一种特殊的计数抽样检验。计数可以以件为单位进行计件抽样，也可以以某个产品单位面积上的瑕疵进行计点抽样。在用计件指标时，可以把产品分为合格品与不合格品，或者把产品分为一、二、三等品，或者基于产品的某些特性分类后进行计件抽样。计点指标指单位产品存在不合格品个数的离散尺度，这种方法叫作计点质量抽样方法。计件抽样指标由最早的一次质量抽样后向二次抽样、多次抽样不断应用发展，此后美国的瓦尔德又发明序贯抽样检验方法。

计量抽样检验是基于样本的某一质量特性，经过连续观测后得到质量数据，通过一定的数据加工，如进行均值分析、标准差分析等，再结合其他统计量，对产品的质量结果进行评价。这种方法是利用计量检验结果进行评价，因此也可以被认为是计量抽样检验方案[143]。

计数抽样检验的检验过程较为简单，检验时间短，可以对同一样产品的多项指标进行分析，对数据分布没有要求，可以进行随机抽样，检查费用较低，缺点是样本量大，当样本量差不多时，辨别效果不明显，不能充分利用样本信息。计量抽样检验方法采用计量值的数据，对每个项目的检查较复杂，需要对检测出的数据重新处理，计算复杂，适用于样本量小，且质量特征值处于正态分布的样本，能充分利用样本信息，保证单一质量特征的抽样结果的正确率，但总体检测费用高。表 4-3 显示了计数型和计量型抽样质量检验方案的异同。

表 4-3 计数型和计量型抽样质量检验方案的异同

	计数抽样检验	计量抽样检验
质量表示方法	合格品或不合格品数量	计量值
检验的特点	检验过程简单，用时短 检验设备使用简单且常用 计算简单 可以综合判定	检查过程复杂，用时长 检验设备专业化高 计算非常复杂 每个检查项目分别检查 检验时间较长
分布特点	除随机抽样外，没有分布要求	服从正态分布等统计分布
鉴别能力和样本量	同样鉴别能力，样本量大 样本量相同时，鉴别能力较弱	同样鉴别能力，样本量小 样本量相同时，鉴别能力较强
样本中信息的利用	未能充分利用样本信息	能够较充分地利用样本信息
应用场合	检验费用较低，项目数量多的情况下，能保证批综合质量	检验费用较高，检验项目单一的情况下，能保证单一关键项目的质量

（三）随机抽样

随机抽样的特点是选择有代表性的样本，把人等主观因素排除，给予每一个样本一定的抽样调查机会，从样本的分布结果推断出总体的质量情况。质量随机抽样分为多种方法类型，每种方法类型各有优缺点。

1. 简单抽样

简单抽样是质量随机抽样检查最常用的方法，能从指定的样本中，给予每个指定样本均等的抽中概率。其优点是所选择的样本特质具有总代表性，随机度高，有标准而且简单的格式。缺点是有可能选择到的样本偏差，导致样本不能很好地代表总体的质量情况。

2. 系统抽样

系统抽样通常是指采用等距离抽样，把总体的各单元按照一定的周期性排列，编号后再按相同的间隔抽选。优点是简便易行，只要对一个或几个初始标号单元进行抽样调查，相关结果就能表示总体质量情况。缺点是可能出现一些未知的规律导致样本偏差，或者未在抽样框内选择样本，导致抽样结果不能反映总体质量情况。一些学者对系统抽样进行改进，Gautschi 针对多起点，提出多起点系统抽样方法[144]，Sbramani 引入对角系统，提出新的抽样方法，其测算出的估计值精度更高[145]。

3. 分层抽样

20 世纪 50 年代，W.G. 科克伦等提出了分层抽样模型，对样本内部差异较大的情况采用分层抽样，目的是通过分层对样本内属性进行分类，分别做出抽样统计后，再结合起来，做参数统计。分层抽样适合那种在总样本中质量差异较大的样本，通过分层，在每一层形成质量差异较小的样本后再分别抽样，能够提高总样本的精度。难点是对分层的精确度要求较高，需要较多的辅助信息，计算更复杂。当前，分层抽样方法被应用到旅游、医疗、制造等多领域，对产品质量的抽样调查分析方面，提出空间聚类的分层抽样方法[146]、多目标分层抽样方法[147]、分布式数据分层抽样方法[148]。

4. 整群抽样

整群抽样是将总体根据外观或地域分成若干群，对抽中的群的全部数据进行分析研究，从得到的结果推断总体的样本情况。这种方法适用于群差异小的样本，但不足之处是精度较低，群内单位存在趋同性。整群抽样适用于跨国公司或公司产品分布在多区域的产品质量抽检。

（四）非随机抽样

非随机抽样主要指抽取样本由抽查者的主观意愿决定，不是根据样本所呈现的客观特征进行抽选。一般适用于抽查者对研究内容非常熟悉，或者抽样对象过于庞杂，或者选取概率方法不能确定时。采用这样的方法不具备从样本推断总体的功能，因此能够反映总的群体特征，是简易且节省的数据收集方法。

1. 方便抽样

调查组并不以某一特定的个体为抽样对象，每一个选择的抽样样本都是随意的方式、方便的方式，遇到什么样的样本就调查对应的样本。方便抽样的各个对象都是“同质”的，在探索性研究中可以用到，一些座谈会或者小组会议等可以采用方便抽样方法。缺点是可能导致抽样偏差大，不适宜进行因果研究或对研究对象的描述性统计分析，也不适合做总体推断研究。

2. 判断抽样

指根据专家的判断结果，有选择地把那些有代表性的样本抽取出来。适用于探索性研究，对那些总体样本数小，而且具有特别质量特性的产品可以采用这种方法进行评估，抽样操作成本低，方便且速度快，被广泛应用于商业调查研究中。其缺点是受专家判断的影响较大，如果专家主观判断出现偏差，则可能导致抽样结果无效。

3. 配额抽样

20 世纪 30 年代，盖洛普采用配额抽样方法成功预测罗斯福当选总统，配额抽样方法吸引许多学者的关注。配额抽样分成两个步骤，第一步是分层，将样本结合质量控制特性分类；第二步是判断，即在已经分层的样本中选取抽样个体，结合抽样结果再评价总体质量。配额抽样方法费用不多，容易实施，能够符合样本控制特性对总样本比例的要求。

4. 滚雪球抽样

滚雪球抽样方法是在 1958 年由 Coleman J S 最先设计出来的[149]。这种方法是先随机邀请一批受访者对某个问题进行采访，随后又邀请这些已受访者结合相关问题向另外一些目标总体进行调查，形成线索链。优点是能够控制样本，适用于寻找总体中非常稀少的人群，缺点是可能存在选择偏差，存在总体参数的估计和推断问题。

（五）质量抽样的其他方法

1. 重复分组抽样

重复分组抽样是 Sherman R E 在 1965 年最先提出的，对企业半成品或完成品的质量进行检验[150]。重复分组抽样相较之前的计数抽样方法更容易操作，需要样本满足正态分布的质量特性，由于重复多次分组，反而能大大减少抽查的样本量，降低抽查的时间和费用。Balamuralis 对重复分组抽样进行改进，提出计量型重复分组抽样，发现这种方法所需样本量非常小，而且经济有效[151]。

2. 变异系数与质量抽样应用

变异系数是统计中一个很重要的概念。变异系数可以反映质量特征离散程度，评价产品平均水平与离散程度的不同，利用变异系数展开产品质量抽样调查，能较好地对产品质量进行控制，改进以往平均值、标准差等指标的不足。当前，围绕使用变异系数对产品抽样调查的研究，主要有围绕 Weibull 分布、对数分布、正态分布及 Gamma 分布等产品质量特性分布指标的抽样调查研究，获得较好的评价效果。表 4-4 是抽样检验体系，说明不同的抽样方法及内容。

表 4-4 抽样检验体系

抽样检验	抽样检验标准
抽样基础	抽样检验导则
	统计质量控制术语
	抽样方法
	估计成批或过程平均质量所需样本大小的方法
计数验收抽样检验	标准型不合格率一次抽样检验
	标准型不合格率的小批次抽样检验
	孤立批抽样检验
	连续抽样检验
	挑选型一次抽样检验
	调整型抽样检验
	计数序贯抽样检验
	周期型抽样检验
	链式抽样检验
	贝叶斯计数抽样检验
计量验收抽样检验	标准型不合格品率抽样检验
	标准型平均值抽样检验
	标准型方差抽样检验
	调整型抽样检验
	计量序贯抽样检验
	贝叶斯计量抽样检验
其他类型抽样检验	可靠性抽样检验
	验证抽样检验

三、质量抽样调查方法的发展与评价

质量抽样调查方法是统计质量控制中一种非常重要的方法，通过抽取少量的样本推断总体样本的质量情况，体现可用性和科学性，也体现检验的经济性，实施简便可靠。质量抽样检验最重要的环节是对样本的选择，如果样本选择错误，无论后面的方法多么完美都无法得出正确的结果，因此如何更精确地选中合适的样本，仍然是未来质量抽样工作的研究重点。随着大数据、云计算、智能化等新技术的采用，多场景下质量抽样会遇到不同的质量难题，迫切需要改进已有的质量抽样方法，提出更多的解决方案。

第三节　可靠性理论

产品的使用周期、发生故障的频率，这实质上就是对产品可靠性进行评价，也是评价产品质量的重要体现。对产品进行可靠性管理，贯穿生产周期全过程，是产品工业化的重要组成部分。

一、可靠性发展的背景

（一）国外可靠性发展

可靠性是在第二次世界大战开始后受到重视并迅速发展起来的。第二次世界大战期间，美国军用飞机、大型军事武器等接连出现故障，导致军需物资无法在战争中发挥作用。在军用飞机的故障方面，由于机械电子产品使用时突然失灵，使飞机在运行过程中无法使用，因为这个原因使飞机无法飞行的数量是在战争中被击落的数量的 1.5

倍，由此，美国军方开展可靠性研究。战后，美国依然重视可靠性研究，在1952年成立电子设备可靠性A-GREE咨询组。A-GREE组织为美国发展可靠性研究发挥重要作用[152]，该组织在1955年联合多部门围绕生产全过程展开研究，共同明确可靠性工程的发展方向。此后，在1957年发表的《军用电子设备可靠性》一文，对可靠性管理的程序和方法等进行了系统阐述，标志着可靠性成为一门学科[153]。

20世纪60年代，美国和苏联的制造技术朝着更加精密和复杂的方向发展，特别是在宇航业，如果零部件出现偶然故障，将会大大影响宇航事业的发展，甚至会影响宇航员的生命安全，需要建立一套系统的理论研究故障零件出现缺陷的概率。因此，美国和苏联开展可靠性实验，结合实验数据测算整个系统的故障概率。随着对可靠性研究的深入，对可靠性的要求也更加严格，可靠性的理论和实践都获得发展，在一些重要的新研制装备中得到广泛的应用，美国“阿波罗”登月，苏联“东方1号宇宙飞船”实现了第一次载人进入太空，都是基于可靠性理论的支撑。在这个阶段，日本工业注重质量管理，把可靠性等先进理论和方法引入其国内，通过不断吸收并发展可靠性理论，使日本产品的故障率减少，提升了产品质量的稳定性。

20世纪70年代，欧美等资本主义国家陷入经济危机，财政支出进一步紧缩，军用开支减少。为更好地对工业生产和军工装备进行可靠性控制，许多资本主义国家成立可靠性管理机构，制定并推广可靠性政策，确定可靠性管理的方法和程序。在军用武器的制造方面，大力引进可靠性方法，降低武器成本，延长武器使用寿命。

20世纪80年代，工业技术进一步发展，超高速集成电路的发展对现代武器可靠性发展提出新的挑战，模块化、容错设计等方法，以及计算机辅助设计（CAD）等技术被引入可靠性研究。此后，美国颁发的《可靠性及维修性》等文件，把可靠性和维修性当作提升美国军事装备的重要工具。

进入21世纪后，新的技术不断涌现，人机系统、海陆空技术大系统及光机电一体化系统等对可靠性提出更高的要求，优化和改进可靠性是这个阶段的工作要点。随着计算机技术的普及，对软件可靠性的研究更显重要，一些新材料和容错硬件的研制也成为当前的研究重点[154]。

（二）国内可靠性发展

我国可靠性工作的起步较晚，20世纪50年代，部分国家建设项目的管理层意识到可靠性的重要性，在一些国家级项目建设工程中开展了可靠性研究。但一直到改革开放前夕，我国可靠性工作的进展仍旧缓慢。20世纪70年代末，我国专家将国内技术与国外技术对比后发现我国的可靠性研究相当落后，大量产品出现质量问题，产品故障频发，维修成本居高不下，市场占有率极低，缺乏系统的可靠性管理体系，国内逐步重视可靠性研究，可靠性研究进入快速发展阶段。20世纪80年代，我国开展可靠性研究的学者和机构不断增加，研究领域从军用装备拓展到民用产品。随着我国改革开放的不断深入，特别是加入世界贸易组织后，我国可靠性研究向着纵深方向发展。一方面，面对激烈的市场竞争环境，利用国际标准指导企业开展生产，加强产品可靠性专业技术对接，加强我国企业可靠性研究。另一方面，鼓励企业不断提升可靠性研究能力，将一些关键技术引入国际标准，提升我国技术的影响力和制衡力。

二、可靠性理论的主要方法

现代工程系统的工艺不仅庞大而且复杂，应用的环境特征更加残酷，对系统的可靠性和安全性要求却不断提高，要求系统能够尽可能增加无故障运转的时间，在一些太空探测项目、通信网络项目中甚至要求关键项目能够无故障运转不停机，这给质量可靠性工作提出更高的要求。从目前已有的研究成果分析，质量可靠性存在以下几种经典的分析方法。

（一）故障树研究

1. 故障树分析方法与发展

故障树（FTA）分析方法最早可以追溯到20世纪60年代，美国贝尔实验室的华生（H.A.Watson）对导弹发射装置进行安全性试验，为了测算这款导弹的安全性和可靠性，首次引入故障树分析方法进行决策分析。故障树分析方法采用树状的分析方式，对可能发生故障的薄弱环节进行判别，判断可能产生故障的概率，判别发生故障的原因，采取相应的措施对故障进行改进或修正。故障树是一种从结果向原因进行逆向分析的图形演绎图。故障树倒推各种可能出现的原因，找出系统的薄弱环节。故障树分析中，数据收集难且计算复杂，因此，随着电子计算机技术的发展，1976年Platz O开发了故障树分析软件。20世纪80年代，故障树分析被广泛应用于许多领域，获得较好的分析效果，并逐渐发展成为一套故障树分析方法。故障树分析方法可以从故障树建模、定性分析和定量评估等方面展开。

2. 故障树建模

故障树建模有许多算法，虽然实现方式不同，但一般由人工事先对研究的故障系统进行分析，确定故障系统的逻辑关系，再利用计算机技术绘制相关的故障树。

国外，早期有代表性的故障树建模方法，如 Fussel J B 提出了合成法，对电器系统硬件失效问题，编制 Draft 程序，拟定失效传递函数的故障树自动分解法[155]；Lapp S N 和 Powers G J 有向图故障树合成法[156]；Yue-Lung Cheng 等提出元件失效和故障的故障树建模自动生成方法；Salem 等提出的决策表法，借助判定表的信息生成故障树[157]。此后，系统框图法、可靠性图算法、因果树图算法等被研发出来。进入 21 世纪，随着计算机技术的发展，一些原有的复杂计算问题被解决，已有方法和计算机技术相结合，可以更好地解决实际问题。Sheng B I 等提出了面向对象模型的自动构建控制系统有向图[158]。G Latif-Shabgahi 等在 Simulink 环境中建立了拓扑模型，构建了静态故障树分析方法[159]。

国内利用计算机辅助开展故障树建模相对较晚，但也取得了很多研究成果。例如，钱彦岭等提出利用计算机技术对有向图复杂系统的计算机自动处理方法[160]；朱建军通过元件故障模式库的搜索，开展元件故障树建模研究[161]；孟庆贺和孙秦对判定表进行了改进，提出了改进的故障树建模法[162]；张钊谦等将数据挖掘技术和故障树建模相结合，提出故障树分析的建模法[163]。

故障树自动分析系统也被开发出来并不断改进。20 世纪 80 年代有学者陆续开发 FTA 软件包，Xie G 等结合知识树和人工智能技术，编制 TREE-EXPERT 软件[164]；国防科技大学改进软件 FTA4.0，对非单调关联系统故障树建模；北京化工大学开发出可视化的故障树生成软件 ViSFATS；清华大学核能技术设计研究院开发出了 FTES 软件，用于核电站故障树建模[165]。

3. 故障树定性分析

故障树定性分析是指寻找出导致顶事件发生的最小割集或全部最小割集。Vesely 和 Narum 最早开发软件 PREP 对故障树进行定性分析，此后 Fussell 等开发了 MOCUS 程序，把故障树分为系统故障模式和系统成功模式，它从主故障开始查找，并继续到基本的、独立的组件故障分析①。高迎平等②从动态的角度提出了基于有序二元决策图的故障树定性分析法。范亚琼和陈海燕研究了顺序逻辑转换规则，对状态事件故障树进行了定性分析[166]。故障树定性分析法吸引了许多学者的关注，在压缩机、皮带传送机、化工设备等领域被广泛应用。

4. 故障树定量分析

1978 年，Sheldon 提出了 BDD 方法开展故障树定量分析，基于最小割集测算出顶事件的失效概率，这种方法使计算效率大幅提升[167]。马尔克夫方法的引入，可以得到状态迁移图，将静态的分析变成动态的故障树分析图[168]。以离散时间为基础形成的贝叶斯网络，研究动态故障树同样具有优势，其利用节点随机变量之间相互依赖的逻辑关系建设故障树，形成贝叶斯网络可靠性评估[169]。当前故障树定量分析已经被应用到各行各业，为相关工程的故障性评估提供了较好的分析方法。

（二）故障模式与影响分析

故障模式与影响分析（FMEA）是一种群体决策的技术，团队成员拥有不同的专业知识和背景，通过识别产品或系统存在的所有故障模式，对可能发生故障的前因后果展开评估，消除或减少最高

① Fussell J B，Henry E B，Marshall N H. MOCUS：A computer program to obtain minimal sets from fault trees[R]. Aerojet Nuclear Co.，Idaho Falls，Idaho (USA)，1974.

② 高迎平，李洋，田楷 . 基于有序二元决策图的动态图故障树定性分析方法［J］. 计算机与数字工程，2016，44（12）：2342-2347.

风险故障。美国军方大约在20世纪40年代将这种方法应用在一些复杂系统的评估上，此后20世纪60年代被美国国家航空航天局（NASA）用于宇航项目的安全性和可靠性评估。故障模式与影响分析主要采用风险优先顺序数（RPN法）。

RPN = 严重度 × 发生度 × 探测度

有学者认为RPN法存在数学逻辑问题，一些风险难以进行合理排序，严重度、发生度、探测度三个指标由于存在乘积效应，其中任何一个指标发生微小的变化，很可能导致RPN值发生较大的变化。针对方法的不足，Wang Y M等提出模糊逻辑评估法[170]；Chang C L等提出灰色理论FMEA法[171]；Zammori F等建立网络层次分析，采用混合决策结构计算RPN值。由于开展FMEA方法时，每个成员的评估信息不同，可能不精确或者不完整，有些信息也不易消除[172]，Chin K S等提出基于证据推理的FMEA风险优先级模型[173]，刘龙提出动态加权与区间二元语义结合的新方法[174]。当前，FMEA法被广泛应用到多种场景，随着计算机技术的发展和新的算法被研制出来，FMEA法也会不断地更新。

（三）事件树分析

事件树分析是一种由原因推导到结果的树状分析过程。一般认为其是由马尔可夫过程在安全领域的应用。20世纪70年代，美国探索性地把事件树的研究方法应用到商用核电站的安全评价，和故障树方法相比较，大大提升了效率。事件树分析方法存在两大难点：一是一个事件可能引起多项分支事件或者存在激发事件，如何有效绘制事件树是难点；二是判断每种事件发生的概率可能存在偏差。早期的事件树分析属于静态分析法，但随着动态行为的出现，迫切需要动态事件树对系统的动态行为进行仿真，挖掘演化过程中的潜在事件信息。目前，动态事件树研究已经在国外工程实践中有所应用，Hofer E 等将动态事件树和蒙特卡洛仿真结合，研究出 MCDET 动态仿真方法[175]，Rutt B 等采用多处理器和中央处理器进行分布式网络动态事件树研究[176]。我国研究还处于起步阶段，从已有文献看，李丹采用动态事件树法对核电厂的小破口事故风险进行分析[177]，郭海宽等应用动态事件树研究动态水箱的事故演化过程[178]，陈妍等利用离散动态事件树对核工业的安全裕度展开研究[179]，都获得较好的效果。

三、可靠性研究发展评价

可靠性是评价产品质量的重要指标之一。近年来，可靠性研究与各个学科相融合，成为一门新兴的边缘学科。从可靠性试验、可靠性评价、可靠性维修及失效分析等方面展开研究，为许多领域的质量管控做出贡献。

可靠性理论研究从静态分析向动态分析发展，一些新方法、新思想也被引入可靠性研究范围。面对更加复杂的系统、更加庞杂的数据，可靠性分析和计算机技术相结合是趋势。国外，发达国家非常重视将可靠性技术与软件相结合，开发通用质量特性综合建模软件，开展可靠性建模，加速寿命试验数据分析；还开发机械可靠性分析软件和维修保障建模仿真软件等，在机械、航天航空、电子等行业被广泛应用。国内部分高校和企业也注重对可靠性软件的开发，但在较为复杂的系统上和国外依然有差距。我国应该建立有自主核心关键技术的可靠性分析系统，构建可靠性管理平台，形成可靠性软件产品标准并积极培养或引进可靠性管理人才[180]。

第四节　旧质量管理七大方法和新质量管理七大方法

20世纪70年代，日本质量管理能力获得巨大进步，与日本在国内广泛推行的统计质量管理方法密切相关。日本的质量管理方法依据时间进程分为旧质量管理七大方法和新质量管理七大方法。旧质量管理七大方法侧重于数理研究，新质量管理七大方法侧重于分析的过程。就推广和应用程度而言，旧质量管理七大方法更为广泛和为人们所熟知。

一、旧质量管理七大方法

1. 调查表法

调查表法是旧质量管理七大方法中最简单、基本效率最高的方法。首先需要将检查的项目列成表，然后通过调查表定期或不定期开展检查活动，通过检查记录结果，为质量管理小组活动的开展提供依据。调查表法也被称为检查清单或清单法，比较常见的是满意度调查表、项目评价表、项目审计表、活动清单、项目分析表等。

2. 分层法

分层法即分组，将收集到的关于某一特定待研究问题的数据和想法进行分组，并根据关系将待处理数据进行分组。分层法既可以和另外几种方法结合运用，如柏拉图法和直方图法，也可以单独使用。比较常见的分层法有抽样统计、不良类别统计、排名等。

3. 柏拉图法

柏拉图是质量改进的重要工具之一，由一条横轴和两条纵轴构成，在横轴依次排列出影响产品质量的主要因素，按照影响的频率由高向低排列。每个影响因素画个长方框，高度代表影响因素大小的量值，再由左向右，画出每个项目累加的量值，形成帕累托曲线，代表各个项目的综合累计值，累计值总和是 1。柏拉图法也叫 ABC 分析法，主要是找出质量改进的主要原因和次要原因。图 4-3 是典型的柏拉图。

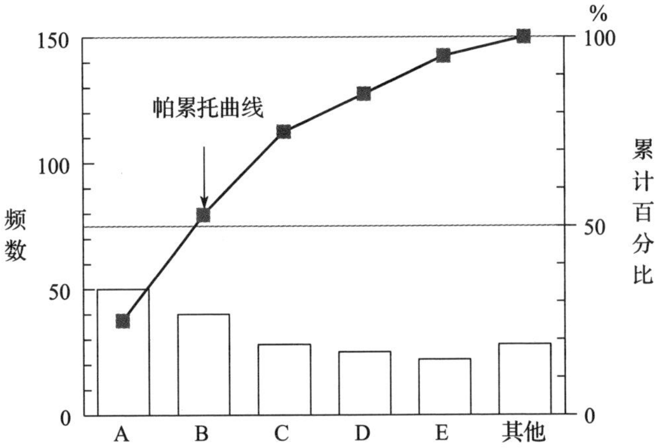

图 4-3 柏拉图

4. 因果图法

质量管理工具之一的因果图又被称为特征因子图，用途是分析问题、找出原因、研究对策，能够分析各个原因的相互作用关系。因果图又被称为石川图、鱼骨图，通过研究现状、分析原因，抽丝剥茧地找出影响问题解决的根本原因，之后制定措施，保证问题的解决。

5. 散布图法

散布图也被称为相关图，是将两个存在内在联系的因素画在坐标轴上，探讨两个因素的关系的一种工具和方法。

散布图有以下几种分类：一是强正相关，变量 X、Y 变化方向基本相同；二是 X、Y 变化方向虽然相同，但相关性不强，点比较分散；三是强负相关，X、Y 变化方向基本相反；四是 X、Y 变化方向相反，相关性不强，点比较分散；五是不相关，变量 X（或 Y）变化时，另一个变量并不改变；六是非直线性关系场合，在某段区间内变量 X 增加，Y 随之增加，但是在契合某个点之后，Y 跟随 X 的值增大而呈现相反变化。几种典型的散布图如图 4-4 所示。

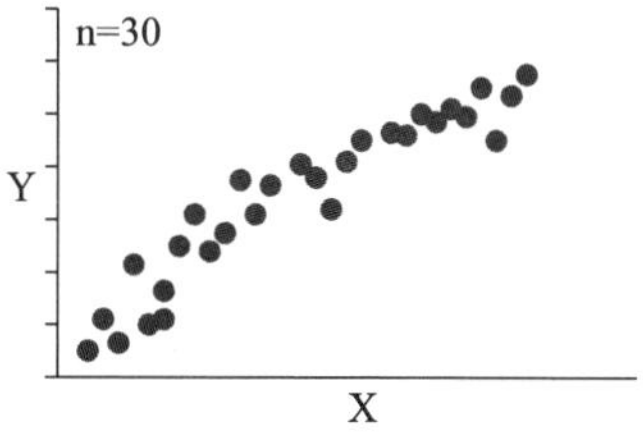

①有强正相关的场合

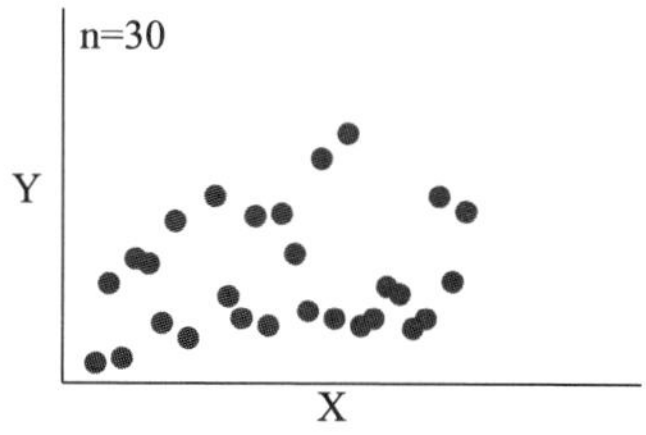

②有弱正相关的场合

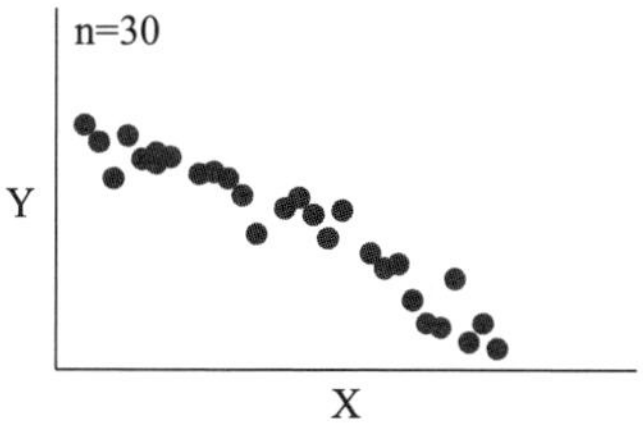

③有强负相关的场合

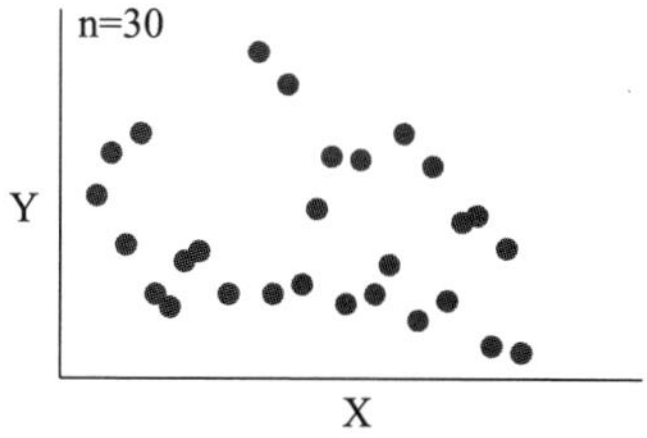

④有弱负相关的场合

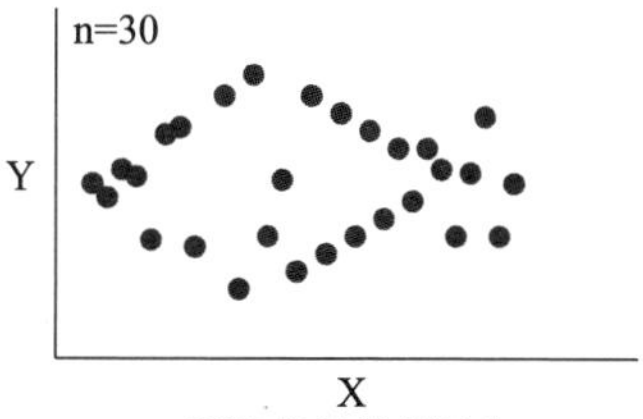

⑤没有相关的场合

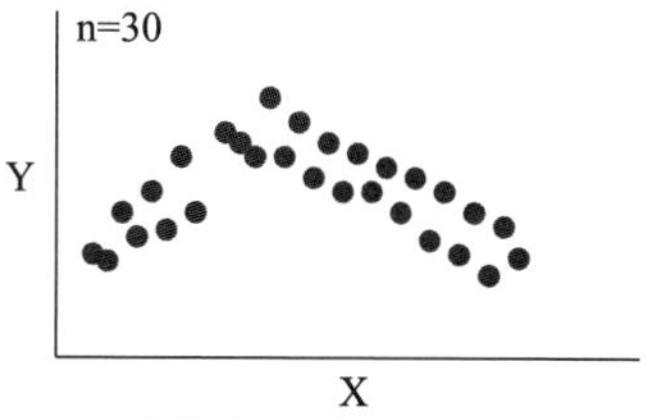

⑥有非直线性关系的场合

图 4-4　几种典型的散布图

6. 直方图法

直方图又称质量分布图，主要是将现有数据进行分类，进而做成频数分布图，用来掌握质量分布的一种质量管理工具，用途是掌握问题发生的规律，为深层次原因的发掘提供依据。图 4-5 是直方图。

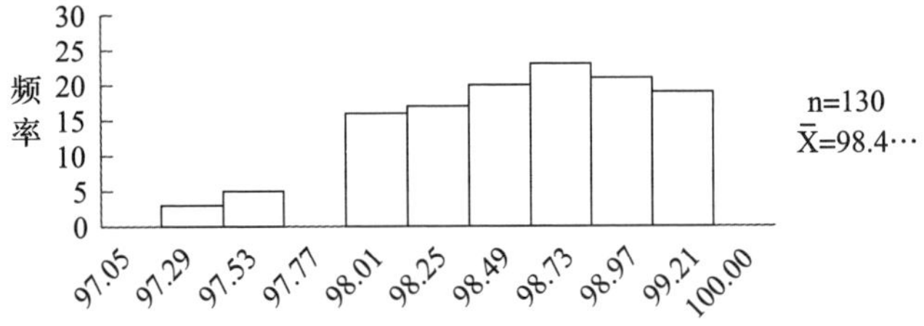

图 4-5　直方图

7. 控制图法

控制图法又称管制图法，通过构造一种假设情况，检测产品质量或服务过程是不是在可控范围内。控制图法是一种预先管控的方法，因为在产品生产和项目实施中受到的干扰较大，为了提高产品和项目质量，要分析引起变动的原因，将这些因素绘制到控制图中，通过观察图表研究生产过程的质量。控制图的绘制是在坐标系中画三条平行的直线，上下两条线代表控制限制。通过观察质量因素有无突破界限，来判别因素的可控程度，如通过控制图发现异常，我们就必须采取方法消除制约项目的问题，从而使质量达到可控状态。控制图按照数据本质分类可分为计量值控制图和计数值控制图；按照使用目的可分为解析用控制图和控制用控制图。

二、新质量管理七大方法

1972 年，日本科学技术联盟的 Nagu Satoshi 教授通过对多种质量控制方法进行分析与总结，研究出七种新的行之有效的质量管理手段。这七种管理手段与原来的质量管理手段有区别，所以被称为新质量管理七大方法。新质量管理七大方法主要用于生产计划阶段，而原来的质量管理方法则主要用于生产阶段，新旧质量管理方法相互补充完善了全过程的质量管理。

1. 箭线图法

箭线图法（矢线图法）(Arrow Diagram Method, ADM）是结束—开始型逻辑关系，主要通过节点标识活动，箭线是标识活动关系的质量管理工具。箭线图法是为质量工作和管理进度设置最佳时间表的一种方法。绘制箭线图不能出现回路，一般从左往右绘制，每个节点都要编号，号码不可连续，从左往右号码逐渐变大，开始于节点，结束于节点，且连线不能交叉。箭线图比较适合于工序复杂的单次性生产活动。图 4-6 是箭线图的图示。

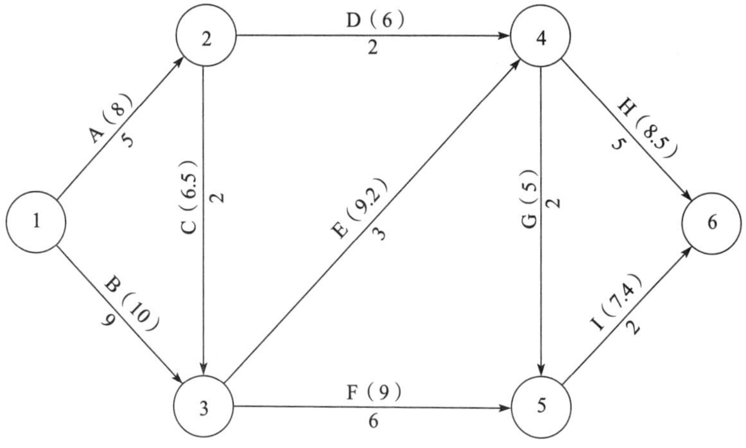

图 4-6 箭线图

资料来源：王为人 .QC 新七大工具之一：箭线图法［J］. 中国卫生质量管理，2018，25（2）：131-133.

2. 关联图法

关联图法（Inter-relationship Diagraph）是通过箭头来说明多种形成问题的原因之间关系的图表。在质量管控过程中使用关联图法，有很多用途，如分析制造过程中发现质量不良的原因（尤其是潜在原因）、将影响质量问题因素之间的逻辑关系梳理明白。关联图还能从图表上的关系解决工作流程的关系，实现跨部门的协作。关联图可以被分为中央集中型关联图和单侧汇集型关联图。图 4-7 展示的是中央集中型关联图。

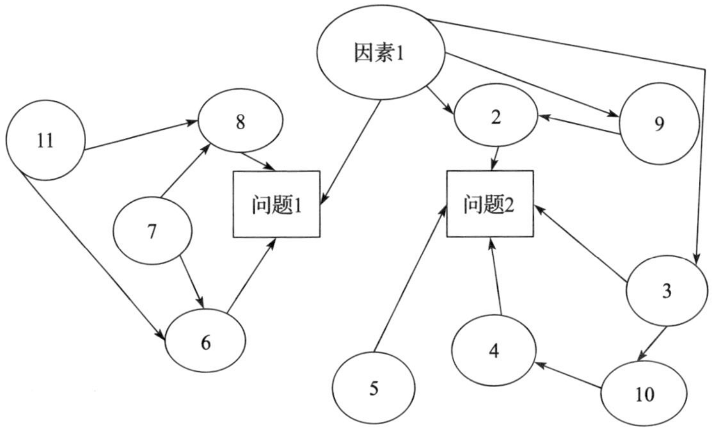

图 4-7　中央集中型关联图

3. 系统图法

系统图法（Tree Diagrams）是通过系统找到达成预期结果的措施。系统图也称树状图，它将目标和措施联系起来并进行逐级展开，根据不同的用途，可以分为对策型系统图和原因型系统图。对策型系统图基于目的采取什么方法的形式依次展开，原因型系统图基于结果寻找原因的形式展开。系统图法对一些原因复杂的项目和现象进行改进的效果比较显著，协调、归纳成员的意见，对问题的分析也更为全面，同时比较直观明了。图 4-8 显示的是对策型系统图分析范式。

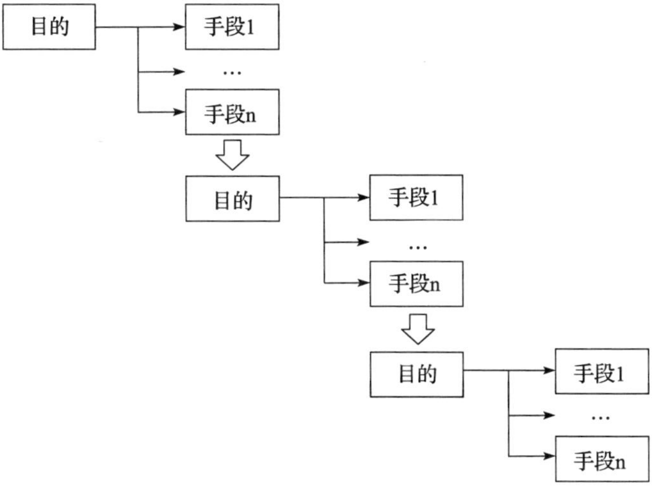

图 4-8　对策型系统图分析范式

4. 亲和图法

亲和图法（Affinity Diagram）又称 KJ 法，是由日本专家 Kawakita Jiro 创建的，KJ 是他名字的缩写。KJ 法在特定问题上广泛收集数据，根据数据的近似程度进行排序，分析数据的内在关系，掌握问题的本质，找到一个确定的解决方案。

KJ 法是拓宽思路的好方法，特别是对未来和未知情况，包括推行全面质量管理、研究开发新品新技术、制定企业方针路线、销售市场预测等。图 4-9 显示的是亲和图的分析范式。

5. 矩阵图法

矩阵图法（Matrix Diagram）运用二维、三维乃至多维矩阵，把一个问题相关的多种因素合成一个矩阵图，随后对矩阵图展开研究，找出关键点的质量管理小组活动工具。矩阵图的基本类型可分为 L 型、T 型、Y 型、X 型、C 型。

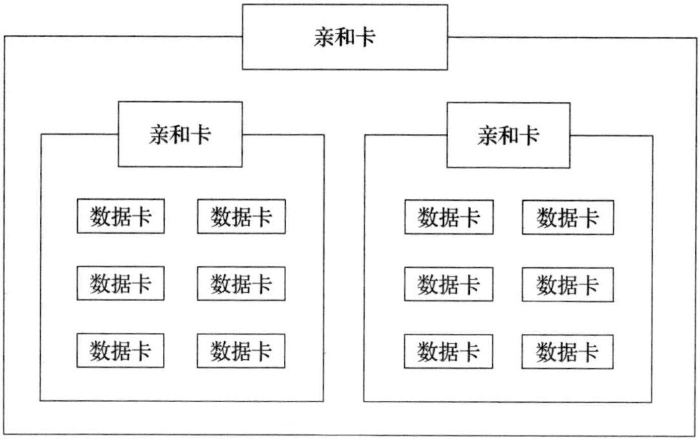

图 4-9　亲和图的分析范式

矩阵图对于制定新产品的市场战略、加强保证产品的质量体系、改进质量、提高质量评价机构的工作效率方面效果十分显著[181]。图 4-10 是矩阵分析图基本范式。

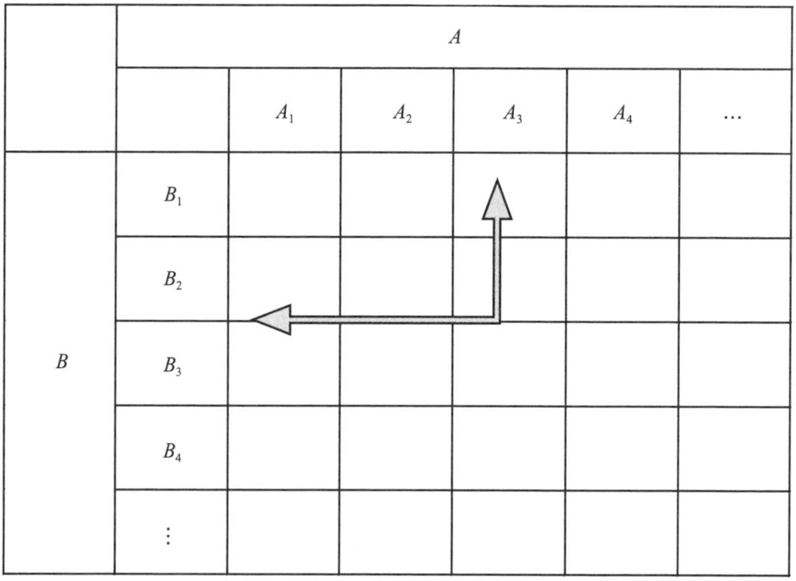

图 4-10　矩阵分析图基本范式

6. 矩阵数据分析法

矩阵数据分析法（Matrix Data Analysis Chart）是新质量管理工具中采用数学分析的方法，它通过权重分析法可以从原始数据中获取很多有利情报，将现有的资料进行整理加工和计算判断，同时借助电脑进行多变量分析，从而得出结论。矩阵数据分析法适用于专业领域的复杂判断[182]。表 4-5 是产品质量关注点权重计算，管理者结合统计出来的权重，做出相应的管理决策。

表 4-5　产品质量关注点权重计算

类型	易控制	易使用	性能好	外观好	易维护	易兼容	得分 ω	权重 w/%
易控制	1	2	5	5	0.5	1	14.5	22.64
易使用	0.5	5	1	0.5	0.2	0.5	7.7	12.02
性能好	0.2	5	1	0.5	0.25	0.2	7.15	11.16
外观好	0.2	2	3	1	2	0.5	8.7	13.58
易维护	2	5	4	0.5	1	2	14.5	22.64
易兼容	1	2	5	2	0.5	1	11.5	17.96
合计	—	—	—	—	—	—	64.05	100

7. 过程决策程序图法

过程决策程序图法（Process Decision Program Chart）又称 PDPC 法，它的工具就是 PDPC 图。PDPC 法是指在制订实现目标的实施计划时，对于可能出现的障碍和结果进行综合分析，并相应地提出各种应对方案的一种方法。当应对方案不可行或效率不高时，PDPC 法可采用第二种和第三种方法推进，以便达到预定的计划目标。PDPC 法适用于制定科研工作的活动方案，或者预测重大障碍和事故，也可用于预测工序执行中的异常现象，以及制定工序的保障措施。制作 PDPC 图时，应该以事实为依据，从全局把握事态的发展，按照一定的时间顺序推进[183]。

第五节 小结与评述

质量检验阶段生产数量少，不需要太多的专职检验人员就可以完成质量检验工作。大规模生产后，靠事后检查，进行全数破坏性检验无法满足当时的质量检验需求，由此，迫切需要新的质量检验方法。统计质量控制理论与方法是机器大规模生产后，为更好开展质量控制的宝贵成果。其开始于20世纪20年代，一直到今天，依然随着新的生产方式而不断更新以更好地服务于生产。

休哈特是统计质量控制的鼻祖，他首创过程控制分析工具休哈特控制图，奠定质量控制理论基础。休哈特控制图利用统计技术，对生产过程的数据、过程波动进行统计，通过监控分析数据的异常波动，寻找质量异常原因，并加以消除。这是一种全过程的受控状态，通过对监测数据细微的变化，及早发现并识别异常，及早预防，提供早期报警，达到控制质量的目的。经过将近100年的发展，休哈特控制图获得广泛的应用，并在原来的基础上不断改进，对产品的质量控制更加灵敏，质量判断准确率也不断提高。戴明闻名世界的PDCA循环实质上最早是在休哈特提出的“规范→生产→检查”循环基础之上的改进，休哈特与戴明亦师亦友，他对戴明的质量管理观影响深刻。

道奇和罗米格提出的质量抽样管理思想，大大减轻了质量检验人员的工作量。通过质量抽样的方式，从样本的质量抽样结果推断所有产品的质量情况，迅速提升了产品质量检查的效率。在军用部门和工业生产部门都得到了推广。质量抽检方法不断改进，从检验数据性质分类，包括计数抽样检验和计量抽样检验，根据数据的随机性可以分为随机抽样和非随机抽样。随机抽样可以分为简单抽样、系统抽样、分层抽样和整群抽样等。非随机抽样可以分为方便抽样、判断抽样、配额抽样和滚雪球抽样等。随着生产朝着更复杂的方向发展，质量抽样的方法也不断改进，如采用重复分组抽样和利用变异系数进行质量抽样应用等。随着数字技术的引入，生产场景将更加多样化，质量抽样技术一定会更加丰富。

评价产品质量优劣，除了产品性能这个指标外，还可以从产品使用周期长短、发生故障频率等角度对质量进行评价，即产品可靠性评价。可靠性研究最早起源于美国军用飞机、军事武器的故障分析方面，此后推广到工业部门。我国可靠性研究较晚，但发展迅速，通过不断引进国外先进可靠性理论和方法，促进我国军用和民用工程可靠性提高。可靠性理论存在几种经典方法：故障树（FTA）分析方法从结果倒推原因，是一种图形演绎法，其进一步又可以从故障树建模、故障树定性分析和故障树定量分析展开。故障模式与影响分析（FMEA）是群体决策技术，由不同领域的成员结合不同的专业知识及风险优先顺序数，找到相应的故障。FMEA 方法经过不断地改进，评估的结果更加准确。事件树分析是从马尔可夫方法延伸而来的，主要用于项目的安全评价方面，一般是从原因分析到结果。当前，事件树分析由静态分析进展到动态分析，在一些项目的质量可靠性评估方面获得较好应用。可靠性分析涉及的数据庞杂，靠人力很难算出结果，一些新的计算机软件开展可靠性研究被不断研发出来，获得较好效果。我国可靠性软件和国外相比还有差距，除了引进国外软件外，还要自主创新，掌握核心技术。

旧质量管理七大方法虽然是在全面质量管理发展阶段提出来的，

但实际上全面质量管理发展阶段仍然非常重视统计分析工具的应用，这些方法通过不断改进及应用创新，为质量管理发展起到很好的促进作用。

统计质量控制的实施包括两个阶段：一是对产品生产过程的数据分析；二是对产品生产过程的同步控制，发现问题，及时预警预防，从而保证产品质量稳定。休哈特时期的统计控制技术可以对生产过程进行观测，发现异常数据并及时报警，但是对产生异常的原因还得花大量的精力进行诊断。理想的统计质量控制过程是“发现问题→自动诊断原因→自动调整”，国外一些机构正在尝试，但还未见到实质性研究成果[184]。

第五章 全面质量管理理论的形成与发展

▲

CHAPTER 5

全面质量管理思想最早是由美国质量管理学家阿曼德·费根堡姆提出的。他在1951年出版的《质量管理》一书里，对先前提出的各类质量管理思想进行系统性整合，将统计学知识与质量管理知识进行综合，重新定义质量管理概念。他认为质量管理是“全面”的，即“通过有效的系统整合组织内各单位的质量管理、质量维护和质量改进工作，从而实现最经济的生产和服务，取得全面的顾客满意”。费根堡姆从“全面”的角度对质量进行定义[185]，吸引了朱兰、戴明等质量管理专家的关注，他们发展并传播全面质量管理思想，此后理论界与实务界共同推动全面质量管理理论的发展，结出了丰硕的果实。

第一节　朱兰全面质量管理思想

朱兰是世界著名的质量管理大师，他一生都投身于质量管理事业，其质量管理方面的著作等身，他的著作思想奠定了全面质量管理理论的基础，为全球质量管理发展做出了卓越贡献。

一、朱兰全面质量管理思想的产生背景

朱兰大学毕业后到美国西部电器公司下属的霍桑公司工作，并参与了著名的霍桑实验。在霍桑实验获得巨大成功的背景下，朱兰作为公司的质检员却从质量的角度提出了不一样的观点。他认为霍桑实验的重要任务是按时完成生产计划和保证计件收入，而不是确保产品质量。产品质量缺陷存在偶然浪费和长期浪费，在企业生产过程中，产品的偶然浪费是被允许的，而长期浪费会导致企业产生巨大的损失，朱兰认为霍桑公司没有把降低长期浪费放在企业的生产准则中。他通过测验，认为霍桑实验中产品检验准确率只有70%～90%，大大低于企业原有的预期，虽然产品产量得以提高，但产品的缺陷率同样也很高，相应的检验成本也高居不下，这引起朱兰的注意。朱兰提出“检验是质量的守护神”“人为的检验是不可靠的”。他提出相关的建议，认为应该在产品开发流程就注重产品的质量目标，技术部门要确定好生产的公差，规范操作程序、使用工具及相关安全措施，操作部门按照相应的操作标准进行操作，加强

检验人员的培训，更改质量检验人员薪酬体系，提高质量检验人员工作积极性，使一线工人提高计件生产数量的同时注重产品质量的合格率。通过一系列的质量改革，霍桑公司的产品质量缺陷率大大降低，产品质量成本得以控制[186]。朱兰在霍桑公司的工作经历是他开启伟大质量管理征程的起点。

朱兰的质量管理思想不是建立在空中楼阁的，他深入企业一线，对企业质量管理问题进行诊断，提出解决方案，不仅使公司产品质量得到改进，而且提高了效益，如美国柯柏斯活塞环厂就在朱兰的质量管理思想的指导下，由年亏损 12 万美元转为每年获得 30 万美元的收益[187]。朱兰出版了《管理突破》《质量控制手册》等巨著，提出了“质量计划—质量控制—质量改进”等质量管理核心思想，奠定了全面质量管理理论的基础。朱兰到全球许多国家传播全面质量管理思想，提倡现代企业管理要重视质量管理，认为社会生活的各个领域都可以开展全面质量管理，对中国、日本等国家开展质量管理活动提供有益的指导。

二、朱兰的质量观

朱兰对质量的定义和以往的质量管理学家不同，他认为符合适用性、免于不良的产品质量就是好的。符合适用性有两层含义，包括符合消费者使用性需求和符合消费者满意度的目的性，产品的质量能够满足消费者需要，拥有使消费者满意的产品特征。免于不良是指产品不需要重复返工，减少浪费，减少消费者投诉，减少检验和试验，提高新产品试验成功率，加快新产品面市时间，改进交货方式，缩短交货时间等。

朱兰最早对质量的定义是相对制造行业的产品质量提出的，20

世纪 80 年代，全面质量管理深入人心，“大质量”的概念被提出来，包括产品质量或服务质量，是所有组织过程的质量管理，不仅包括技术问题，还包括经营问题，对组织内外部的人都产生影响。“小质量”与“大质量”的对比如表 5-1 所示。

表 5-1　“小质量”与“大质量”的对比

条目	“小质量”的内容	“大质量”的内容
产品	制造的货品	所有产品，包括货品和服务，不论销售与否
过程	直接同货品的制造相关的过程	包括制造、支持和业务在内的所有过程
产业	制造业	包括制造、服务和政府机构在内的所有产业（无论是否具有营利性的产业）
质量被视为	技术问题	经营问题
顾客	购买产品的主体	所有受影响的人，包括内部的和外部的
如何认识质量	基于职能部门的文化	基于具有普遍意义的三部曲
质量目标被包括在	工厂目标之中	公司的经营计划当中
不良质量的成本	与不良的加工货品有关的成本	若每件事情都能够完美的话，将会消失的那些所有成本
质量的评价主要基于	与工厂规格、程序和标准的符合性	与顾客需要的对应
引进针对着	部门绩效	公司绩效
质量管理培训	集中在质量部门	全公司范围
协调者	质量经理	由高层主管构成的质量委员会

三、朱兰全面质量管理的“80/20 法则”

产品质量存在问题，人们常常会把责任推到工人身上，认为他们工作不认真，工作时注意力不足、不负责任等。朱兰通过进行大量的企业质量管理调研活动，却得到了不一样的结论。他认为企业产品出现质量问题，工人需要付一定的责任，但不是全部，80%的质量责任应该由领导承担，而工人只需要承担20%的责任，这就是朱兰著名的“80/20法则”。朱兰对质量责任的划分颠覆了人们以往对企业质量责任的认知。他认为工人生产产品出现质量问题，和领导的质量管理能力不到位有关：领导未配备齐全相关生产资源、没有对员工进行培训或对员工培训不到位；工人出现质量差错领导没有采取措施解决生产质量问题；企业内部没有形成较好的质量价值导向；领导没有建立科学的奖惩体系；出现质量问题可能只是口头批评，工人不会在意。工人的问题是，领导已经对工人进行科学的培训、提供良好的生产环境和生产条件，工人仍然不认真生产、不负责任地粗制滥造，那么这就是工人的责任；如果领导未采取措施对工人的工作态度、工作行为进行制止，这些仍然是领导的责任。这个法则揭示了企业质量管理的普遍规律，也为企业质量改进提供思路，具有较强的现实指导意义。

随着研究的深入，朱兰指出，质量责任除了基层的领导需要负责外，产品质量出现问题，企业高层主管同样应该担责。他指出，企业高层领导营造质量意识、设定质量管理目标后将相关事项下放给下属去执行，其实是不够的。朱兰认为，企业高层管理人员不仅要参与到质量管理中，还应该在质量管理活动中承担一定的职责。

（一）参加质量委员会

企业高层领导人参加质量委员会，体现高层领导对质量工作的重视，下属也会更加重视质量管理工作。

（二）参加质量管理培训

参加专为企业高层管理者设计的质量管理培训及会议。参观成功开展质量管理活动的企业。

（三）制定质量方针和目标

高层管理者与基层管理人员共同制定企业质量目标和质量方针。制定质量战略目标，对具体经营计划的质量目标进行分解，确定开展质量管理所需的资源，为下属提供质量管理的培训资源，激励下属加强质量改进。

（四）建立质量管理基础架构

高层管理人员要从整体提高经营指标，需要建立质量管理基础架构：制定每个项目的质量管理目标，制定每个项目的质量管理方案，任命质量管理团队负责人和团队成员，针对具体质量管理内容，报告质量管理项目进展状况，质量责任落实到人。

（五）质量管理评审进展情况

高层管理人员要定期对质量管理改进情况进行评审，评估质量改进情况，提出新的质量改进要求。

（六）表彰活动

企业要经常举办质量管理表彰活动，向基层表明高层管理者对质量管理的支持。

（七）修改薪酬制度

高层管理人员要意识到质量管理人员工作的重要性，结合质量管理工作特点，对质量管理人员的薪酬进行改革，不能按照检查出多少废品支付绩效，而是应该根据准确率等指标修改薪酬制度，对于提出质量改进方法的员工更应该重奖，充分调动质量管理员工的工作积极性。

（八）参加项目团队

高层管理人员要下沉到质量管理项目团队，参与其质量管理活动，提出具有建设性的质量管理指导意见[188]。

费根堡姆也认为"80/20 法则"是正确的。他认为质量管理不是制造过程的质量管理，质量管理还应该包括制造过程以外的设计、材料采购、销售等方面。他指出质量管理出现问题，80% 的原因是在制造程序以外产生的，因此，要注重全面质量管理，全面质量管理也是最经济的方法。

"80/20 法则"在现代企业质量管理中已经被广泛认可，在国际标准 ISO 9000 中，也明确指出如果出现质量问题，企业领导要负主要责任，这说明朱兰的质量责任划分被权威组织认可。

四、朱兰的质量管理三部曲

朱兰在经典著作《质量控制手册》中重点介绍了"质量计划—质量控制—质量改进"，这三个部分构成了朱兰全面质量管理最核心的学说——质量管理三部曲。

（一）质量计划工作

朱兰认为制订计划就是为了实现各项质量管理目标，各项质量目标又是由质量差距决定的。质量差距主要包括四个方面：一是对消费者的需求理解的差距，不能清楚地知道消费者需求以致无法确定消费者需求质量目标；二是设计差距，在知道消费者需求的前提下，企业设计能力达不到消费者需求的质量目标，企业自身设计能力有待加强；三是过程差距，指在生产过程中遇到各种问题，导致产品无法与设计成果相匹配；四是运作差距，在设计出相关产品后，企业产品生产运作和控制能力有待提高，生产的产品质量与消费者需求的差距。

在确定好各项质量差距后，一旦明确质量目标，就要开展质量计划活动，包括六个步骤：第一步是设立项目，选择符合企业经营战略需要的项目；第二步是识别顾客，分为内部顾客和外部顾客，对顾客群体进行画像；第三步是揭示顾客的需要，对顾客需求信息进行加工整理并优先排序；第四步是产品开发计划，明确产品的特征和目标，产品相关的标准、设计准则、规定和政策等；第五步是过程计划，指确定操作人员及操作计划；第六步是运作计划。

朱兰认为在实现质量目标活动时，各个部门的关系是相互关联的，而且要相互协调。各个部门也有各自的质量管理目标，需要对这些质量管理目标进行归类，结合不同的质量目标开展相应的计划工作。此外，质量计划人员还应该充分利用质量计划工具，如利用帕累托分析法辨别少数关键步骤，利用控制反馈环加强不同部门计划的连接等，并对质量计划中的责任划定采用责任模型划分。表5-2是朱兰对公司不同部门不同岗位人员参与质量计划工作的职责划定。

表 5-2　朱兰对公司不同部门不同岗位人员参与质量计划工作的职责划定

质量计划的内容范围	收集资料草拟计划	审查、修改、协调	最后批准	公布、保存
一般性项目	工艺设计专门人员，质量专业人员	生产经营部门经理，质量部门经理，工艺设计经理	高层管理者	工艺设计部门，质量控制部门
质量变革或新产品的重要规划项目	质量规划工程师	生产经营部门经理，规划项目经理，销售端	高层管理者	规划项目管理部门，质量控制部门
质量可靠性	可靠性工程师	生产经营部门经理，质量部门经理，规划项目经理	高层管理者	可靠性工程部门，规划项目管理部门
年度质量规划	质量总工程师	生产经营部门记录，质量部门经理，高层管理领导	最高管理当局	质量控制部门
质量控制手册	质量总工程师	质量部门经理	高层管理者	质量控制部门

（二）质量控制

朱兰认为质量控制是“确保可重复和具有符合性的过程”。质量控制是整个质量管理工作的关键环节，通过监控产品形成过程，对一些不符合质量目标的因素或环节，采用合理的技术和手段予以消除，以实现质量目标的要求，获取经济效益。

质量控制活动包括以下七步：第一步是选定对象，明确质量控制目标；第二步是配置测量设备以更好地开展质量控制活动；第三步是确定质量控制方法，选择合适的、合理的、最优的方法对质量目标开展科学控制；第四步是建立作业标准，明确合理的操作标准步骤；第五步是判别质量控制操作的正确性；第六步是结合现行标准，将质量操作控制结果与现行标准进行比较，明确差距；第七步是对质量差距原因进行分析，并采取行动进行改正。

（三）质量改进

朱兰认为质量改进是使效果达到前所未有的水平的突破过程[189]。

质量改进包括产品质量改进和工作方法质量改进，需要主客观层面共同的质量改进，是一种“大质量”概念。质量改进的结果在于突破，比原定的质量水平有更大的提高。包括以下步骤：第一步明确质量改进的必要性；第二步确立质量改进的项目；第三步领导层与基础人员共同明确质量改进的目标和计划；第四步组织相关人员对项目进行质量诊断，确认存在的质量问题；第五步对存在的质量问题进行补救；第六步结合质量改进目标，明确质量改进措施的有效性；第七步在新的质量层次上，维持新的质量标准水平。质量改进突破如图 5-1 所示。

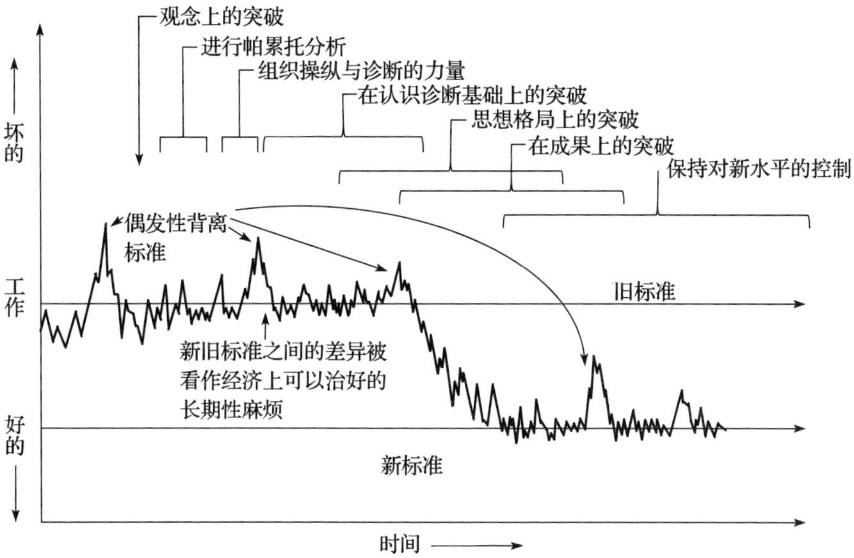

图 5-1　质量改进突破

资料来源：朱兰. 质量控制手册［M］. 3 版. 上海：上海科学技术文献出版社，1987.

朱兰的质量管理三部曲既相互联系，又各自有相应的目标和步骤，是实现全面质量管理目标的阶梯。质量计划是质量管理的基础，质量控制是实现质量计划的手段，质量改进是突破已有的质量性能水平，发现更好的质量管理方式。

五、朱兰的质量成本观

朱兰学习了费根堡姆的质量管理观点后，在20世纪50年代提出了质量成本的概念。他认为质量成本是矿中黄金，指出产品质量必须始终同成本联系在一起，离开“成本”去谈“质量”是毫无意义的。

产品生产制造过程的质量又被称为符合性质量，它不仅是复杂产品质量的重要标志，更是经济性的重要标志。朱兰质量成本特性曲线探究的就是质量成本和质量水平间的关系。朱兰认为，总质量成本曲线是事故成本和保证成本的合成。事故成本包括内部事故成本和外部事故成本，内部事故成本包括废品损失、返工损失、复试费用、停工损失、产量损失和处理费用等，外部事故成本包括申诉受理费用、退货损失、保修费用和折让费用。鉴定成本和预防成本合称保证成本，鉴定成本包括来料检验和试验费用，保持试验设备精确性的费用，耗材、劳务及存货估价费用。预防成本包括质量计划工作费用、新产品评审费用、培训费用、工序控制费用、收集和分析质量资料的费用、汇报质量费用和质量改进计划执行费用等。事故成本曲线和保证成本曲线交点位置的总质量成本最小，即为总质量成本曲线的最低点，它所对应的质量水平 P^* 称为最佳质量水平[190]。朱兰质量成本特性曲线如图 5-2 所示。

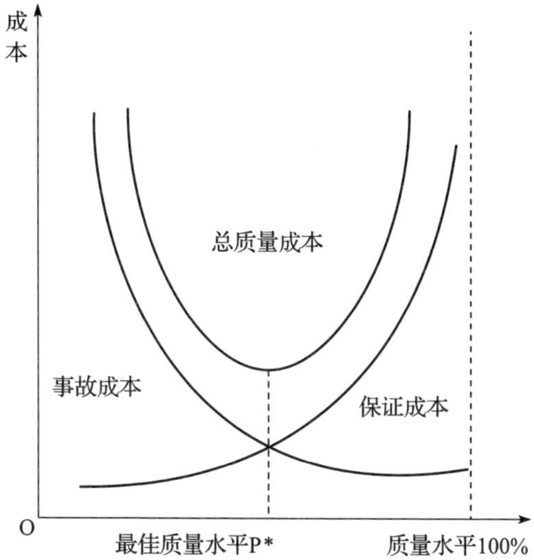

图 5-2　朱兰质量成本特性曲线

资料来源：朱兰．质量控制手册［M］．3 版．上海：上海科学技术文献出版社，1987.

该模型中保证成本随着质量水平的增加而增加，事故成本随着质量水平的增加而降低。朱兰认为，进行质量成本管理的目的就是要找出各类成本项目的最佳值，使全部质量成本降到最低限度。如果事故成本占质量成本总额的 70% 以上，预防成本低于总额的 10%，则存在着有利可图的改进项目。如果保证成本大于事故成本，则要研究检查次品所发生的成本是否高于售价，或者是否存在未被查出而造成的损失。

六、朱兰质量螺旋曲线

朱兰质量螺旋曲线描述了产品从市场研究、产品设计、产品生产、产成品形成及对外销售的全过程，在这个过程中，每个环节对产品的质量产生直接或间接的影响，体现了产品质量的形成规律，也体现了产品全面质量管理的思想[191]。这个模型的曲线特点是螺旋上升的，说明每一个质量职能完成后才能进行下一个质量职能，其按照一定的逻辑顺序串联起来。朱兰质量螺旋曲线如图 5-3 所示。

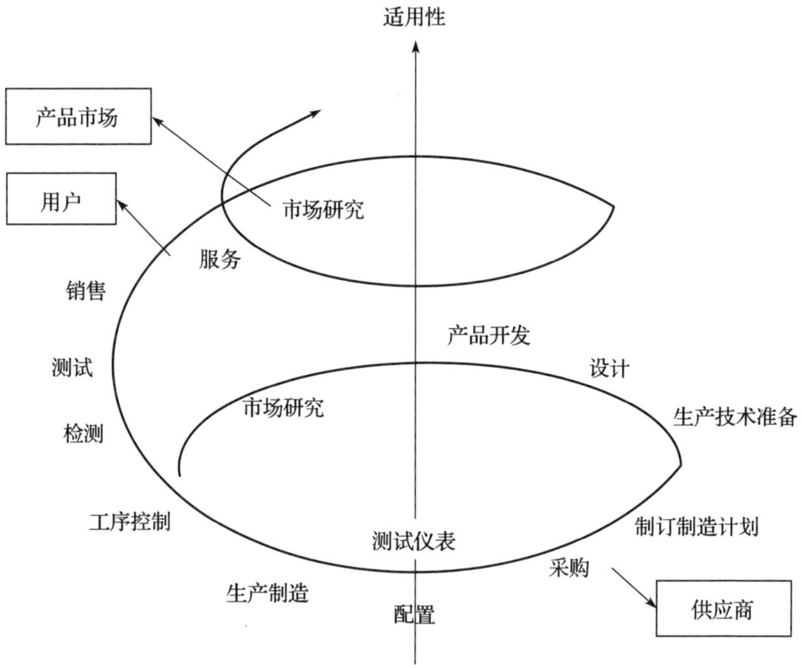

图 5-3 朱兰质量螺旋曲线

资料来源：朱兰 . 质量控制手册 [M]. 3 版. 上海：上海科学技术文献出版社，1987.

质量螺旋模型有以下含义。

(一) 全过程管理

从模型的内容来看，包含市场调查、产品设计、产品生产、产品销售及面向用户的售后服务等，这是产品产生、形成和实现的全过程的质量管理，其质量管理理念应该贯穿在全过程管理的每一步中。

（二）全员性管理

开展全过程的质量管理，必然需要相应岗位的员工配合，而这些员工又分布在生产全过程岗位中，任何一位员工的工作质量都可能对产品质量产生直接或间接的影响，因此，企业有必要将全部的员工纳入全面质量管理体系范围内。制定并落实质量责任，要求全部员工为制造高质量产品而努力。

（三）方法多元化

朱兰质量螺旋体现全过程管理和全员管理，必然涉及各种质量管理问题，采用多元化的方法，对内部因素、外部因素、技术因素、物料因素、员工素质因素及管理因素等不同的影响因素进行系统分析，针对不同的情况，采用合适的现代化管理方法进行综合治理[192]。

七、朱兰全面质量管理思想评价

朱兰是举世公认的现代质量管理领军人物，也是发起并推广全面质量管理思想的灵魂人物。他的质量观相较于以往学者有较大的改进，他认为符合适用性、免于不良的产品质量就是好的。此后随着全面质量管理思想在全球各行各业的推广，符合适用性和免于不良的质量定义被应用到许多行业，形成一种“大质量观”。朱兰著名的“80/20 法则”颠覆了人们以往对质量管理责任判定的理解，他认为企业产品出现质量问题，工人需要负一定的责任，但不是全部，80% 的质量责任应该由领导承担，他强调领导在质量管理活动中的重要责任，并在具体的实践中积极推动领导的质量管理责任。“质量计划—质量控制—质量改进”是朱兰质量管理三部曲的核心内容，他还大力呼吁对质量专业人员展开培训。因为，如果不让这些质量专业人员掌握质量理论、方法和工具，则会使质量活动不是无法开展就是流于形式。朱兰的质量螺旋曲线生动地诠释了全过程管理、全员管理、方法多元化管理的全面质量管理内涵。朱兰的质量管理思想具有生命力，不是一成不变的，他的著作《质量控制手册》经过多次再版，核心内容与时代主流思想结合，不断改进已有方法，使质量管理方法更加贴近实际，更好地指导操作。朱兰曾经说过：“二十一世纪是质量的世纪”。在过去二十多年的发展中，我们已经看到了质量对社会和经济等各方面的深层次影响，人们的生活水平、幸福感也因为重视各方面的质量而得以迅速提高。

第二节　戴明全面质量管理思想

戴明是现代著名的全面质量管理学家，他独特的质量管理思想对全球全面质量管理理论和实践的发展有重要的影响力。戴明学识渊博，不仅擅长统计学和物理学，而且对哲学很感兴趣，他和休哈特关系非常密切，经常与休哈特探讨哲学问题，并把对哲学的思考转化到对质量管理理论的研究，形成自己的一套质量管理理论体系。戴明博采众长，积极吸收并融合其他质量管理大师的思想，如戴明环就是在休哈特循环的基础上不断改进而来的。戴明注重质量管理知识的传播，在全球推广全面质量管理理论，在日本和美国都有重要的影响力，为日本和美国提升质量水平立下汗马功劳，日本第一项全国质量大奖，就是以戴明的名字命名的。

一、戴明质量管理思想的产生背景

20 世纪三四十年代，戴明在美国国家标准局研究所工作，从事产品抽样调查及现代统计学基础研究。戴明在开展相关工作时与休哈特相识，由于对休哈特提出的统计质量控制原理非常感兴趣，他跟随休哈特学习统计质量控制知识，并把休哈特控制原理图应用到人口普查统计中，使工作效率提高 6 倍，获得了较好的成果。戴明是美国联邦统计局首席数学家兼抽样顾问，在第二次世界大战期间，他向军事部门建议，对生产军需物资企业的技术员或质量管理员进行教育培训，通过产品质量所呈现的数据特征进行质量控制，产品的残次品率大大降低。

第二次世界大战后，戴明成立顾问公司，开展质量管理指导活动。他应邀到日本讲述统计质量控制的相关知识，建议日本企业应该建立一套系统的质量管理体系以开展产品质量管理，他引入了全面质量管理思想，和日本学员探讨并传授“领导者应负主要质量责任”的理念，他强调在国际竞争中，产品质量低劣而成本高将无法获得竞争力，甚至会遭遇灭顶之灾。他的这些思想和理论观点，受到日本人的追捧，他们把戴明的思想和方法应用到企业质量管理实践中去，产品质量大大提高，产品原材料浪费和质量损失也大大减少了。1951 年，日本以戴明的名字设立国家层面的质量管理奖“戴明质量奖”，这个奖至今仍是日本国家层面的最高质量奖项，在全球也有相当大的知名度。

在这期间，戴明往返于日本和美国，将他的质量管理思想进行传播，他于1956年荣获美国质量协会授予的“休哈特奖章”。虽然戴明在美国多次呼吁重视质量管理，但反响不大。一方面，美国的国情和日本不同，美国在第二次世界大战中获得胜利，当时美国的生产能力处于全球领先水平，不像日本被迫提出“质量救国战略”；另一方面，美国当时许多企业生产的产品有较高的市场占有率，他们忽视了戴明的质量学说。

20世纪60年代，日本通过一系列“质量救国”举措，一跃成为以质量闻名的世界制造强国。戴明也因为在日本指导和改进他的质量学说，积极推行“PDCA循环”和全面质量管理思想，对日本质量经济起到了举足轻重的作用。

20世纪80年代，美国突然意识到自己生产的产品质量与日本生产的产品质量相比，存在巨大差距。一部由戴明参与的纪录片《日本行，我们为什么不行？》在美国国家公共广播电台播出后，引起美国企业甚至国家层面的深刻思考。进而美国提出质量振兴计划，戴明也利用各种机会宣传自己的质量管理思想，一些知名企业如福特公司，知名机构如美国宇航局等，纷纷吸收并借鉴了戴明的全面质量管理理论，使他们的质量管理能力获得很大的改善和突破，大大提升了美国的质量生产力和竞争力。1987年，美国总统里根为戴明授予国家科技奖章，表彰戴明为美国质量振兴做出的卓越贡献。

戴明将一生都奉献在质量管理伟大事业中，即使到了晚年，依然著书立说，推行他的质量管理思想。

二、戴明环的应用及发展

戴明的质量管理理论是动态发展的，戴明有很强的学习能力和海纳百川的吸收能力，随着社会经济的发展，戴明结合他对质量管理的理解，不断更新戴明环，戴明环在不同的时期含义有所不同。

（一）1950 年的戴明环

1950 年，戴明在日本科学家与工程师联合会（JUSE）主办的为期八天的研讨会上，修改了休哈特循环。他把休哈特循环的“规范→生产→检查”进行调整，图 5-4 是 1950 年的戴明环，认为质量管理应该分成四步：

步骤 1：设计产品（适当的测试）；

步骤 2：在生产线和实验室进行测试，成功后投产；

步骤 3：投放市场；

步骤 4：通过市场调查产品质量，在服务中测试产品质量，找出用户对产品质量的看法，以及用户没有购买产品的原因。

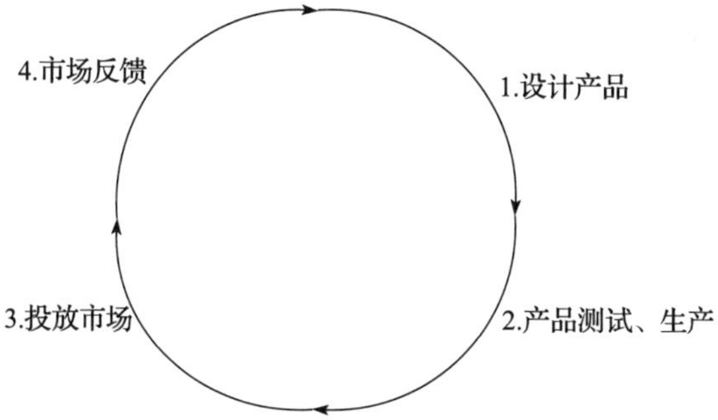

图 5-4　1950 年的戴明环

资料来源：Deming W E. Elementary principles of the statistical control of quality [M]. Tokyo：JUSE，1950.

（二）戴明环在日本的发展

PDCA 循环实际上不是完全由戴明发明出来的，今井正明（Masaaki Imai）的文章表明，戴明在给日本 JUSE 组织上课期间，与该组织的质量管理专家共同研发出 PDCA 循环[193]。图 5-5 是 1951 年戴明与日本专家共同研发的 PDCA 循环。Moen R 是戴明著作的合作者，他查阅了许多资料，认为今井正明的说法是正确的。另外，戴明其实一直把戴明环说成休哈特循环[194]。

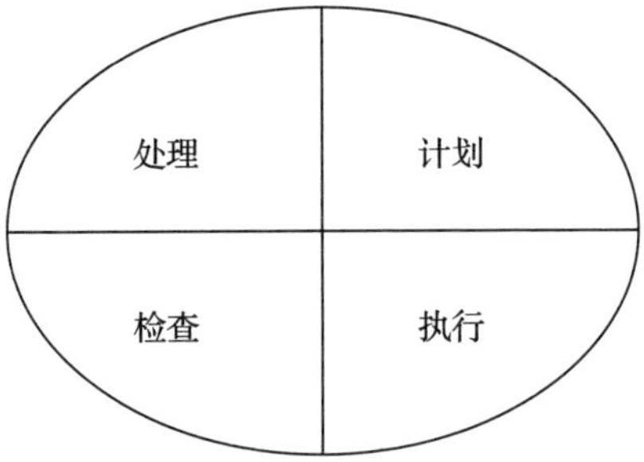

图 5-5　1951 年戴明与日本专家共同研发的 PDCA 循环

资料来源：Imai M. Kaizen：The Key to Japan's Competitive Success［M］. New York：Random House，1986.

PDCA 循环由四个步骤构成。

步骤 1：计划，对质量问题的定义，对可能出现质量的原因和解决方案进行假设。

步骤 2：执行，就是实施制订好的质量计划。

步骤 3：检查，对质量活动执行结果进行评定。

步骤 4：处理，如果质量行动结果令人不满意，返回计划，重新开始，如果计划结果令人满意，则把这个环的行动以标准化的形式规范下来。

（三）1986 年的戴明环

戴明在 1986 年重新介绍戴明环，在他的介绍中，这个环是 1950 年提出的环的改进，他把环的改进内容在环上做了注释，1986 年的戴明环见图 5-6。

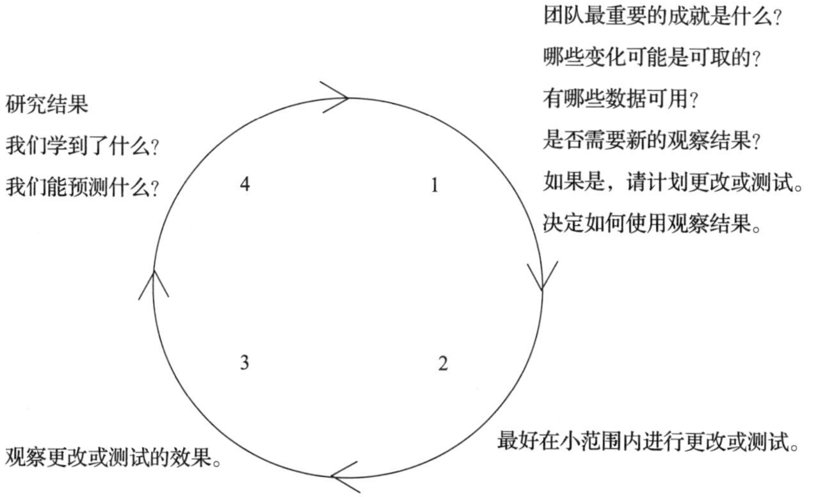

图 5-6 1986 年的戴明环

资料来源：Deming W E. Out of the crisis，reissue［M］. Massachusetts：MIT press，1986.

戴明对这个环的内涵解释如下。

步骤 1：明确团队最重要的成就是什么？需要什么改变？有哪些数据可用？需要新的观察结果吗？如果是，请计划、修改或测试相关方案。决定如何使用观察结果。

步骤 2：执行方案，如果方案不满意，最好是在小范围内更改或测试。

步骤 3：观察更改后或测试后的效果。

步骤 4：我们从研究结果中学到了什么？我们能预测什么？

步骤 5：重复步骤 1，积累知识。

步骤 6：重复步骤 2，然后继续。循环往复。

（四）1993 年的戴明环

1993 年，戴明再次修改了戴明环，并将其称为学习和改进（PDSA）

循环。他把它描述为学习的流程图改进：改进产品或过程。1993 年的戴明环如图 5-7 所示。

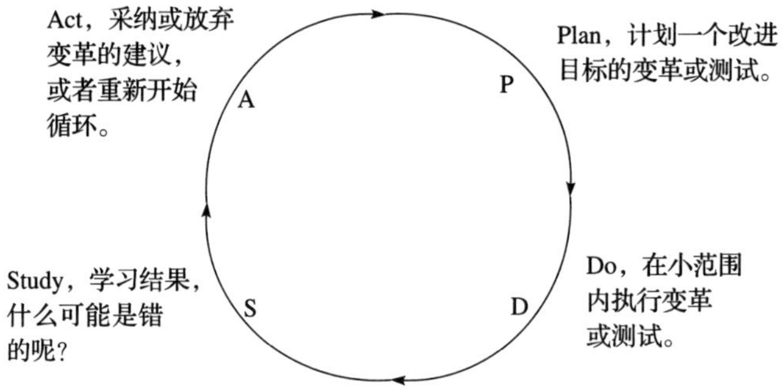

图 5-7 1993 年的戴明环

资料来源：Deming W E. The New Economics [M]. Massachusetts：MIT press，1993.

（五）改进的戴明环

戴明的追随者对生产实践有进一步认识，提出了 PDCA 改进循环的观点，认为在整个项目管理过程中存在许多质量管理问题，对每一个质量管理问题都要遵循“制订计划（Plan）—实施（Do）—检查测度（Check）—处理（Action)”的“ PDCA”完整质量管理过程。通过不断地 PDCA 循环，总结成功的经验，对成功经验设定标准化程序，制定相关的指导应用说明书，以便未来工作时可以遵循。对失败的项目要及时总结教训，提出新的解决方案，开展新一轮的 PDCA 循环。改进的戴明环如图 5-8 所示。

PDCA 循环有四个阶段，八个步骤。

第一阶段是制订计划阶段（Plan）。制定质量管理目标、相关的质量管理活动计划及具体措施。这一阶段有四个主要步骤。

步骤 1：结合相关的统计数据，分析当前存在的主要质量问题。

步骤 2：对可能产生的原因层层分解。

步骤 3：结合统计数据和原因，找出影响质量的主要因素。

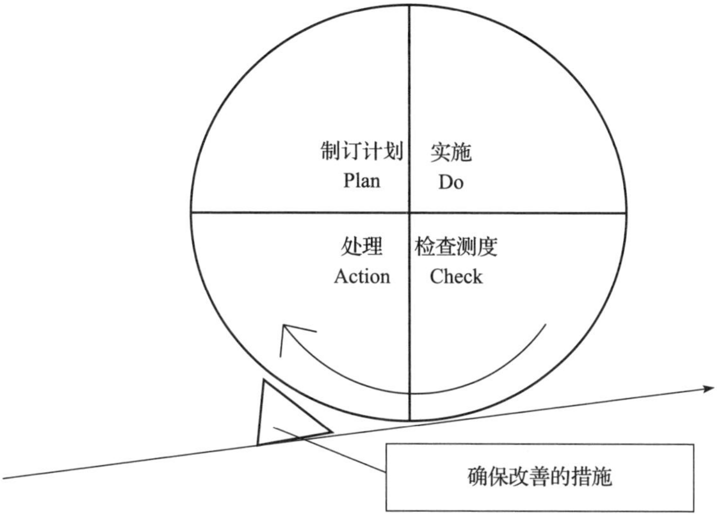

图 5-8　改进的戴明环

资料来源：Popescu C R，Popescu V A. The assessment methodology pdca/pdsa-a methodology for coordinating the efforts to improve the organizational processes to achieve excellence［J］. Challenges of the Knowledge Society，2015（1）：693-696.

步骤 4：结合原因和影响因素，制订质量管理计划，包括回答制订这个计划的原因，要达到什么样的目的，达到什么样的效果，从工序管理、过程管理等维度分析改进的措施，以及何时完成这个质量项目，谁是组织者，谁是具体执行人等，此外还要强调以什么样的方式来完成。

第二阶段是实施阶段（Do）。结合相关的计划，组织相关人员实施质量计划。

步骤 5：做好执行计划的前期准备，包括人员、技术、物资等。开展相应的活动确保计划得以顺利实施。

第三阶段是检查测度阶段（Check）。把实施完的质量任务与预期目标相比较，判断是否达到了预期质量效果。

步骤 6：检查已实施项目，研究是否达到预期效果，发现是否存在新的质量问题。

第四阶段是处理阶段（Action）。对检查结果进行总结和处理。

步骤 7：对达到质量目标的质量管理工作进行归纳总结。通过制定相关的工作文件、规则、标准等形成质量管理规章制度，未来遇到同样的质量问题时，可以直接采用这种方法。

步骤 8：对检查出仍然存在的质量问题，按照新一轮的 PDCA 循环开展工作，直到找出原因并做出相关规范。

21 世纪，生产和生活方式都有了很大的进步，PDCA 循环是立体的，也是动态的。PDCA 循环由大循环和小循环构成，大循环套着小循环，每一个小循环质量的进步都会推动大循环质量的进步，大循环整体质量进步又会促进小循环的进步，大循环和小循环是互相促进的过程。PDCA 循环是圆形的，每完成一次 PDCA 循环，整个循环都会沿着楼梯向上转动，意味着整体质量迈上新的台阶。推动 PDCA 循环转动不能靠某一个人的力量，需要整个团队成员的共同努力[195]。

戴明 PDCA 循环诠释了全面质量管理活动的系统概念，也体现了质量的过程管理思想。戴明认为将员工团结在一个组织内，形成稳定的合作关系，有利于组织内各方自觉融入质量战略的执行和过程控制中。另外，员工参与质量管理的过程，能够使员工更好地理解生产的含义，更加注重生产质量，减少生产风险，降低生产浪费，使员工更有组织归属感，更愿意进行精细的生产[196]。戴明认为质量管理不能完全以生产为目的，还应该特别重视顾客的感受，将市场上顾客的感受与产品质量相结合，更能使产品贴近市场需求。戴明认为无论是生产管理还是社会生活的各领域都存在各种质量问题，需要不断地改进质量管理方法，提出解决质量问题的方案，实施这些方案后，好的经验保留并制定成标准、形成制度，不足的经验则继续找出原因，开展计划，如此反复，直到把质量做到最好。

三、戴明“十四点原则”质量管理思想

戴明的质量管理思想对日本质量提升起到了非常重要的作用，戴明在给日本专家培训时强调，如果按照他的“十四点原则”进行质量管理，五年后日本的产品品质将会改变，没想到的是，日本企业遵循戴明“十四点原则”，只用了四年就让世界改变了对日本产品品质的看法，赢得了良好的世界声誉[197]。戴明“十四点原则”质量管理思想包括以下具体内容[198]。

第1条：以不断改进产品和服务质量为目标，使企业变得有竞争力，在市场中立足，并提供就业机会。

戴明认为应该将提升产品质量和服务质量作为公司经营战略，公司最高领导层对企业发展的愿景应该从短期发展层面转到长期发展层面，提升产品质量和服务质量是企业经营管理的目标。企业要存活、要发展，必须重视全面质量管理的经营思路与原则，通过具体的行动与企业质量战略相融合，企业才会更加具有竞争力，在商业领域中立足，企业发展壮大后，能够提供更多的就业机会。

第2条：采纳新的理念。我们正处于一个新的经济时代，管理层必须意识到挑战，必须了解自己的责任。

戴明认为质量管理不是工人的责任，管理层，特别是高层管理人员在其中担负重要的责任，高层管理人员对企业发展的长期愿景、企业发展的定位、企业实施的实际行动计划，以及相关的激励设计都会对企业发展有密切影响，质量管理需要高层管理人员参与，高层管理人员通过不断创建和持续改进质量管理愿景，提出新的质量管理定位目标，从而不断改进生产流程，促进提升产品质量和服务质量。

第3条：停止依赖大规模检查来提高质量。不再需要将质量建立在产品大规模检验的基础上。

戴明赞同休哈特的观点："产品质量不是检查出来的，质量控制的重点应该放在制造阶段。"如果把工作的重心放在检查环节，实际上是潜意识内承认产品存在次品，但次品生产并被检查出来后，已经造成实际的浪费。戴明同样对克劳士比的无缺陷质量管理思想持赞同观点，认为质量管理本身不是检查，而是预防。戴明认为检查并不能带来质量的持续改善，应该把预防可能的质量问题放在设计环节，加强各个环节的沟通、计划、验证，逐步消除不合理的环节，预防可能产生的质量问题，使资源配置处于合理状态，避免浪费和采取补救措施造成的成本增加。

第4条：尽量减少总成本，避免以单一价格因素作为签订合同的理由，要寻找并挑选优秀的供应商，与其建立长期的忠诚和信任关系。

戴明指出，企业在购买原材料时，不能仅仅看产品的价格，低价可能就意味着低质。原材料的品质低劣，则产生残次品的概率会大大增加，产品的品质会降低，因此产品只能返工或者按较低的价格出售，这样产品的整体成本反而增加了。因此，企业要改变只以价格为单一标准采购材料。企业应该建立长期的供应渠道，与优秀的供应商建立长期的忠诚和信任关系。

第5条：持续地改进产品质量和服务质量，提高生产力，不断降低整体成本。

戴明指出，许多企业看到质量问题后会马上纠正它，实际上这样的行为并不是质量改进，而是类似于救火队行为，戴明指出，发现质量问题并改正它实质是把过程纠正回本来应该的位置。改进的责任是一个无休止的过程，持续改进可以通过降低设计和生产中的不确定性提高产品的质量，改进是学习的概念，戴明更主张组织对现有质量管理方法进行观察和测试，提出更好的质量管理创新性研究结果，戴明注重在产品生命周期内不断地对产品质量统计测度方法进行创新[199]。

第6条：实行岗位职能培训。

戴明指出，现代企业质量管理必须加强工人培训，培训应该结合全面质量管理各流程的要求展开，必须是有计划的。相关的培训不能只有文字上或者口号上的要求，应该把统计学方法运用到培训中，并通过统计方法评估员工或者领导层是否真正掌握了相关技能和知识，衡量相应的质量培训工作是否达到目标。戴明认为，只要没有达到相应的培训目标，没有获得较大的收益，培训就不能停止。

第7条：加强管理层的质量领导力，建立领导质量管理体系。监督生产工人的目的是帮助员工更加注重生产质量，加强对机器和工具的维护，获得更高的产能。

戴明认为有些企业经常会出现员工无事可做的局面，这实际上是企业领导失职的一种体现。员工不做事不是他们真的不做事，而是因为他们被放置在不适合的工作岗位，由于领导的管理不善使员工不知道该如何工作。因此，企业的管理层有必要调查清楚当前的质量问题，加强领导能力，指出质量责任是每一个人的责任，加强团队合作能力，强调团结精神，要求每位员工在开展工作时都要考虑到质量，追求精益求精的精神。企业最高领导层的管理目标是帮助员工注重质量管理，组织机器和设备的质量维护。

第8条：驱除恐惧，让每个人都能有效地为公司工作。

戴明观察到有些企业管理层会对没有按时按量完成工作的员工进行责罚，使员工产生了恐惧感，导致这些员工因害怕被管理层发现错误，而把错误掩盖起来，恐惧感越强，员工的工作效果越差，甚至产生谎言，企业管理层也无法从员工身上得到准确的质量信息，无法做出正确的决策，员工极度的恐惧感甚至会对企业造成不可估量的后果。因此，戴明提出要驱除恐惧，让每个员工能够放开胆量，主动提出问题，主动表达意见，让员工体会到工作自豪感，把自己当作企业的主人，激发内在的热忱为企业进行创造性工作。

第 9 条：打破部门之间的隔阂。研究、设计、生产和销售必须作为一个团队开展工作，预见生产或服务可能会遇到的问题。

戴明认为，企业应该是一个整体，每个部门不能只顾自身，实际上，设计部门、生产部门、销售部门等各个生产环节是相互联系的，上一个环节引发的质量问题会对下一个环节的质量产生严重影响。因此，要加强各部门的团结协作，这种协作是建立在非竞争性关系基础上的，通过互利双赢的方式实现。

第 10 条：取消要求零缺陷和新的生产力水平的口号、劝诫和劳动力目标。这样的劝诫只会造成敌对的关系，因为造成低质量和低生产率的主要原因属于系统问题，这也超出了劳动力的个人能力范围。

戴明认为经常喊口号要求员工要重视质量生产、劝勉员工要努力工作、贴生产率目标的海报等都应该废除，因为这样只能使员工反感。虽然从表面上看，喊口号、贴海报、经常劝勉员工是一种积极行为，但实际上这只是一种信号，并不能体现管理者对员工的实际关心。企业设定好相关的质量管理目标，应该有具体的执行计划，有具体的行动指导才能更好地实现计划。

第 11 条：取消工厂车间的工作定额要求，消除数值目标管理。

戴明认为，如果把生产目标放在完成多少产品数量，将使员工把注意点放在完成具体的工作定额指标上。计件制的工作考核，使员工注重生产量，制造出更多次品。企业采取评分考核或者年度绩效考核，使员工只关注自己有没有完成工作量，对企业其他层次的认知则完全不在意。因此，戴明提出，企业要取消以定额工作量为目标的生产管理，要把企业当成像汽车一样的系统，在提高速度的同时，注重产品质量的改进，当汽车速度跟不上时，惩罚驾驶员很可能使驾驶员产生破坏汽车的行为。企业有必要创造一个稳定的系统，管理层要建立一种新的认知，产品质量出现问题，不是员工个人引起的，是整个企业的系统出现了问题[200]，企业管理者要具备一定的统计学知识，形成科学的、系统的质量观。

第 12 条：管理者必须尊重员工，消除不必要因素的影响。

戴明认为开展质量管理时，管理者必须尊重员工，必须消除那些可能会使员工尊严受到影响的因素，让员工以工作为荣，主动自觉地参与到质量改进活动中。影响员工质量改进的障碍因素由许多方面构成，如企业未对员工进行培训或者培训不完全，以致员工上岗工作后还不明白自己的主要职责是什么；企业的原材料或配件质量低劣，导致生产工期被迫延误；企业未形成良好的质量管理规章制度，缺乏标准化的工作程序；企业的检测工具经常出故障，以致无法正常检测产品的质量；企业的设计能力有待提高，设计的图纸需要不断返工和修改；企业管理者与员工缺乏充分的交流和沟通；企业员工的工作环境恶劣；企业员工缺乏向上级领导讲述问题的渠道，也无法获得相关帮助。企业应努力排除这些障碍，使工作更加完美[201]。

第 13 条：大力开展教育，培育员工自我完善能力。

戴明指出："组织需要的不只是优秀人员，它所需要的是通过教育而改进的人员。"戴明认为优质的竞争来源于对知识的汲取。企业管理者自身要不断学习新的知识、接受新的管理理念，通过不断学习创造财富。企业的生产力和产品质量是不断改善的过程，质量需要由生产产品的员工决定，员工也必须接受训练，通过再培训掌握新的生产方式。学习和培训是使员工和企业保持持续竞争力的源泉，这是一个长期计划的过程。

戴明和休哈特一样，他们的思想都受到了 C.I. 刘易斯过程哲学论的影响。他认为对质量管理的每个过程都是有意义的，对质量管理的整个过程进行研究，能够更好地理解生产产品、交付产品和服务过程的质量特征，另外，人们在探求优异质量结果的过程中，通过不断学习，生产过程和服务过程得到持续改进。

第 14 条：让公司里的每个人都努力完成转型，转变是每个人的工作。构建完善的高层管理机构。

企业要形成一种管理意识，让全体员工都明白质量管理是每个人的工作，质量改进需要大家共同努力，协同推进。实现改变并不容易，需要企业高层管理人员有较强的领导能力，高层领导人员要构建形成完善的质量管理机构，高层管理人员要扮演重要角色，影响整个组织及组织内成员的行动。

戴明的“十四点原则”体现了全组织、全员、全过程的全面质量管理理念，说明质量管理不是个别员工或者个别部门的事，而是由企业高层领导人带头领导和推动才可以实现的。“十四点原则”将持续的质量改进作为企业发展的动力，目的是获取消费者满意度和忠诚的客户。戴明对质量的定义从两个维度展开：一是产品质量；二是消费者对产品的满意度[202]。

四、戴明质量管理思想评价

戴明是全球最著名的质量管理大师之一。戴明的质量管理学说对全球质量管理理论和方法产生了非常重要的影响。第二次世界大战后，日本吸收并创新了戴明质量管理理论，一跃成为全球发达国家。戴明曾经说过，提升产品质量是一种最经济的手段，以消费者满意度为核心，制造出市场上最有用的产品。产品质量一旦得到改进，生产能力自然就会提高。美国在20世纪80年代意识到质量的重要性，提出了质量振兴计划，戴明在80多岁时，仍然不遗余力地对企业进行指导并传播质量管理思想，美国经济在“质量”理念下得以重新提振。戴明质量管理思想主要包括以下几个方面。

（一）构建系统意识，不断改进产品质量，重视质量全过程管理

戴明说过：“系统是借以达到结果的方法。”如果未能达到所要的结果，就是对整个系统的架构能力不足，这在戴明PDCA循环和“十四点原则”中都得以体现。戴明环让我们意识到，无论组织规模大小，在开展质量管理活动时，都要以系统的整体观点推动质量管理活动以螺旋上升的方式不断进步。

戴明认为，质量管理问题是所有管理问题中最需要重视的内容。质量的改进过程是永无止境的，即使非常好的产品依然有值得改进的空间。戴明提出，质量管理不能只靠检验提高质量，如果等到检验出来，则造成巨大的浪费。他认为一开始就把事情做好，可以减少浪费、降低成本，后期也无须再加大成本不停地对产品做质量检查。产品数量是数得出来的，而产品质量无法完全用具体的数字体现，因此需要从生产的各个环节不断改进。

（二）管理者要勇于承担领导责任，重视全员质量管理

戴明质量管理思想认为，质量管理不是基层员工的责任，而是全员质量管理。戴明重视管理者在质量管理中的责任，特别是高层管理者要有质量全局观。在整个质量系统出现问题时，高层管理者

要主动判断是什么原因导致的，如果是偶发原因，则交给基层管理者直接处理，如果是系统性原因，管理层要勇于承担责任，组织团队共同研究产生质量问题的原因，加强质量管理的过程控制。

戴明强调，在企业管理中要尊重员工，加强管理层与员工的交流，消除员工的恐惧感。因此，管理者要形成一套领导体系，要有凝聚力和团结能力，组织间形成信任的氛围，使组织拥有共同愿景，使员工感受到组织的归属感和荣誉感，敢于表达生产中不合理的因素，并能够为自己参与到企业质量管理、为企业出谋划策而感到喜悦，形成和谐、民主的组织。

（三）重视消费者满意度

戴明把消费者满意度作为评价产品质量的重要指标。他以消费者为中心，认为消费者满意度差的产品实际上是不合格产品，质量是“满足消费者规定的和潜在的需要”。因此，所有的质量管理活动都应该围绕顾客的需求展开，企业应该积极主动了解消费者当前及未来的需求，努力使产品质量满足甚至超越消费者预期[203]，这样才能提高企业竞争力。消费者需求可能存在不稳定因素，此时企业要结合实际情况，深入市场，了解消费者的满意心理和行为，洞悉消费者需求，从产品设计环节、生产环节及售后服务等方面，满足消费者的需求[204]。

（四）建立学习型组织

戴明认为企业质量管理要重视管理层及员工的培训。他认为任何组织如果要持续经营下去，教育必须贯穿于组织始终。借助专业的技术培训，使员工的技能水平和综合素质达到更高的水平。管理者除了掌握专业的技术技能外，还应该学习心理学，协调管理者与员工、管理者与客户、管理者与供应商的关系[205]。戴明通过对工厂进行质量指导，提出企业转型并不是容易的事情，企业内员工与组织一起转型，领导肩负着重要的责任，领导的领导能力对转型结果影响重大。企业的管理者与员工都要重视自我教育和自我改进，通过加强自我学习能力，建立学习型组织，组织内每个人都不断学习，不断进步，促进整个组织良性发展，组织必然能够快速发展和强大。

第三节　克劳士比“零缺陷”质量管理理论

一、克劳士比“零缺陷”质量管理思想的产生背景

菲利浦·克劳士比是美国著名的质量管理学家，20 世纪 60 年代他在美国推行“零缺陷”质量管理思想，美国许多企业在学习并贯彻“零缺陷”质量管理思想后，质量管理水平得以提升。此后，“零缺陷”质量管理思想被推广到日本，给日本制造业质量管理提供了新的理念，促进日本制造业产品质量迅速提高。克劳士比认为，“零缺陷”质量管理是一个目标，更是一个现实。克劳士比“零缺陷”质量管理思想的发展脉络可以分为以下几个阶段。

探索期（1952—1957 年）。克劳士比大学学习的是医学专业，但参加完朝鲜战争后，他转行进入克罗斯莱公司，主要从事质量检验工作。克劳士比以他曾经作为医生的职业视角审视质量检验活动，质量检验工作是找出做得不好的产品，修理质量不好的产品需要花费成本，医学界非常重要的理念是预防，通过一系列手段预防疾病发生

或者避免疾病恶化，因此克劳士比提出质量管理如果一开始就采取预防举措，没有错误自然就不需要花费成本，这是他构建“零缺陷”概念的雏形。这段时间的工作经验使克劳士比建立了“质量就是符合要求，而可靠性就是尽快符合要求”的概念。

形成期（1958—1965年）。克劳士比在这段时间跳槽去了马丁·玛利埃塔公司，负责“潘兴导弹计划”的质量管理，由于导弹经常发射失败，他开始思考如何避免经常性地发射失败，由此通过不断地思考和分析，他提出了“零缺陷”的概念和“过程管理”的方法，在美国工商界影响巨大。

发展期（1966—1979年）。克劳士比受到ITT公司首席执行官的赏识，到ITT公司出任全球第一位质量副总裁。他进一步完善了“零缺陷”质量管理理论，在此期间他提出了“质量成本”的理念，认为质量成本是产品成本的一部分，无论消费者是否满意，都会产生相关的成本。他还从企业战略层面对质量战略进行制定，提出“质量管理”“质量学院”的基本概念和方法。他的思想被许多企业熟知，并被广泛借鉴。

成熟期（1980—2001年）。克劳士比深感质量对企业发展的重要性，从ITT辞职后，他创建了“克劳士比质量学院”，在全球许多国家设立机构，并在美国上市。克劳士比形成“零缺陷”质量管理思想，提出“质量免费”原理、“质量管理四项基本原则”。他还认为高质量的产品是打造卓越品牌的“水源”。他还出版了《质量免费》《质量无泪》等经典著作。

克劳士比形成“零缺陷”质量管理思想是多年积淀的成果[206]。克劳士比有着丰富的工作经历，他从底层做起，参与到质量管理的每一个环节，对质量管理有深刻的理解，能够从现象洞穿质量管理的本质。

二、克劳士比“零缺陷”质量管理理论的主要内容

（一）“零缺陷”质量管理思想内涵

克劳士比在工作中发现，产品质量检验环节如果发现不合格产品，工人只会把这些产品挑拣出来，要么返工要么抛弃，并不能真正提高产品质量，反而增加了企业质量管理成本。由此，引起他对“零缺陷”质量管理的思考。此后，他不断完善“零缺陷”质量管理内容，形成自己的一套理论。

“零缺陷”又称“无缺点”，强调预防控制和过程控制，是指企业不断调动企业管理者、生产者及基层员工的主观能动性，使企业的每一位员工都要有“零缺陷”管理意识，每一个人都要第一次就做对，避免由于上一道工序的错误流转到下一道工序造成质量成本损失，从而提高整个企业生产全过程的质量水平。另外，克劳士比还强调企业内每个人开展工作时，都应该站在消费者的角度思考问题，从结果导向源头，思考采取什么样的方法满足消费者需求是有效且可靠的。克劳士比还阐述了“三个需要”的关系，在开展“零缺陷”质量管理时，消费者的需要是目的，没有消费者的需要，企业开展生产、执行质量管理活动毫无意义；供应商为企业提供原材料，如果原材料质量不达标，则员工再认真生产也不能制造出质量合格的产品，员工也需要认真对待工作，争取第一次就把产品质量做好；加强员工培训，加强领导层质量责任意识。“零缺陷”质量管理的核心是第一次就把正确的事情做正确，包含了三个层次——正确的事、正确地做事和第一次做正确，想第一次就把事情做对，三个因素缺一不可[207]。

（二）质量管理的四项基本原则

1. 质量的定义

克劳士比对质量的定义是符合要求的产品都是质量合格的。他认为要让员工第一次就把事情做对，管理层就应该认真研究消费者需求，明确告诉他们应该做什么事，而且必须每次都达到，只有这样才能符合要求。一个产品从设计理念的产生到最终投产，经过很多环节。克劳士比认为每个环节每项生产过程都要围绕消费者需求展开，只有充分把消费者对产品性能、外观、寿命、应用环境等的需求研究清楚，转化为明确的质量技术指标，每个阶段、每个流程都有明确的要求，质量变成可衡量的数据，第一次就做对，投入市场后才能够符合消费者要求。

2. 产生质量的系统是预防，不是检验

克劳士比认为质量检验出不合格品实际是在告知已经发生的事情，此时质量问题已经产生，不能更改，只会增加成本。而预防则是还未生产前，把各种可能产生质量问题的关键点，通过多方面沟通、加强生产计划等，从预防的角度逐步消除。通过预防使产品达到"零缺陷"，使生产的资源配置在合理区间，正确地完成事情，而不把时间浪费在对不合格品的修补上。

3. 工作标准必须是"零缺陷"

克劳士比认为开展工作的标准是"零缺陷"，而不是差不多就好。差不多就好意味着"差之毫厘，谬以千里"，这和"零缺陷"是两个完全不同的概念。企业开展工作必须有严格的要求，只能以"零缺陷"作为标准进行要求。"零缺陷"代表企业所有员工的工作态度，从最高的标准对企业全面质量管理提出要求，是质量管理的革命[208]。

4. 质量是用不符合要求的代价衡量的

克劳士比认为不能简单地以“优、良、中、差”对产品质量进行评定，只要不符合要求就要付出相应的代价。如第一次没有做对而需要返工的效率损失、产品设计不符合消费者要求而付出的损失、产品售后召回的损失等，这些都是企业付出的相应的代价。

（三）克劳士比质量成本观

克劳士比认为要以“零缺陷”为目标，对企业质量成本进行管理。企业开展生产时会出现相应的缺陷状况，此时公司应该开展行动，取得这些缺陷状况的统计数据，结合具体可执行、可量化及具有挑战性的操作，降低质量成本目标值。企业应该在生产的全过程、全部门都注重质量成本控制。质量不符合要求就要付出代价，企业对质量成本识别时，除了关注显性成本外，还应该关注隐性成本，如产品返工、库存过多、产品过保质期等，这些都是企业的隐性成本。质量成本管理涉及众多的数据收集和处理工作，企业要完善质量成本管理信息系统，加强质量成本问题的持续识别和监控。

克劳士比结合他的“零缺陷”质量管理思想，设计出零缺陷质量成本模型。他认为质量成本存在三种类型，分别是总成本、内外部损失成本和预防成本，随着产品合格率的增加，预防成本会逐渐增加，内外部损失成本会逐渐减少，但只要第一次就做对，预防成本会逐渐减少，损失也会减少，质量总成本会趋近于零，因此，他提出了“质量免费”的说法[209]。克劳士比“零缺陷”质量成本管理模型如图 5-9 所示。

（四）克劳士比重视参与质量管理中的“人”

克劳士比认为，“零缺陷”质量管理思想要注重调动企业里“人”

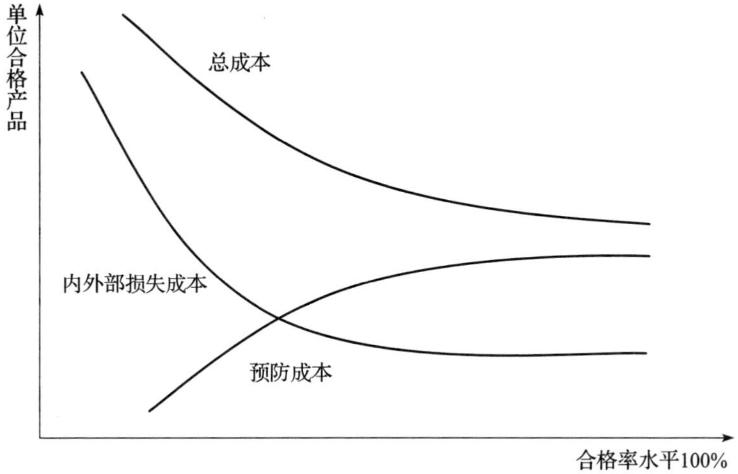

图 5-9 克劳士比“零缺陷”质量成本管理模型

资料来源：[美] 菲利浦 · 克劳士比 . 质量免费：确定质量的艺术 [M]. 杨钢，林海，译 . 北京：中国人民大学出版社，2006.

的积极能动性。他把企业领导者分为两类：一类是执行官，是指企业最高层管理者；另一类是经理，是指部门负责人或现场管理负责人，其余的是企业普通员工。最高层管理者从战略层面把控企业质量发展规划，制定企业质量发展目标，是企业质量改进能否获得成功的关键。克劳士比在他的咨询工作中发现，有些最高层管理者能够推动组织发展，促进质量管理改进，而有些却不能。这与最高层管理者自身的组织管理能力有关，他建议最高层管理者应不断学习专业领域知识[210]，要像注重财务指标一样注重质量管理。克劳士比还强调，组织的完整性是为了避免问题出现，完整性包括帮助员工、供应商和消费者成功，三者缺一不可[211]。

（五）克劳士比质量改进的十四个步骤

克劳士比还提出了质量改进的十四个步骤，作为组织推行“零缺陷”活动的依据，详细内容如下[212]：

（1）管理层对消费者关于质量的承诺。

（2）组建各种形式的质量管理团队，组织团队行动，达到质量目标。

（3）企业在各个岗位、各个生产过程都要设定清晰、明确的标准。

（4）企业要重视质量成本，从预防角度使成本最低。

（5）质量文化成为企业文化的一部分，激发员工的积极性。

（6）上至领导层下至普通员工，积极找出质量问题，并从根本解决它。

（7）以审慎的态度来设计“零缺陷”活动。

（8）企业要加强系统培训，设计合理的质量学习方案培训领导者和员工。

（9）庄重地举行“零缺陷日”（ZD 日），增强仪式感，使领导者与员工在这一天分享工作感知，加强信任。

（10）经由团队讨论，制定中长期目标，最后实现完美目标即“零缺陷”。

（11）消除造成错误的原因，允许员工表达工作中的不足和不满，并加以解决。

（12）在员工中选出质量改善标杆，给予物质或非物质奖励。

（13）设立质量委员会，使生产各个流程的工作人员能够互相切磋、改善质量。

（14）透过观察企业质量管理活动不足、参与企业具体质量管理活动、向先进企业学习质量管理经验，努力改进不足之处，获取更卓越的成就。

克劳士比“零缺陷”质量改进过程的十四个步骤总结了很多优秀企业成功有效的质量变革管理方法。它既包含了高层管理人员的卓越管理能力，也包含了中层管理人员承上启下的团队与制度建设，还包含了基层员工的具体操作方法等。它强调的是“全过程、全员第一次就做对”，是一种先由上而下，进而自下而上的方法。

（六）质量管理成熟度模型

1979年，克劳士比提出了质量管理成熟度方格理论，首次提出质量管理水平存在不同的五个阶段：不确定期、觉醒期、启蒙期、智慧期、确定期。他认为组织质量管理能力不是一蹴而就的，是循序渐进的，是从不成熟到成熟的过程。他把这些阶段在表格内显示出来，形成了质量管理成熟度方格，如表5-3所示，这样使用者就可以根据企业或部门当前处于方格中的哪个阶段，采取相应的措施进行质量改进。这个方法为企业管理者提供了质量管理思路，犹如一盏明灯，指引质量管理水平处于初级阶段的管理者[213]。

表5-3　质量管理成熟度方格

评估项目	第一阶段：不确定期	第二阶段：觉醒期	第三阶段：启蒙期	第四阶段：智慧期	第五阶段：确定期
管理层的认识和态度	不理解质量是管理工具，将“质量问题”归咎于质量部门	认识到质量管理或许有价值，但不愿意投入时间和金钱来改进	参加质量改进计划，对质量管理有较多认识，支持和协助质量管理	参加活动，完全了解质量管理基本原则，充分认识个人在持续改进中的作用	认为质量管理是公司管理系统中的基本部分
质量管理在组织管理中的地位	质量是制造部门或工程部门的事，组织内可能没有检验部门，比较注重产品的评估和分类	任命能力强的质量负责人，但他的基本任务是使生产顺畅，是生产或其他部门的一部分	质量部门向管理层负责，所有评估结果纳入正式报告，质量经理在公司管理层有一定地位	质量经理成为公司重要一员，报告有效工作情况，采取预防措施，参加与顾客有关的特别的活动	质量经理列席董事会，预防成为基本重点，质量被认为是公司的先导

续表

评估项目	第一阶段：不确定期	第二阶段：觉醒期	第三阶段：启蒙期	第四阶段：智慧期	第五阶段：确定期
问题处理	头痛医头、脚痛医脚，无法解决问题，也不清楚质量标准，部门间互相攻击	组成工作小组来解决重大问题，但却没有长远的整体处理问题的策略和方法	通畅的纠错沟通渠道，公开面对问题，并有计划地加以解决	问题在初期就能发现，所有部门都接受公开改进建议，并实施改进行动	除了一些极少的例外，问题都已被预先防止了
质量成本占营业额的比例	报告：未知数 实际：20%	报告：3% 实际：18%	报告：8% 实际：12%	报告：6.5% 实际：8%	报告：2.5% 实际：2.5%
质量改进活动	没有组织质量活动，也不了解这样的活动	“兴趣所致”时会尝试一些短暂的改进活动	完全了解并落实每个步骤，执行十四个改进步骤	继续实施十四个步骤行动，并开始“走向确定”	质量改进是日常的、持续的活动
公司质量心态总论	“我们不知道为什么我们的质量会有问题”	“总有质量问题是不是绝对的？”	“我们已能发现并解决我们的问题”	“缺陷预防是我们日常工作的一部分”	“我们知道为什么我们没有质量问题”

资料来源：[美]菲利浦·克劳士比.质量免费：确定质量的艺术[M].杨钢，林海，译.北京：中国人民大学出版社，2006.

克劳士比质量成熟度模型引起了一些学者及实务界人士的关注，并对模型进行了改进。美国质量学会制定了质量系统成熟度标准ISO 9004：2000，分成没有正式的方法、被动反应的方法、稳定正式系统的方法、强调持续改进、最好的绩效五种绩效水平，为企业实施ISO质量管理体系提供了指导，促进了企业质量管理持续改进[214]。2002年，印度Qimpro标准组织设计的国际质量成熟度模型应用较为广泛，其采取链式开放过程模式，包括领导和战略策划、质量支撑过程、核心过程、质量反馈和利益相关者无关模块，采用“模块+

要素”的方式对企业进行自我评价。上海朱兰质量研究院也设计了质量成熟度模型，对各大要素进行加权测算，对企业的质量成熟度进行评价[215]。从以上模型可以看出，克劳士比质量成熟度模型关注于质量管理不同阶段的情况，ISO 9004：2000 主要看质量管理是否符合要求。每种质量成熟度模型的评价要素不同，侧重点也有所不同，分析手段既有定性也有定量，运作情况也有所不同。在具体的应用中，选择哪种模型合适？Li 等认为要结合组织实施质量管理实践的程度和水平高低决定[216]。

三、克劳士比“零缺陷”质量管理理论评价

“零缺陷”质量管理是以消费者需求为核心的，符合要求的产品就被认为是质量合格，其以“零缺陷”结果为导向，以预防为手段，通过全过程全员的全面质量管理，形成有用且可信赖的组织。潘彦伶认为“零缺陷”质量管理不仅是一种管理方法，更是一种质量管理体系[217]。伍梅仙等利用企业“零缺陷”质量管理进行探究，认为其不仅是一种指导开展质量管理的模型，更是哲学思考与实践的结合[218]。贾志涛认为应该从系统的角度开展“零缺陷”质量管理[219]。赵华坚等应用防错技术对“零缺陷”进行预防，取得了较好的成果[220]。丛秋波等认为“零缺陷”不仅能改进产品质量，也能体现人们做事追求卓越、积极进取、不断学习和克服困难的态度，只要以追求“零缺陷”的态度积极工作，就可以实现“零缺陷”的结果[221]。

第四节　石川馨质量管理思想

一、石川馨质量管理思想的产生背景

石川馨是日本著名的质量管理专家。他毕业于日本东京大学，从事过化学专业研究，参与过建筑、管理等工作，有较深的学术造诣和理论功底，也有着丰富的实践经验。

20 世纪 40 年代，石川馨在日本东京大学从事实验研究时，遇到了实验数据混乱、无法得到结论的难题。为更好地解决数据问题，他开始学习统计知识。1949 年，他听说日本科技联盟有与统计学相关的工具书，就去借阅，没想到日本科技联盟的理事长邀请他到联盟讲授统计学知识，并从事质量管理指导工作。石川馨在从事这份工作时，感受到统计方法和质量管理非常有趣，于是深入学习了质量管理相关知识，并形成了自己的系统理论。

20 世纪 50 年代，戴明和朱兰在日本教学和访问期间，石川馨担任他们的翻译，并成为这两位著名全面质量管理大师的理论追随者。石川馨深入工厂，将全面质量管理理论与日本的生产实际相结合，在 20 世纪 60 年代提出了著名的质量管理小组组织方式。他还提出在开展质量管理时，要注重企业内部部门之间的协调性，注意内部顾客。他还把帕累托图和石川图（鱼骨图）用于优化企业质量改进工作。石川馨是实干者，他认为质量管理工作应该是有组织、有系统地组织大家一起把事情做好。他的质量管理理论贡献主要包括鱼骨图、发展全面质量管理理论及建设质量管理小组等[222]。

二、鱼骨图

（一）鱼骨图的概念

石川馨是全面质量管理理论的追随者，他非常注重利用统计学知识协助企业开展科学质量管理工作。他认为在质量管理工作中，超过 90% 的工作采用初级统计学知识就可以解决，不需要掌握特别高深的统计学知识。

为了把复杂的质量问题简单化，石川馨提出了一种分析问题、解决问题的框架思路图，为了纪念他，将这个图叫作石川图。由于这个图和鱼骨头相似，也被称为鱼骨图或因果图。石川馨设计这个图的初衷是解决生产过程中技术因素对生产过程的影响。之后，石川图在全面质量管理过程中的各个环节都被广泛使用和推广[223]。鱼骨图模型如图 5-10 所示。

鱼骨图的整体形状和鱼骨头的外形极其相似，鱼头代表结果，鱼身上的大骨头代表引发结果的几类主要原因，大骨头分出来的鱼刺代表二级原因。绘制鱼骨图时，要采用“头脑风暴”的方式讨论，每个参与者都要大胆提出导致结果的可能原因，不断地对原因进行抽丝剥茧，把所有可能导致结果的原因全部提出来后，在鱼骨图上绘制导致结果的因果关系。石川馨强调在绘制鱼骨图时，要先画鱼头，即知道此次解决问题的目的，然后画大鱼骨头，对可能导致结果的原因进行分类，再在每个大骨头下面画小刺，即在每个主要原因下找出二级原因，之后再把团队分析出的结果按照顺序在鱼骨图

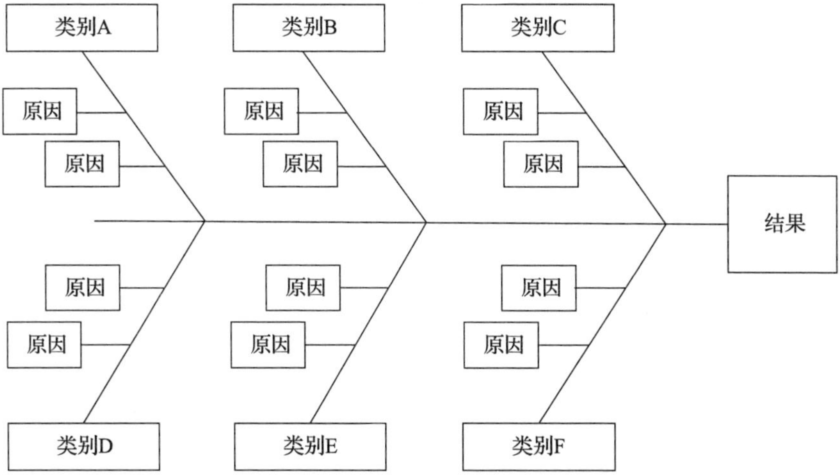

图 5-10 鱼骨图模型

资料来源：K Ishikawa. Introduction to quality control（3rd Ed.）[M]. Tokyo：JUST Press Ltd.，1990.

上归纳总结。从相关的文献来看，鱼骨图上的分类方法有许多种，如员工素质、领导层管理能力、原材料品质、机器设备维修、产品设计、质量抽样方法等，只要是有利于解决问题的原因，都可以在鱼骨图上进行分类。

（二）鱼骨图的分类

鱼骨图随着应用的拓展，存在以下三种类型。

1. 整理问题型鱼骨图

整理问题型鱼骨图的目的是找出解决目标所有可能的问题。在这种类型的鱼骨图中，鱼头代表需要解决的目标，鱼尾代表现状，鱼的脊椎代表完成目标的问题或所有步骤。通过“头脑风暴”的方式，大家想到一个问题，就在鱼的脊椎上画出一根刺，有多少根刺就代表有多少种问题，然后在此基础上，进一步细化大刺中的小刺。整理问题型鱼骨图是一种透过问题看本质的方法，通过不断思考、不断讨论、不断调整鱼骨图的内容，理顺思路，对问题寻根摸底，从而系统地解决问题。整理问题型鱼骨图不适用于直接的数据展示，也不适用于数据量较少的问题分析。

2. 原因型鱼骨图

基于问题型鱼骨图整理出的问题，利用原因型鱼骨图对产生问题的原因进行分析。多提几个为什么，一个问题可能由多种原因产生，这些原因构成一个原因集，把这些原因显示在鱼的脊椎上，大的原因用大刺表示，大刺下又有小的原因用小刺表示，直到把所有的原因都完全列出。原因型鱼骨图可以针对整个项目遇到的问题进行全面系统的原因分析，针对每个问题集追踪分析本质原因。

3. 对策型鱼骨图

基于原因型鱼骨图整理出相关的原因，利用对策型鱼骨图对产生的原因提出相应的对策。一个原因可能存在多种对策，这些对策构成对策集。把这些对策显示在脊椎上，主要的对策用大刺表示，大刺下又有小刺，表示对大的对策的补充，直到把所有的对策都完全列出为止。对策型鱼骨图通常鱼头向左，相关的文件书写通常以“如何提高或改善什么问题”为开头。对策型鱼骨图在提出相应对策时，还需要考虑相关成本，可以采用投资回收期法进行成本分析。如果投资回收期的时间小于产品的使用期，则该项目值得投入。也可以结合收益情况分析，如果收益比投入高，这个对策也值得开展。

鱼骨图属于定性分析工具，通过展示问题、剖析原因、提出对策，反映“主干刺”和“次干小刺”之间的对应关系，但是不能显示各个刺之间的权重关系，因此缺乏定量分析。在具体的分析过程中，需要对每一根大刺和小刺进行排查，工作量巨大，不能快速把影响产品质量的原因寻找出来，因此，许多学者不断改进鱼骨图，如将鱼骨图与层次分析法、模糊决策等方法结合[224]。进入21世纪后，随着计算机建模的发展，一些可视化的软件将鱼骨图显示在程序上，如用Excel画鱼骨图，还有一些专门的画鱼骨图的软件。未来，随着计算机模型的发展，更多的技术和鱼骨图融合，实现项目评估的动态性和连续性分析。

三、石川馨全面质量管理思想

石川馨是日本“全面质量管理运动”的发起者之一。他认为开展全面质量管理需要所有员工的共同努力，仅靠企业内某个标杆员工是不能为终端顾客保证质量的。石川馨认为全面质量管理不能简单地以一些冰冷的分析工具和统计数据进行量化，更应该重视人的因素。企业高层管理者和基础管理者都要重视质量管理，要尊重员工，要重视对员工进行质量教育和质量培训，使全体员工有较强的质量管理意识，通过不断地改进质量，减少浪费，使质量管理工作满足消费者需求。

石川馨重视质量管理过程，认为全面质量管理是全过程的质量管理，实现特定目标与实现这一特定目标的方法是同等重要的。高层管理者要设计和执行有效的质量管理绩效评定，使每个组织在每个工作过程都能重视质量。

石川馨提出的全面质量管理不仅是指产品的质量管理，还包括许多方面，如小组的质量管理、部门的质量管理、整个体系的质量管理等，所谓全面就是指全公司各个方面的质量管理都要包含在内。由此，石川馨在指导企业开展全面质量管理时，要求所有的员工无论职务高低都要参与到质量管理工作中，在整个企业的所有流程中都要进行质量管理，在兼顾质量管理的同时要降低成本、注重售后服务质量。

石川馨强调“全面质量管理包括做任何应当做的事。”他认为任何组织及组织内的每一个成员，都应该重视控制质量，只有这样才能让企业的产品和服务具有竞争力，除此以外没有其他办法。石川馨还指出，开展全面质量管理无法立马见效，需要一段时间的磨合，通过渐进性的质量改进，企业才会更具竞争力[225]。

四、质量管理小组的形成及发展

（一）质量管理小组组织形式的形成发展情况

以石川馨为主创建的质量管理小组组织形式风靡全球，是被广泛效仿的质量管理组织形式。质量管理小组被称为“小集团改善活动”，这是一个自愿性的团队，小组成员基于某一个具体的质量问题聚集在一起，共同评估当前产品的质量问题是否需要改进、该如何改进，提出解决方案。在质量管理小组中，质量管理小组的组长可以是企业的领导者或促进者，也可以是小组推选出来的普通员工。小组组长的职责主要是联络相关部门，向相关部门传递质量管理小组识别或分析审查出的相关信息，从而确定质量管理小组的工作是否有效，在当前流程中是否存在优势与劣势，通过加强小组讨论，不断地集思广益，从而实现质量改进，消除或减少产品存在的不足与浪费。质量管理小组开展的管理工作涉及管理的任何流程，包括原材料选择、产品设计、产品的包装与储存等都可以形成质量管理小组。质量管理小组的目标是识别并改进某些具体的质量问题。质量管理小组成员开展质量问题分析时，可以采取多种质量分析工具，开展“头脑风暴”式讨论，结合他们的专业知识，制定解决问题的方案。质量管理小组成员参与到企业质量管理活动中，并提出有建设性的质量管理方案，会增强质量管理小组成员的职业归属感，并感受到自身为企业做出贡献的价值感。

日本从1962年建立第一个质量管理小组后，质量管理小组如雨后春笋般涌现。质量管理小组集思广益，强调管理者的应变能力和员工的执行能力，促进企业质量管理达到更高水平。在推行全面质量管理阶段，石川馨及他的同事们非常重视对质量管理小组的推广，鼓励管理层及员工积极组建质量管理小组，通过符合实际的组织设计，加强质量管理小组联络员与管理层的联系，管理层能更好地了解每个质量管理小组的活动动态，质量管理小组也能及时接受管理层的监督意见，通过这样的良性循环，实现高效领导[226]。

推广质量管理小组组织形式时，石川馨还提出了著名的“90/10原则”。他认为虽然质量管理小组能够解决许多实际的质量问题，但不能过分夸大质量管理小组的作用，质量管理小组只能解决10%的质量问题，这些问题都是在基层发生的，而其余90%的质量管理问题是工人无法解决的，这涉及领导的决策能力、企业技术的先进水平及相应的生产环境等方面。真正解决这些实质性的质量问题，还是需要由领导解决，发挥领导的决策作用。

石川馨建议质量管理小组解决的质量问题应该具备“小、实、活、新”等特点，虽然质量管理小组只解决10%的质量问题，但质量管理小组在解决具体问题时担负的责任却是100%。质量管理小组的兴起，在传承技术和培训员工方面的作用非常突出。质量管理小组的兴起带动日本进入全面质量管理新阶段。1976年，日本组织召开第一次质量管理小组国际会议，邀请全球60多个国家参会。许多参会代表学习日本质量管理小组的先进经验，并把质量管理小组的组织形式引回国内，质量管理小组活动进入全面发展阶段。当前，在许多国家、许多企业依然活跃着各种形式的质量管理小组[227]。

实际上，中国在20世纪50年代也有类似于质量管理小组的组织形式，出现了马恒昌小组、郝建功小组、赵梦桃小组等质量管理小组，这些小组致力于解决生产过程中的质量问题，是我国开展质量管理实践的雏形。20世纪60年代，大庆油田坚持“三四四”“质量回访”制度，确保工程质量优良。20世纪70年代，北京内燃机总厂派员工赴日本交流质量管理经验，回国后结合实际组建了我国首个质量管理团队。从那时起，随着理论的发展和经验的逐步成熟，质量管理小组的运用逐渐扩展到电子、纺织、商业、交通、基础设施等领域，运用之后均取得了良好的效果[228]。

（二）质量管理小组的组建程序

质量管理小组的组建本着小组成员自觉自愿、主动参与的原则，目的是解决企业存在的各种具体的质量问题。因此，质量管理小组成员自觉参与是特点，组织成员包括工人、技术人员及管理层人员等。由于每个企业的实际情况不同，要解决的具体质量问题也有所不同，因此质量管理小组的组建程序也有所不同，主要存在以下三种情况[229]。

1. 自下而上的组建程序

根据选择的质量管理主题，项目管理人员中的一人或几人商议是否成立质量管理小组，并决定质量管理小组的活动主题，同时商议确定一个团队负责人。在基本达成一致后，推荐的质量管理小组负责人向公司或项目领导进行申请。项目领导审核并确认其符合建立质量管理小组的资格后，可以发出项目的登记表。团队负责人根据需要填写注册表，并将注册号提交给主管部门。这类设置过程通常应用于现场或服务类型质量管理小组，这样质量管理小组所选的质量攻关方向通常是他们努力之后可以达成的目标。由此产生的质量管理团队主动性强、积极性好。同时项目领导应提供支持和指导，应该为质量管理小组的成员提供培训机会，这样质量管理小组就能健康良性发展。

2. 自上而下的组建程序

自上而下的组建程序在我国是使用最广的一种方式。首先，质量管理小组的领导者根据现场的实际情况提出质量管理小组的活动方向。其次，与企业领导层协商，意见一致后，企业领导者和质量管理小组活动的主管部门共同商议成立何种类型的质量管理小组并确定质量管理小组的团队负责人。再次，与质量管理小组的领导者一起，选择质量管理小组要攻克的质量问题并为小组挑选组员。最后，质量管理活动主管部门将登记表发送给质量管理团队的负责人。组长按要求填写表格后交给项目主管部门批准，编制登记号，完成团队编制工作。

3. 上下组合的组建程序

上下组合的组建程序是在上面两种形式的基础上出现的。一般由上层确定课题范围，并由质量管理小组成员确认。与上面两种方式的不同之处在于质量管理小组负责人与小组成员围绕选题，共同确定质量管理小组的课题方向，其他方面均一致。这样形成的质量管理小组避免了以上两种方式的缺点，所以这种组建方式是比较推荐的。

（三）质量管理小组活动的类型

结合质量管理小组活动内容划分，可以分为以下五种类型。

1. 现场型质量管理小组

现场型质量管理小组指的是一线的工人在工作现场遇到质量问

题，大家围绕具体质量问题形成现场型质量管理小组。这类小组研究的课题内容主要是如何改进生产质量、降低生产成本及改善生产环境等方面，课题主题有具体的指向性，能够在短期内完成。这类质量管理小组是比较常见的组织形式，能够较快解决质量问题，带来一定的经济效益。

2. 服务型质量管理小组

这类质量管理小组的研究主题是服务质量，包括如何为一线的生产员工提供更好的服务及售后服务等。通过研究对内服务质量和对外服务质量，给企业高层管理者提供更多的决策依据。这类服务型质量研究经常在服务现场开展活动，课题研究内容少，小组成员更容易聚焦主题，较快地获得研究成果，带来一定的社会效益。

3. 攻关型质量管理小组

这类质量管理小组是针对某一个具体的技术难题形成的攻关小组，主要由企业的核心技术人员和关键领导层组成，这类技术质量问题难度较大，研究周期长，需要企业持续投入较多的资源，短期内不能获得受益，一旦技术攻关成功，能够取得较显著的经济效益。

4. 管理型质量管理小组

这类质量管理小组研究的主题是如何采取有效的管理手段解决具体业务中遇到的工作管理难题，一般由企业管理人员组成。由于企业管理的问题难易不同，采取的方法也不同，管理型质量管理小组的课题大小不一，难易也有所区别。

5. 创新型质量管理小组

创新型质量管理小组是为了增强竞争力，采用创新思维、创新方法解决生产或服务中存在的质量问题，一般由企业高层管理者、科研人员、技术人员、营销及售后人员，通过反馈消费者满意度，不断优化生产和服务实践，形成创新性理论，指导企业开展创新性的生产和服务，以求能更好地达到预期目标[230]。这类质量管理小组开展工作进程可能较为缓慢，一旦突破，就能获得较好的经济效果。

五、石川馨质量管理思想评价

石川馨是全面质量管理思想的拥护者和追随者，他不仅系统学习了全面质量管理基本理论，而且发展了全面质量管理思想。石川馨最可贵的是有创新精神，他给朱兰、戴明当翻译时，就开始学习全面质量管理知识。他不是人云亦云，而是根据日本的实际情况，以及日本民族喜欢群体做事的文化特点，发展并推动质量管理小组的组织形式。他提出在企业管理中，质量管理是最重要的，质量始终排在第一位，质量管理的目的是更好地为消费者服务，获取更高的消费者满意度，质量改进的下一道工序依然是面向顾客。要把统计学的知识融入质量管理中，要以数据和事实为依据，不能自以为是。他有刨根问底的精神，自创鱼骨图，帮助企业更好地将质量问题、原因及对策剖析清楚。他还提出企业要尊重普通员工，让员工参与到企业经营管理中，通过成立多种形式的质量管理小组，提升企业全部门、全员的综合质量管理能力。

第五节　田口玄一质量工程理论

田口玄一的质量管理理论是日本开展“质量救国战略”后，他结合自己的实际工作经验形成并发展起来的。田口玄一的质量观是大质量观，对质量的定义是从避免对社会造成损失的角度展开的。田口玄一认为产品是设计出来的，因此他非常重视实验设计，提出了一系列简单、易学、易操作的质量工程学方法。

一、田口玄一质量工程理论的发展历程

田口玄一在开展质量管理时，意识到与其事后花较多的精力和时间进行质量检验，不如一开始就把设计做好，他的理论学说归结为质量工程学，他认为质量工程学是研究偏差理想功能的波动理论。

20 世纪 50 年代，他在结合自己的工作经验首次提出了正交试验法和“信噪比设计”，由于这种方法比较简单，迅速在日本得到推广，丰田汽车公司、东京复印机厂等借鉴了他的方法，产品质量得以快速提高。

20 世纪 70 年代，田口玄一提出了三次设计的基本思想和方法。这种方法也在日本许多企业得到推广，以至于有一种说法，如果日本质量工程师不懂三次设计，就不能算作合格的质量工程师。由于日本在质量设计方面不断下功夫，通过三次设计方法加强参数设计和容差设计，生产出质量优异、价格低廉的产品，获取较强的竞争力[231]。正交试验法刚传入美国时，许多美国质量工程师不以为然，但随着日本越来越多的高品质产品涌入美国市场，美国人才开始正视自己对待质量的态度。此后，越来越多的美国企业加强了质量设计环节，并将正交试验法、三次设计方法融入企业质量管理中。美国著名的通用汽车公司、福特汽车公司等都采纳了田口玄一的方法，加强质量设计控制，产品性能得到了巨大进步。美国一些企业还建议把田口玄一的方法纳入《质量体系要求 QS 9000》中，对质量设计提出严格要求。

20 世纪 80 年代末，田口玄一发表的稳健性设计论文，引起了日本和欧美等国家的关注，并取得了较多的成功案例。稳健性设计注重源流质量，强调试验源流开发阶段可控的因素越多，下游可能产生的噪声就会越少，如果源流不可控因素越多，则下游质量出现问题的概率则越大[232]。

20 世纪 90 年代，田口玄一将马氏距离和田口方法结合，提出马氏田口方法（Mahalanobis-Taguchi System）。2000 年，田口玄一和他的合作者系统阐述了马氏田口方法的基本内容[233]，并利用马氏田口方法对设计模式进行诊断和识别，提出了具体的诊断和识别的程序[234]。2002 年田口玄一继续深化对马氏田口方法的研究，并将马氏田口方法与传统多元统计方法放在一起研究，结果显示马氏田口方法更具优势，马氏田口方法采用的是数据分析，可以实现快速诊断和预测[235]。2006 年，田口玄一还在美国用马氏田口方法申请专利，并获得成功[236]。马氏田口方法的提出，吸引了许多质量界和统计界学者的关注，指出马氏田口方法理论的不足，并提出新的改进方法。马氏田口方法从提出至今时间不长，但应用的范围很广，结合一些先进的计算技术进行分析，马氏田口方法广泛应用于复杂系统和工业产品的故障检测，包括航天工程的应用，将其应用于具有高精度形状控制和振动控制等先进功能的自适应空间结构的故障诊断[237]。

随着田口方法推广和应用，一些方法和田口方法有所交叉，扩大田口理论方法应用的深度和广度。如何桢、李昭阳等把双曲面响应法和田口方法结合研究能够有效提高产品的设计和工艺参数[238]。杨凯欣等提出田口灰色关联法对激光熔覆技术进行技术优化[239]；Pardeshi PM 等结合田口方法与神经网络[240]，求得设计实验的最佳条件。机器学习、数据挖掘技术等也和田口方法结合，不断完善田口方法的适用范围，优化相关条件[241]。

20 世纪 50 年代，我国学习和开展正交试验法，编制出了一套“正交表”。1978 年，方开泰学习田口方法，研制出了均匀设计方法[242]，此后，王元与方开泰对这个方法进行改进[243]，在多个行业应用并获得了广泛的好评。20 世纪 80 年代，我国邀请田口玄一到国内讲学，并对田口方法进行现场指导，培育了一批应用田口方法的人才。此后，随着改革开放的深化，许多企业改制，田口方法在许多企业得到广泛应用。截至 2021 年 12 月，在中国知网，以“田口理论”为主题的中文论文达 1300 多篇，研究内容分布在各行各业，一些新方法、新应用也层出不穷。

二、田口质量管理理论的主要内容

（一）田口的质量观

与以往的质量管理专家不同，田口玄一对质量的定义不仅仅局限于产品质量优劣和消费者满意度，他对质量的定义是“产品从装运之日起，直到使用寿命完结，给社会带来的损失程度。”他认为只要产品质量和目标值不一致，产品即使合格，给社会带来损失也会被认为质量不合要求。田口设计质量损失函数：

$$L(y)=k(y-m)^2,\ 0<k<1$$

其中，k 是系数，y 是产品的特性，m 是产品的目标值。根据公式，要使产品质量损失最小，L(y)=0，此时产品特性就是产品设计的目标值，此时 y=m，整个社会损失最小，社会处于最佳的状态[244]。

社会损失包括内部和外部两个层面。内部损失主要是产品与生产目标存在差异，差异越大，产品的残次品率就越高，企业只好重新生产产品，运营成本增加，花费的检验成本也增加。外部损失是指产品未达到预期的目标值，产品使用性能不稳定，产品使用寿命缩短，产品需要经常维修，消费者对产品不满意，使产品的信誉受损形成无形损失，消费者不愿意购买产品，企业无法获得收益形成有形损失。

田口玄一的质量概念虽然是以社会损失为前提进行定义的，但他仍然把消费者的利益放在第一位，他深化了质量的内涵，把质量问题的责任由企业自己的责任升华为社会的责任。另外，他还把质量与成本挂钩，体现了质量的经济效益，强调了质量的经济效果，他认为企业只有提供优质的产品质量和服务质量才能获取稳定的客源，有较高的市场美誉度和信誉度，从而使产品有较高的占有率。田口玄一还从以下四个方面提出他的质量观点。

1. 要从设计等源流阶段注重质量管理

田口玄一认为在设计等源流阶段就要不断地对质量进行改进，如果在设计阶段发现更多的质量问题，则下游的质量问题就会变少。传统的质量检验活动并不能使产品的质量得到改善，质量检验把残次品检查出来，只能证明企业已经形成浪费的事实，社会的损失变大。因此，在设计阶段要集思广益，把可能存在的质量问题提出来，确保产品生产时与目标值偏差最小，社会总损失减少，产品质量及产品价值得以体现。

2. 提高质量水平，缩小目标值偏差

产品最终目标值的影响因素可能与生产环境有关、与相关的噪声有关。因此在产品设计阶段要确定好目标值的关键参数，围绕目标值展开设计，排除不可控因素的影响，把可能影响最终目标值的影响因素都列出来，根据这些影响因素想好对策，确保最终的产品特性与目标值偏差最小，从而使社会损失最小，质量得到极大提高。

3. 质量不能仅以产品的外观评价

田口玄一认为只改变产品的外观并不能使产品质量得到实质性的改进，改变产品外观只能引起产品价格和市场范围发生变化。尽管产品的外观或者某些特性与产品质量有关，但这些都不是影响产品质量的根本原因。产品的特性由什么决定是非常专业的问题[245]。下游的质量特性需要到消费者终端掌握消费者关注的质量特性；中游的质量特性是工程师结合生产的实际规格，从产品尺寸、原材料耐疲劳度等方面研究产品是否需要改进；上游的质量特性主要关注产品质量的稳健性；源流质量特性是企业最应该关注的质量特性，这个阶段的质量特性是确定产品基本功能，确定好源流质量特性可以最大限度发挥整个质量周期的工作效率。当终端的需求发生改变时，产品的质量特性也会跟着改变，在理想的情况下，源流质量特性是平稳随机过程[246]。

4. 质量损失可以用质量成本测算

田口玄一认为质量损失可以利用成本进行评价。实际上，在产品设计阶段就要考虑整个产品生命周期各阶段的质量成本，包括产品生产成本、返工成本、检验成本、销售成本、担保服务成本和售后服务成本等方面。因此，设计人员在产品设计阶段需要对某些参数进行控制，指导相关环节工作人员开展成本最小化工作，从而控制成本，使社会损失减少到最小。

（二）田口质量三次设计策略

田口玄一认为事后检验和过程检验只起到治疗的作用，不良质量已经形成，因此他反复强调质量在设计阶段就应该预防，在问题的源流阶段就处理掉那些影响质量的干扰因素，质量是设计出来的，在源流上加强设计治理，才是最经济有效的质量控制方法。设计质量是第一步，也是非常关键的一步，设计质量如果没有做好，产品的最终质量也会受到影响。只有在设计阶段把那些可能在生产过程中产生的波动消除掉，控制劣化的波动，才能控制好产品的总体质量，降低噪声，改善产品的设计质量。表 5-4 显示田口玄一设计思想与传统设计思想的区别。

表 5-4 田口玄一设计思想与传统设计思想的区别

比较	田口玄一设计思想	传统设计思想
设计目标及评价标准	以消费者需求为导向，质量稳定，可靠性高	结合企业自身产能与领导意见，满足质量检验要求，质量有较大波动
系统设计方式	从系统的角度结合专门性能综合设计	缺乏系统设计思想，一般着眼于某项产品性能实现
工作量投入及更改次数	设计研发初期投入时间与精力较多，结合消费者需求，前期反复更改设计方案，设计后期投入工作量减少，更改次数减少	设计研发初期投入时间与精力较少，设计研发后期结合设计结果反复更改，总的工作量投入更大
工作态度	主动结合终端需求，不断寻找故障、预防故障发生	设计结果成品出来后，结合存在的问题，被动解决故障
经济社会效益	产品成本低、符合消费者需求，能够适销对路	产品生产后需要再寻找消费者，可能没有找到合适的消费者导致滞销，不一定能够满足用户需求，形成社会损失

田口玄一认为设计质量由以下三个步骤组成。

1. 系统设计

设计人员向质量管理不同环节的工作人员了解并掌握产品使用性能、结构特性、使用寿命、可靠性、原材料采用等方面的内容，从整体系统设计产品的质量功能。田口玄一非常注重利用数据描述目的，因此他提出设计人员基于一个基本的模型系统，结合前期的调研数据，确定目标值和容差，使产品达到所要求的功能。产品前期调研的数据包括计算型和试验型两类。计算型调研数据的特点是产品质量特性系数与各元部件参数关系已知，只需要利用相关理论公式计算出结果即可。试验型调研数据则比较麻烦，由于产品质量特性系数与各元部件参数关系不清楚，通过反复试验测算出相关的数据，这类数据的获取较为麻烦，也是创新的过程，需要花费的成本较高，一旦突破，可以获得较高的收益。系统设计是三次设计策略中重要的基础环节[247]。

2. 参数设计

系统设计阶段提出产品质量目标值及相关参数，参数设计阶段则是基于系统设计阶段提出的所有参数，计算出各类参数的最优组合，从而使各种干扰最小，产品质量特性在较小范围波动，产品质量稳定性好。参数设计把各类参数调整到合理的取值范围，其实施过程主要借鉴正交试验设计。第一步先确定各类影响产品质量特性的影响因素，对各类影响因素进行分类，结合正交试验表进行试验计算结果。第二步研究如何使质量波动减小，提高稳健性，主要利用信噪比和灵敏度两个指标。信噪比 = 信号功率 / 噪声功率，一般信噪比越大越好。选定使信噪比最大的影响因素，这些影响因素也叫作稳定因素，将这些因素引入产品设计，能够使产品质量波动较小，产品质量更加稳定。为进一步对产品质量进行优化，选取不影响信噪比但影响灵敏度的因素，把这些影响因素的灵敏度调整到期望水平后，再取均值，这样就可以使质量特性的中心值偏离缩小。通过优化信噪比和灵敏度两个指标，使参数设计方案达到最佳水平。

3. 容差设计

一般参数设计完成后，进一步确定各个参数的容许范围，这种设计就是容差设计。容差就是各个参数允许的最大偏差。一般希望容差越大越好，越小的话，产品的可制造性就偏差，相应的制造成本也会提高。田口玄一认为如果经过参数设计后，产品的各个质量特性均能满足，不一定需要继续实施容差设计。容差设计实质是参数设计的补充。因此，有些企业在参数设计时就考虑使用较好的原材料及稳定性的零部件，形成质量较好的一级品或二级品，替代掉性能差的三级品，虽然质量成本会有所提高，但其在参数设计阶段允许偏差的范围大，产品耐疲劳度、可靠性等性能都会相应提高。容差设计也是在参数设计的基础上得到的最优试验方案，通过非线性效应、正交试验设计及质量损失函数得到最佳容差水平[248]。

三、田口质量工程理论评价

田口玄一从“损失”的角度对质量进行定义，认为产品质量靠事先预防，而不是过程管理或者事后检验，他的质量管理思想在当时是一大进步。但是田口玄一提出的田口方法在实际应用时，存在较难实施或者实施效果不明显等问题。一些质量专家对田口方法提出批评，存在三类代表性观点：一是产品在设计阶段要考虑各种可能的影响因素，需要做大量的实验，这可能会增加企业质量成本，也可能对企业资源造成浪费。二是针对田口设计实验可控因素的主效应和二阶效应水平，Box G E 等认为田口没有把主效应和二阶效应区分开来，导致试验结果得到错误结论[249]。三是田口玄一用 SN 信噪比作为稳健性指标缺乏依据。虽然田口玄一的本意是想把均值效应和方差效应分开，但信噪比本身的公式含义无法实现这样的功能。另外，田口玄一的动态信噪比被证明适用于某些测量系统，但不适用于多目标系统①。

针对以上问题，田口玄一并没有故步自封，他虚心接受批评，不断改进自己的理论和方法，他提出综合误差因素法，尽量减少实验次数。他提出马氏田口方法对设计模式进行诊断与识别[250]。田口玄一在80岁高龄时依然针对快速发展的电子信息、半导体产业推荐利用他改进的田口方法[251]。田口方法自提出以来，吸引了许多学者的关注和发展，使质量工程这门学科的内容更加丰富。

第六节　质量功能展开理论

一、质量功能展开的概念

20世纪50年代，日本开展“质量救国战略”，许多企业学习先进的质量管理技术，并把这些技术应用到产品质量管理中。但随着日本质量管理活动不断深化，越来越多的质量管理者意识到，仅靠生产环节控制产品质量是不够的，必须考虑消费者的满意度。产品质量应该始于消费者需求，终于满足消费者需求。因此，前期识别消费者需求并进行系统性设计就显得很有必要，把消费者的需求、偏好和期望落实到产品开发过程中，围绕消费者需求不断改进产品质量。以消费者需求为驱动力，实现产品质量良性改进。

① Miller A，Wu C F J. Yarameter design for signal-response system：A different look at Taguchi's dynamic parameter design［J］. Statistical Science，1996：122-136.

1966年，赤尾洋二结合他多年的工作经验，首次提出质量功能展开的概念。赤尾洋二是从综合的维度进行定义的，他认为应该从系统的角度研究消费者需求，将消费者需求与产品的质量特性关系一一展开，围绕这些质量特性开展产品质量设计，进一步展开为每个零件和过程的质量要求，最后结合各个关系网络实现总体质量的要求[252]。

水野滋从狭义的维度对质量功能展开进行定义，他认为应该从形成产品质量功能和业务的生产计划阶段、设计阶段、准备阶段、生产阶段及服务阶段等各个阶段展开行动，采用各种有效的方法和手段，使产品质量最终能够符合消费者需求[253]。

Sullivan认为，质量功能展开是一个总体的概念，在产品生产和开发的每个阶段，企业质量管理者都要把消费者需求体现在相应的技术要求上，这是保证实现消费者需求的一切活动总称[254]。

美国供应商协会对质量功能展开的定义比较精炼[255]，但包含的含义较广："把消费者需求转化为企业各个阶段的恰当要求的一种方法。"

Cohen认为，质量功能展开是一种结构化的产品规划与开发方法，通过准确地确定消费者需求，开发满足消费者需求的产品和服务，并进行系统评价[256]。

由以上定义可知，质量功能展开的目的是最大限度地满足消费者需求，因此质量功能展开是围绕识别、诊断和确定消费者需求，从"计划—设计—生产—销售—售后"等各个环节都要重视消费者需求，采取一系列行动，质量功能展开的驱动力是消费者需求。

二、质量屋

质量屋是在从日本流入美国的质量表的基础上改进的，质量表的外形跟屋子很相似，美国的质量管理学家 Hauser 和 Clausing 受此启发，提出质量屋的概念。质量屋如图 5-11 所示。质量屋是较直观的矩阵框架，将产品开发中涉及的工具在质量屋上体现。左墙代表消费者需求，各项需求重要性给予一定的评分。这代表质量屋的输入环节，消费者需求主要通过市场调查的方式获取。屋顶代表产品设计的设计属性，代表满足消费者需求要保证和实施的技术特征。地下室代表产品质量成本与相关的工程措施。右墙代表消费者与产品设计属性的映射关系，代表消费者需求和技术的输出，即消费者感知。截至 2021 年 12 月，中国知网已经有 1000 多篇文章是关于质量屋研究的，研究领域覆盖了许多行业。

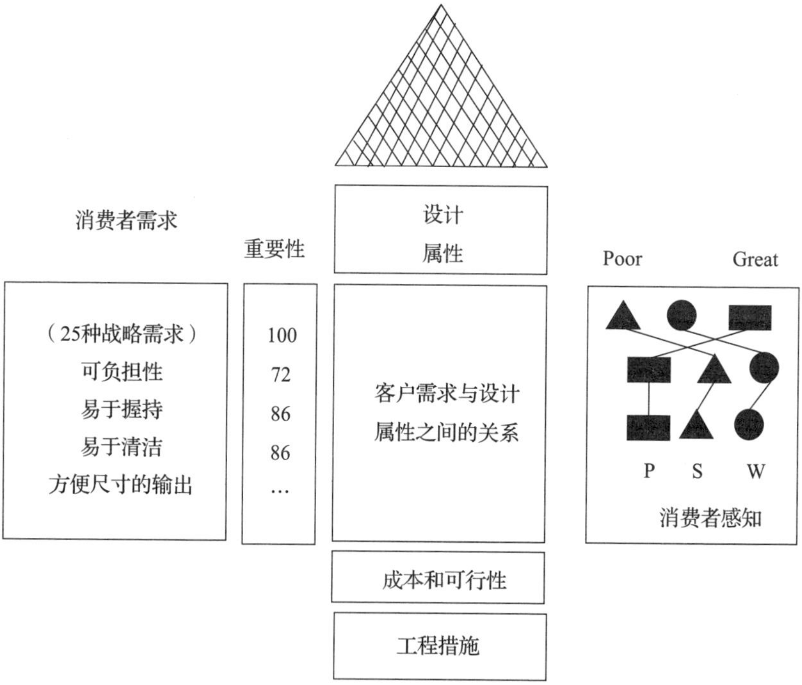

图 5-11 质量屋

资料来源：Hauser J R，Clausing D. The house of quality［J］. Harvard Business Review，1988，66（3）：63-72.

三、质量功能展开的经典模式

质量功能展开自20世纪60年代被提出以来，经过理论和实践的共同发展，获得了显著的效果，目前已经形成三种有代表性的模式。

（一）综合质量功能展开模式

综合质量功能展开模式主要是基于赤尾洋二和水野滋对质量功能展开的概念定义拓展的[257]。一般认为这种模式由两部分组成，分别是质量需求展开和质量功能展开，基于质量需求研究产品质量特性，并把这些质量特性研究涉及的计划过程、生产制造过程、销售过程及售后过程等贯穿到产品的每一个功能单元中，使企业每一步的质量功能行动能够与消费者需求一致。由于消费者需求众多，企业的功能也要不断地调整以适应消费者需求，由此消费者需求与质量功能形成关系网络。为更好地对质量功能展开管理，赤尾洋二等质量专家设计有27个阶段、64个工作步骤，形成一系列的流程、图表及操作规程等，其中起到重要作用的是质量表。质量表由质量特性和质量需求组成，将消费者需求和质量技术组合起来，消费者需要什么样的需求，则采用相应的技术满足消费者需求。质量表如图5-12所示。

（二）ASI四阶段模式

美国供应商协会（ASI）学习日本质量功能展开后，认为这种方法有助于帮助美国企业提升产品质量，满足消费者需求。但日本传过来的质量功能展开分析方法过于复杂，不利于在美国推广。Sullivan

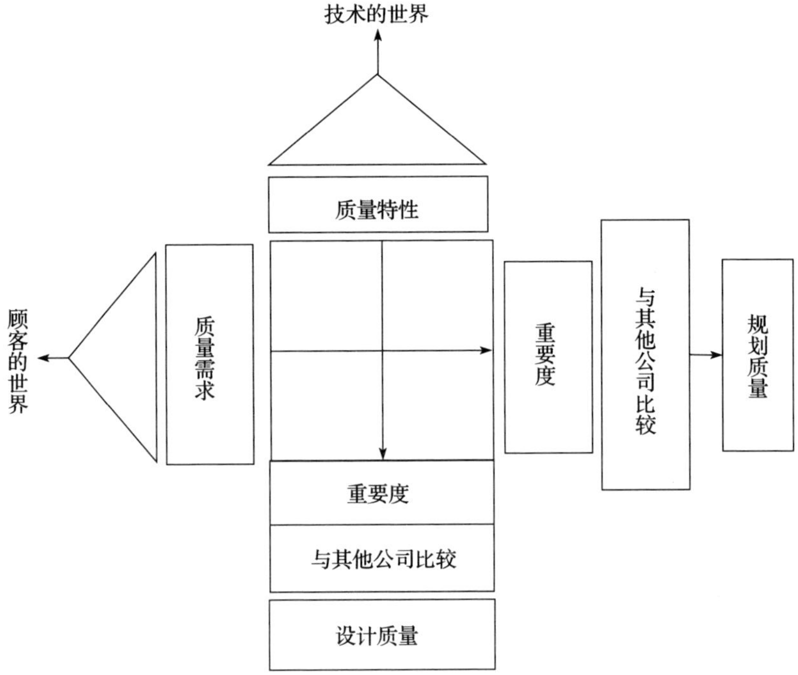

图 5-12 质量表

提出可以缩减步骤，把烦琐的步骤分为几个重要步骤展开分析。Hauser 和 Clausing 进一步完善 Sullivan 的方法[258]，把产品以阶段划分为产品规划阶段、零件配置阶段、工艺规划阶段和生产规划阶段，将每个阶段的消费者需求和质量特性相结合，同时，他们增加了很重要的一个思想，就是下一道工序是上一道工序的“顾客”，上一道工序质量屋的“天花板”的主要项目转换为下一道工序质量屋的左墙，构成瀑布式分解过程，使消费者的需求被层层展开。这种分析模式非常有助于质量管理人员理解相关质量特性是如何影响质量管理决策的。这个方法相对综合质量功能展开更加简单，在美国迅速推广开来，但不适合分析烦琐的系统和产品[259]。ASI 模式质量功能展开如图 5-13 所示。

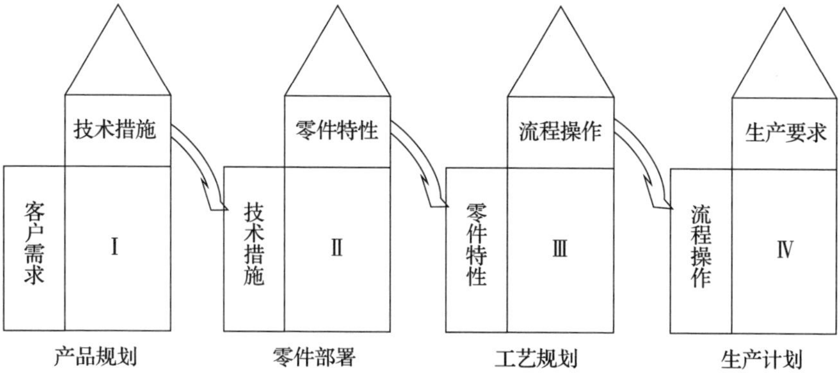

图 5-13　ASI 模式质量功能展开

资料来源：Chan L K，Wu M L. Quality function deployment：A comprehensive review of its concepts and methods［J］. Quality engineering，2002，15（1）：23-35.

（三）GOAL/QPC 模式

GOAL/QPC 模式由劳伦斯成长机会联盟 / 质量与生产力中心的 King Bob 提出，由 30 个矩阵组成。King Bob 认为，质量功能展开应该把从产品设计到销售等全产品生命周期的所有部门、所有环节都考虑进去。King Bob 方法的优点是适合复杂产品设计，比 ASI 更具灵活性，但由于考虑了过多的步骤，整个模式非常庞杂，另外由于活动过多、矩阵过多，又缺乏逻辑性，没有经过专业训练的质量管理者难以执行。

四、质量功能展开研究进展和评价

以上三种模式是质量功能展开应用较广的经典模式，综合质量功能展开是赤尾洋二提出的，也有人把它叫作赤尾模式，这是质量功能展开应用得最早的模式，另外两个模式是在综合质量功能展开的基础上创新演变而来的。这三个模式的共同点是聚焦消费者需求，将消费者需求和产品质量特性相结合，通过不断突破技术难点，不断地进行质量改进，满足消费者需求，产品才能在市场上获取竞争优势。

质量功能展开是指导企业产品生产“从消费者中来，到消费者中去”的过程，将收集到的各种消费者需求转化到产品设计、生产、销售及售后服务等各个环节中，在全球有着广泛的应用。质量功能展开因为其实用性吸引许多学者的关注，当前主要融合其他理论的优点开展质量功能展开研究，主要包括以下四个方面。

（一）确定客户需求与权重研究

质量功能展开是围绕消费者需求展开设计的工具，因此消费者是驱动力，如何确定消费者需求及其权重是质量功能展开最关键的步骤。延鹏等从客户需求产品配置入手，研究一种客户需求映射方法，通过需求信息模糊聚类方法得到满足客户需求的方案集[260]；耿秀丽等采用加权算术平均方法，基于条件概率的特征选择技术确定顾客需求重要度[261]；Jia G Z 等将模糊集理论和质量屋结合研究，探讨消费者需求的模糊性[262]；胡尧等运用产品评论数据对消费者需求进行客户需求挖掘[263]。

开展质量功能展开时，客户需求权重也对质量功能展开的分析方案产生影响。Chan L K 等利用熵值法对顾客的权重进行评判[264]；胡启国等利用群策层次分析法和模糊聚类理论确定消费者权重，对质量功能展开进行改进[265]。王晓暾等求解粗糙成对比较矩阵，确定客户需求的重要度[266]；张雷等利用模糊层次分析法分析客户需求重要度①；李震等从区间二元语义方法，研究客户需求权重②；耿秀丽等则收集云评价标度，基于云模型的配置优化方法对顾客需求重要度进行评价[267]。可以看出，在需求权重研究方面，主要还是改进多方案决策方法、模糊决策方法等传统方法对质量功能展开进行分析。

（二）质量功能展开与卡诺模型的结合

卡诺模型（KANO 模型）是日本质量管理大师狩野纪昭提出的，定义五种类型的顾客需求。由于卡诺模型注重对消费者需求的关注，部分学者将质量功能展开与卡诺模型结合研究。Matzlerz 和 Hinterhuber H H 研究了雪橇器材的开发，将质量功能展开与卡诺模型结合，研究何种性能可使顾客满意度达到基本要求[268]。Tan K C 和 Pawitra T A 将卡诺模型应用于质量功能展开中，对五种卡诺模型的需求类型赋值，得到消费者需求重要度的数值[269]。孙园园等认为将卡诺模型与质量功能展开理论结合能够解决消费者个性化产品特征性[270]。

（三）质量功能展开理论与 FMEA/FMECA 理论结合

故障模式影响分析（FMEA）、故障模式影响与危害性分析（FMECA）主要应用于潜在失效模式及相关故障的预防分析方法，这是一种可靠性分析。质量功能展开分析涉及各种功能，特别是在设计阶段，如果把可靠性等问题考虑进去，无疑会增加产品稳定性，

---

① 张雷，卞本羊，鲍宏，等．一种改进的 QFDE 工程参数权重计算方法［J］．机械设计与研究，2014，30（5）：12.

② 李震．QFD 中客户需求权重确定的区间二元语义方法［J］．科学管理研究，2015，35（13）：196-200.

降低产品开发风险。这吸引了一些专家的关注。Ginn 等把质量功能展开和 FMEA 结合，得到交互运用模型，在福特公司的测试实验中得到较好的可靠性效果[271]。Hsiao 等将 FMEA 与质量功能展开结合，研究零件加工初期的失效模式[272]。何健等将质量功能展开与 FMECA 结合，对车辆器材装备开发可靠性进行研究[273]。

（四）质量功能展开理论评价

以往的项目管理基本上是先生产产品再寻找市场，质量功能展开则反其道而行之，先关注消费者需求，再结合消费者需求开展产品设计，是以消费者为中心的思考模式。把消费者需求贯穿在整个生产周期，明确产品要达到的质量要求，从一开始的设计阶段就尽可能消除掉可能的质量隐患，在生产过程中也紧紧围绕消费者需求，不断改进产品质量，有利于形成和积累产品数据库，掌握企业质量生产关键数据，使得产品返工率、退货率大为降低，降低产品生产成本。质量功能展开涉及较多的生产环节，需要加强与消费者、供应商、企业内部各层次管理人员的沟通，提高沟通协作效率。由于在设计阶段就注重产品质量，质量功能展开理论实质上非常重视源头管理，健全产品开发机制。质量功能展开现在已经在许多行业应用，帮助许多企业降低成本，获得收益。

质量功能展开也有不足的地方，主要是消费者需求描述非常模糊，以至于无法精确地对消费者需求进行定量分析，也无法对消费者进行准确画像，需要借助其他方法辅助分析。质量功能展开矩阵分析或定性分析较为具体，在整个质量生命周期流程管理方面，有关可靠性评价的研究较少，相关预估的风险及具体的措施也较少有文献涉及。

第七节　质量认证和管理体系

一、质量认证的形成与发展

第一次工业革命后，随着商品产能的提高，越来越多商品在市场上交易，有些厂家为了更好地推销自己的产品，采用“产品合格声明”的方式来博取消费者的信任。厂家提供“产品合格声明”的目的是向消费者确保产品的质量过硬，请消费者放心购买。当时的产品工艺较简单，消费者凭借肉眼或经验可以快速判定产品质量，如果消费者认为产品质量符合厂家的“产品合格声明”，就可以形成稳定的用户。但随着技术的发展，产品工艺越来越复杂，由于买卖双方信息不对称，消费者不能迅速判断产品质量，仅凭厂家提供的“产品合格声明”将很难得到消费者的信服。因此，厂家为证明产品符合质量要求，消费者为寻求质量信得过的产品，政府和社会为维护消费者权益，在多方客观需求的推动下，质量认证制度随之产生。可以说，质量认证源于市场经济活动，政府及一些权威组织促进质量认证的发展。

最早的质量认证制度可以追溯到1903年。英国是率先开展第二次工业革命的国家之一，资本主义市场经济的发展迫切需要第三方质量认证制度维护市场交易的稳定。英国标准学会制定了世界上第一个质量认证制度，符合质量认证要求的产品都会被印上“风筝”

标志，代表这类产品受到法律保护。现在，被打上“风筝”标志的产品依然被认定为有较高的信誉，符合认证标准。此后，许多国家也制定类似的第三方质量认证制度，这类制度只适用于本国流通的产品。

20 世纪 50—70 年代，跨地区贸易、国际贸易发展，通过不断地沟通和协调，国家间、区域间形成双边和多边的认证认可制度。

20 世纪 80 年代，一些国际组织制定以国际标准为依据的质量认证制度，如著名的国际电工委员会电子元器件质量评定体系（IECQ)、北欧四国认证等。质量认证也可以被认为是技术型贸易壁垒，没有获得相关质量认证的产品，将难以在相应地区开展贸易活动。

质量认证的内容方面，开始阶段只要企业产品设计和试验结果符合规定就颁布质量认证证书，后来发现有些企业拿到质量认证证书后，因为缺乏相关约束，产品质量反而出现滑坡现象。为防止以上问题出现，一些国家和组织对企业质量管理体系进行检查和评定，并逐渐形成一套科学的质量管理体系。美国在 1959 年制定了世界上第一个质量管理体系标准——MIL-Q-9858A，目的是要求美国军用物资供应商对合同包含的内容进行质量保证。此后，为适应新的环境，美国军方多次对这套质量管理体系进行修正。美国还颁布了《承包商质量大纲评定》《FDA 标准》《消费安全委员会规则》等相关质量认证文件。美国在多领域开展质量认证活动获得显著成果，一些工业发达国家纷纷效仿，形成符合各自国情需求的质量认证标准。

ISO 是国际标准化组织，宗旨是“在全世界促进标准化及有关活动的发展，以便于国际物资交流和服务，并扩大知识、科学技术和经济领域中的合作”。ISO 在推动和协调质量管理体系认证工作中发挥重要作用。自 1987 年 ISO 9000 系列质量管理和保证标准发布后，不断修正和更新，现在已经有了2020年版的ISO 9000系列标准。自20世纪90年代起，我国积极参与ISO 9000质量管理体系认证，现阶段也积极参与到ISO 9000质量管理体系的制定中，代表着我国质量认证水平在稳步提升。

二、质量认证理论研究进展

（一）质量认证与产品质量关系

Friedman M和Kuznets S认为质量认证是一种信号，反映产品质量水平，产品未获得质量认证，这是质量差的信号[274]。另外，质量认证能够消除信息不对称的风险，让消费者购买商品时，有据所依。在全球经济一体化背景下，通过质量认证的产品是消费者辨别产品质量的重要信号，通过质量认证的产品也能打破贸易壁垒[275]。黄颖认为通过质量认证的产品可以降低交易成本，降低产品的搜寻成本和监督成本①。Zimmerman M A和Zeitz G J认为质量认证是一种合法性约束，质量认证制度约束企业行为，能够使产品质量符合相关质量认证要求[276]。Borial O结合采集的数据认为ISO认证已经得到各方的认可，但在提高企业内部质量管理水平方面的作用有限[277]。

（二）不同类型质量认证对产品质量的影响

Besley T和Ghatak M认为发展中国家开展质量认证，能够有效提升产品质量，缓解逆向选择，但更高水平的质量认证成本过高，增加企业的生产预算，企业将没有那么多钱投入生产中，也会对产

① 黄颖．认证对企业质量的影响研究［D］．武汉：武汉大学，2018.

品质量产生影响①。Corbett 等研究发现，产品通过 ISO 9000 系列标准体系认证，产品质量会更高，通过公关渠道获取的认证比企业自我认证更具说服力，消费者更愿意购买政府背书的质量认证产品[278]。Auriol 也认为，权威机构的质量认证可信度更高，政府在某些领域介入质量认证管理是必须的②。Kreps 等认为政府强制性认证代表政府质量监督能力，政府强制性认证是对产品质量的最低要求，自愿性认证是某些已经具备高质量生产能力的企业主动参与相关的质量认证，目的是提高自我形象，实现产品溢价[279]。强制性质量认证与自愿性质量认证的区别如表 5-5 所示。

表 5-5　强制性质量认证与自愿性质量认证的区别

区别	强制性质量认证	自愿性质量认证
认证对象	列入政府或其他官方组织的强制性认证目录内的产品，一般是与人类健康和安全关系重大的产品，兼顾环境保护和公共安全	未列入政府或其他官方组织强制性认证目录的产品，但产品要达到强制性标准水平
认证依据	政府统一规定的强制性标准和技术规范	其他有一定影响力的组织认证的标准或企业自身标准
证明方式	国家或其他官方机构统一颁布的强制性认证标志	其他组织或企业自身颁布的认证证书和认证标志
制约作用	未通过强制性认证的产品，不能在市场上流通	未通过自愿性认证仍可在市场流通，但知名度和美誉度会受到一定程度的影响

（三）质量认证动机研究

Sampalo P 等以葡萄牙企业为研究对象，认为部分企业是为了证

① Besley T，Ghatak M. Retailing public goods: The economics of corporate social responsibility [J]. Journal of public Economics，2007，91（9）：1645-1663.

② Auriol E，Schilizzi S G M. Quality signaling through certification in developing countries [J]. Journal of Development Economics. 2015（116）：105-121.

明自身产品有较高质量水平而参与质量认证的，这些企业在获得相关质量认证后，会更加自觉努力完善生产和服务，提升企业质量水平①。Meyer J、Rowan B 和 Meyer J W 认为企业参与质量认证是为了响应合法性要求，一些企业即使获得了相关质量认证，但并未把质量认证中的要求规范运用在生产流程，因此他们认为这些企业只是仪式上的执行[280]。Boiral 也认为对于产品质量并不是非常优越的企业而言，参与产品质量认证只会让企业增加负担和枷锁②。

（四）ISO 标准认证与企业发展相关研究

Khan Z 以清洁行业为例，研究了发展中国家参与 ISO 标准认证企业收益的情况[281]。Shaw C 等研究了普通的质量认证与 ISO 质量认证对欧洲医院质量管理的差异[282]。在 ISO 和非 ISO 认证比较方面，Mokhtar M Z 等以吉隆坡证券交易所 162 家上市公司的样本进行了实证分析，认为通过 ISO 9000 注册公司的绩效指标比非 ISO 9000 注册公司更优异，通过 ISO 9000 注册的公司更年轻、规模更大、增长速度更快、资本结构更低[283]。Lo L K 和 Chang D S 研究了保持 ISO 认证和不保持 ISO 认证的公司之间的利益差异[284]。费先云等研究了 ISO 认证与企业创新的关系，认为采用 ISO 认证对企业创新起到正向作用[285]。

（五）质量认证与质量奖相关研究

Kartha C P 将 ISO 多项质量认证标准与美国波多里奇国家质量奖进行了比较，厘清了这些质量认证与美国波多里奇国家质量奖的关

① Sampaio P，Saraiva P，Rodrigues A G. The economic impact of quality management system in Portuguese certified certified companies：Empirical evidences，International Journal of Quality & Reliability Management. 2001，28（9）：929-950.

② Boiral O. Managing with ISO systems:Lessons from practice［J］.Long Range Planning. 2014，44（3）：197-220.

系[286]。Vouzas F 研究了质量认证与欧洲质量奖的优势，其在全球组织质量改进和业务卓越的道路上能解决一系列问题，另外他还指出，有必要通过衡量组织的人力资源绩效和未来的质量实施程度进一步评估组织[287]。Wilson J P 等回顾了通过 ISO 9000 认证的制造公司和美国波多里奇国家质量奖制造类获奖者的财务数据，结果表明，获得 ISO 9000 认证和获得美国波多里奇国家质量奖的公司所报告的经济效益方面的成功可能被夸大了，而且这种成功不能得到保证，他们提出了进一步研究的建议[288]。

三、质量认证理论研究评价

开展质量认证主要是为了证明企业有这样的能力可以生产出质量合格的产品。从质量认证的发展来看，由企业自我声明到第三方机构给予认证，由产品认证向质量管理体系认证，说明社会对产品质量的管理朝着多元化发展，特别是政府参与质量认证，提高质量认证服务的公信力。从相关文献可以看出，不同企业参与质量认证的动机并不相同，不同地区、不同规模的企业开展质量认证对企业绩效的结果不同，那些有较强生产能力、具有较优竞争力的企业参与质量认证，能够提高企业绩效。我国参与 ISO 9000 标准认证已经多年，从相关文献来看，关于国内企业如何应用 ISO 认证提升质量管理体系、实施 ISO 质量标准认证后和未实施认证的企业比较的研究非常少，未来这个主题值得深入研究。

第八节　卓越绩效模式

一、卓越绩效模式的主要内容

（一）卓越绩效模式概念

卓越绩效模式诞生于20世纪80年代，可以被认为是一种以卓越为目标的评价标准模式。其借鉴美国波多里奇国家质量奖的评价标准，指导企业以顾客为导向，通过从领导、战略、顾客、市场、测量分析改进、人力资源、过程管理、经营结果8个维度进行定期评价并改进，使企业各个评价指标、企业综合实力指标都实现卓越绩效。

我国在学习其他国家质量奖的评选标准的基础上，参考美国波多里奇国家质量奖的评价标准，制定了《卓越绩效评价准则》（GB/T 19580-2004），并以此标准作为我国评定全国质量奖的依据。此后，2012年对这项标准进行了修订，增加了部分术语的解释，调整了部分章节内容。卓越绩效模式反映当今世界最先进的企业经营管理理念和方法，是成功企业经验的总结，为企业追求卓越提供相关样本和路径借鉴[289]。

（二）卓越绩效模式的特征

卓越绩效模式的本质是对全面质量管理的标准化、规范化和具体化。卓越绩效模式对质量定义的范畴不仅是指产品质量，也具有“大质量”的概念。包括产品生产各个环节的质量、服务质量、过程管理质量、工作质量及质量管理体系等方面，其是以企业、顾客和市场为中心的“大质量”卓越目标管理。

卓越绩效模式强调结果导向。卓越绩效不仅包括“利润和销售额”，还包括顾客满意、产品和服务、财务和市场、人力资源、组织有效性和社会责任六个方面的综合绩效，体现了从整体推进企业经营实现卓越的目标。

卓越绩效模式的目的是提升企业的比较优势和竞争力。比较优势不仅是指企业内部绩效与以往比较有进步，还指与竞争对手、标杆企业比较具有竞争优势，如果缺乏优势，还需要寻求改进空间，提升企业竞争意识。企业还应该建设符合战略要求的组织文化和质量文化，重视组织文化的作用。

卓越绩效模式设计了一套质量成熟度标准，帮助企业进行自我评估，引导企业结合标准，持续改进质量做得不够好的环节，促进企业逐步迈向成熟，走向卓越，是可持续发展的过程。

（三）卓越绩效模式主要内容

卓越绩效模式建立在一组相互关联的核心价值观和原则的基础上，其包括以下内容。

1. 追求卓越管理

企业领导层，特别是高层管理者应该制定卓越的战略目标，以顾客为中心，通过利用各种管理职能，形成系统的管理方法和激励机制，加强约束不道德行为的规制，加强组织文化建设，构建领导力，形成共同价值观，追求卓越领导。

2. 顾客导向卓越

卓越绩效模式以顾客为中心，是否达到卓越绩效是由顾客评定的。企业开展相关经营管理活动和质量管理活动要以顾客为导向，掌握顾客当前及潜在的需求，从设计环节就为顾客着想，在预防缺陷和差错产生的同时，要处理好售后服务，不断提升技术水平，以卓越的质量为顾客提供多元化服务，最大限度地满足消费者需求。

3. 组织和个人的学习

卓越绩效模式下组织和个人要持续不断地学习，掌握新技术、新手段、新方法及新思想，通过学习，适应企业经营管理的需要。学习是组织和个人的常态，企业还要加强相关的培训，除了与生产有关的培训外，还可以围绕具体的研发、消费者需求研究等方面展开，鼓励企业员工积极交流和讨论实现卓越绩效的知识与内容，做好组织内部知识共享。

4. 重视员工和合作伙伴

在企业内部，企业领导层要关爱员工，提升员工满意度，为员工的健康生活提供保障，创建公平竞争的工作环境，为员工提供发展机会，鼓励员工迎接挑战，提供条件帮助员工实现目标。在企业外部，积极寻找合适的伙伴，如信誉良好的供应商、财务健康的银行或相关金融机构，与这些外部合作伙伴建立战略联盟关系，从制度和渠道上相互沟通，建立长远合作关系的战略目标。

5. 快速反应和灵活性

现代企业产品供货和服务周期大为缩短，数字技术的发展缩短了贸易的距离和时间，需要企业快速反应，缩短生产时间。全球不同区域顾客消费类型差异化、个性化显现，企业生产除了按标准生产，还要结合“灵活性”，为不同顾客提供相应的产品和服务。

6. 关注未来

企业要制订中长期、短期计划，分析和预测影响企业发展的有利因素与不利因素，企业要加强与合作伙伴的长期合作，给予利益相关方长期信心。

7. 促进创新的管理

企业要注重产品创新和管理创新，通过创新方法、创新组织形式、创新运行机制和创新流程再造等，促进质量持续改进，实现卓越绩效目标。

8. 基于事实的管理

企业对绩效的测量不能自以为是，要深入市场，向消费者调研获得一手数据，所依据的数据和信息必须真实、可靠，结合相关的数据、信息制定合适的改进方法，最终实现卓越绩效。

9. 社会责任与公民义务

一个优秀的企业除了注重利润外，还应该注重企业社会责任和公民义务。将保护公共卫生、安全和环境，节约资源和预防污染作为企业应尽的责任。企业从产品设计阶段就应该将这些因素考虑进去，使资源在许可条件下，取之于民，用之于民。

10. 关注结果和创造价值

评价卓越绩效模式是否成功，主要看相关的成果指标。这里的成果包括财务绩效成果、产品和服务成果、市场占有率、人力资源管理结果、组织管理有效性成果和企业社会责任等。企业还要为顾客、员工、股东、供应商和社会创造平衡的价值，处理好各利益相关方的关系。

11. 系统的观点

高层管理者要以顾客为中心制定企业战略，结合经营结果对企业进行系统的管理，运用相关测量指标，将关键战略、关键过程相链接，并与资源配置一致，改进整体绩效，使顾客满意。

二、卓越绩效模式相关研究

久米均是石川馨的大弟子，他在20世纪90年代敏锐地发现市场由卖方市场变为买方市场，消费者在面临更多的产品选择时，生产普通产品已经不能适应市场的需求，由此他提出了“质量经营”的理念，意思是企业围绕质量开展经营活动将获得更多的竞争力[290]。卓越绩效模式就是现代质量经营管理的重要创新模式，在实务界有广泛的应用，也吸引学者对卓越绩效模式展开研究。

（一）卓越绩效模式应用研究

卓越绩效模式在全球得到广泛应用，自从卓越绩效模式传入我国后，有非常多的企业、事业单位或机构将卓越绩效模式应用到具体的管理中，获得较好的效果。蔡升华等参考卓越绩效模式相关指标，结合企业实际管理情况，提出“理念—制度—行为”三位一体的质量管理新模式，促进企业成为行业卓越绩效的标杆[291]。陈得泉提出了开展卓越绩效模式的路径和方法，助力企业获取竞争优势[292]。钟慧等以电力行业为例，构建了“省级—市级—县级”一体化布局的卓越绩效模式[293]。周慧等以浙江1216家企业的调研数据为依据，通过实证研究认为卓越绩效模式能够促进企业创新发展[294]。

（二）卓越绩效评价模式指标研究

由于卓越绩效评价指标主要是从美国波多里奇国家质量奖改进而来的，Brown M G以美国波多里奇国家质量奖为研究对象，解读美国波多里奇国家质量奖卓越绩效标准[295]。Sun Hongyi 以挪威180家制造企业的数据为依据，分析了卓越绩效模式相关指标的合理性[296]。安景文等介绍了卓越绩效模式的主要内容，对主要类目关系进行分析，帮助学术界和企业更好地理解卓越绩效模式[297]。岳刚对全国企业质量管理进行调研，分析卓越绩效模式各类目的合理性和相关性[298]。陈庆康研究卓越绩效模式的主要要素对企业竞争力的影响，并研究这些要素对企业战略绩效管理和企业学习改进的中介作用[299]。

（三）标杆管理法与卓越绩效模式结合研究

标杆管理法是由美国施乐公司在1979年创建的，目的是寻找出企业产品、服务、实践最强的竞争对手，或行业的龙头企业，或行业的领导者，以他们的绩效为标杆，定点赶超，持续改进企业管理。罗晓东认为标杆管理法是追求卓越绩效模式的新方法[300]。熊爱华认为标杆管理法能够助力企业实现卓越绩效模式，可以从业务流程、机器设备、产品生产制造、服务及管理方式等寻找对应标杆，通过深入市场，了解标杆的情况，制订计划，持续改进自身，最后实现企业卓越绩效模式[301]。马秀贞认为要追求卓越绩效，有效实施标杆管理，可以从寻找、瞄准标杆，对标标杆寻找差距三个方面展开，采取具体的行动。她认为企业寻找的标杆企业不一定要特别优秀，适合自己是最好的，注重标杆企业价值理念和行为规范，企业从管理层到具体基层员工都要把自己分内的事情做好、做实[302]。

（四）平衡计分卡与卓越绩效管理结合研究

平衡计分卡是由罗伯特·卡普兰和戴维·诺顿创建的新型战略性绩效评价体系，把企业的宏观战略目标分解到每一个部门、每个员工，包括财务角度、客户角度、内部角度和学习角度。李孝刚等认为平衡计分卡内的内容已经在卓越绩效模式里得以体现，如果员工对平衡计分卡的内容有深刻理解，则能够帮助其更好地执行卓越绩效标准[303]。何阿毤认为平衡计分卡和卓越绩效模式是相辅相成的关系，两者结合有利于双方实现战略目标[304]。韦思佳从员工的维度设计了卓越绩效管理模式平衡计分卡，丰富了平衡计分卡的应用范围[305]。

（五）卓越绩效模式评价研究

卓越绩效模式执行后的效果如何，吸引了一些专家学者的关注，他们从多维度对卓越绩效模式进行了评价。崔继峰结合 KANO 模型，对企业开展卓越绩效模式后的企业社会责任进行评价，为企业提升社会责任管理成熟度提供了思路[306]。解瑞玺以卓越绩效模式为视角，研究卓越绩效模式对制造业高质量发展的评价①。Abdullah M 等认为卓越绩效评价能够帮助企业构建系统性框架，并对这个框架进行评价[307]。Abdolshah M 等对已经执行卓越绩效模式的银行进行了评价，认为这种模式对提升银行服务水平帮助显著[308]。

第九节　小结与评述

20 世纪 60 年代，美国著名的质量管理专家费根堡姆发表《全面质量控制》，提出一种新的质量管理理念。他认为企业开展质量管理

① 解瑞玺．基于卓越绩效模式的制造企业高质量发展评价研究［D］．昆明：昆明理工大学，2021.

时，除了要使用统计工具参与管理外，更应该在维护经济成本和满足消费者需求的前提下，开展生产调研、产品设计、生产制造、销售和售后服务等活动，把企业各部门的质量管理活动设计成一种有效的体系。一是要注重全面的质量管理，意思是除了关注对产品质量的管理外，还应该关注与产品质量有关的其他各项工作；二是全程质量管理，认为质量管理工作应该贯穿在整个生产流程的各个环节，是全过程的质量管理；三是全员参与质量管理，企业所有员工，包括管理层和基层人员都要参与到企业质量管理活动中。费根堡姆提出全面质量管理思想后，得到了朱兰、戴明等的拥护，并把这种思想应用在企业实践中，特别是在日本运用全面质量管理思想后，许多企业的产品质量大幅提高，一跃进入发达国家行列。

费根堡姆提出了全面质量管理思想理念，朱兰则奠定了全面质量管理理论基础。朱兰之前的专家认为质量是检验出来的，但朱兰则认为产品质量符合适用性，免于不良的产品质量就是好的。朱兰还提出如果产品质量出问题，不能由普通员工承担责任，管理者，特别是高层管理者，更应该反思自己在参与企业质量管理等方面是否做得称职，由此朱兰提出了“80/20 法则”。朱兰的经典著作《质量控制手册》对其质量管理思想进行了系统阐述，分别从质量计划、质量控制、质量改进等方面展开，形成了朱兰质量管理三部曲。朱兰的《质量控制手册》多次再版，每一版都结合质量管理最新的知识，对上一版的内容进行更新。朱兰还提出了质量螺旋曲线，认为每一个质量职能完成后才能进行下一个质量职能，是按照一定的逻辑顺序串联起来的，对全面质量管理有更生动的描绘。

戴明是现代著名的质量管理学家，他在 20 世纪中叶到日本讲授质量管理相关知识，受到了热烈的欢迎，由于戴明在日本的卓越贡献，日本第一个国家级质量奖就是以戴明的名字命名的。戴明与休哈特是亦师亦友的关系，戴明环就是在休哈特循环的基础上不断演变以适应新的生产关系。戴明提出质量管理“十四点原则”，体现他全组织、全员、全过程的全面质量管理理念。戴明以他丰富的学识指导日本开展质量管理活动，获得巨大成功，他在 80 岁高龄时，仍然不遗余力地为美国许多企业指导和传播质量管理思想。

克劳士比是从基层成长起来的美国著名质量管理学家。他在实际工作中发现，产品质量检验环节如果出现不合格产品，工人只会把这些产品挑拣出来，要么返工，要么抛弃，并不能真正提高产品质量，反而增加了企业质量管理成本。他以消费者需求为核心，从预防的角度提出“零缺陷”质量管理思想，将质量管理由事后管理及过程管理强化为事前管理和预防管理，强调第一次就把事情做对，认为质量是用不符合要求的代价衡量的。克劳士比提出质量成本存在三种类型，分别是总成本、内外部损失成本和预防成本，随着产品合格率的增加，预防成本会逐渐增加，内外部损失成本会逐渐减少，但只要第一次就做对，预防成本会逐渐减少，损失也会减少，质量总成本会趋近于零，因此，他提出了“质量免费”的说法。克劳士比也非常重视企业不同层次、不同岗位员工的质量管理职责，认为注重质量管理，也需要帮助员工、供应商和消费者一起成功，三种缺一不可。克劳士比还提出质量改进十四个步骤和质量成熟度模型等，为全面质量管理质量改进做出卓越贡献。

石川馨是日本质量管理学家，他是全面质量管理思想的追随者，也是再创新者。他结合自己的工作经验，设计出了石川图（鱼骨图），提出一种分析问题、解决问题的框架思路图，对复杂的质量问题进行简单化分析。石川馨结合日本国情创建和发展质量管理小组，在不同质量生产环节组建不同类型的质量管理小组，这些质量管理小组对提升企业的生产质量发挥重要作用。

田口玄一也是日本质量管理学家，他从损失的角度对质量进行定义，他认为产品质量与目标值不一致，就会带来社会损失，社会质量损失包括内部损失和外部损失。田口玄一是质量工程学的奠基人，他提出了三次设计策略，即“系统设计—参数设计—容差设计”，结合自己创立的正交试验法和“信噪比设计”，开展质量设计。

质量功能展开最早是由日本质量管理专家赤尾洋二提出的，强调所有的质量管理活动都是以消费者为中心，结合消费者不同的需求制定相应的质量技术活动以最大限度地满足消费者意愿。他结合自己多年的工作经验，提出综合质量功能展开模式，后来这种模式传到美国，美国专家 Hauser 和 Clausing 受此启发，提出了质量屋的概念，此后又将质量功能展开模式发展成相对简单的 ASI 质量功能展开模式，King Bob 又发展了 GOAL/QPC 质量功能展开模式。质量功能展开指导企业产品生产“从消费者中来，到消费者中去”，在全球有着广泛的应用，吸引了许多学者的关注。相关的文献研究主要包括确定客户需求与权重研究、质量功能展开与卡诺模型结合的研究、质量功能展开与 FMEA/FMECA 理论结合及质量功能展开理论的评价研究。

质量认证的目的是向消费者证明产品质量合格，达到相关品质要求。最早的官方质量认证可以追溯到 1903 年，由英国标准学会出具的质量认证“风筝”标志，可以增强买卖双方的信任感，稳定市场各主体的交易。许多国家纷纷效仿，制定了本国适用的质量认证标准。此后，随着全球贸易往来更加频繁，形成了跨地区质量认证，1987 年，ISO 9000 标准的出台实现了国际标准认证，更加有利于各个国家、各地区的贸易往来。质量认证理论研究主要包括对企业进行质量认证的动机的研究、ISO 质量认证对企业发展的影响、对质量认证与产品质量关系研究。质量认证被认为是一种信号，获得质量认证的产品或质量管理体系，其产品质量更好。不同类型的质量认证不仅对产品质量产生影响，也对消费者的购买意愿产生影响。当前，一些信誉好、规模大的企业积极申请质量认证已成为一种趋势，但中小规模的企业除了申请强制性质量认证外，是否还应该申请其他质量认证，这也是应该积极探讨的议题。

卓越绩效模式诞生于20世纪80年代，是借鉴美国波多里奇国家质量奖的评价标准，以卓越为目标的评价标准模式。《卓越绩效评价准则》（GB/T 19580-2004）也是我国评定全国质量奖的依据。卓越绩效模式的本质是对全面质量管理的标准化、规范化和具体化，强调结果导向，目的是提升企业的比较优势和竞争力。卓越绩效模式设计了一套质量成熟度标准，包括追求卓越管理、顾客导向卓越、组织和个人的学习、重视员工和合作伙伴、企业社会责任与公民义务等。关于卓越绩效的研究包括卓越绩效模式应用研究、卓越绩效评价模式指标研究、标杆管理法与卓越绩效模式结合研究、平衡计分卡与卓越绩效管理结合研究及卓越绩效模式评价研究。

第六章

精益质量管理理论的形成与发展

▲

CHAPTER 6

第一节　精益生产的质量管理

一、精益生产理论形成与发展

（一）精益生产理论的形成

第二次世界大战后，日本工业劳动生产率不及美国的1/8，与美国先进的汽车制造业相比，日本汽车制造业的劳动生产率则更低。面对落后的局面，日本丰田汽车公司开始改革创新，从丰田佐吉开始，经过丰田喜一郎、大野耐一和新乡重夫等的共同努力，形成了以杜绝浪费为基石，持续质量改进的丰田生产方式。大野耐一注重现场管理，认为现场管理的重要作用就是避免浪费，通过观察和研究，大野耐一提出过量生产、停工等待新物料、多余的生产动作、不合理的搬运方式和路线、没有及时处置的库存、未按照要求进行的加工及加工过程本身的浪费，制造出不合格的产品都是企业浪费的根源。基于这些浪费，日本丰田汽车公司融合其他先进的现代化管理技术，不断进行质量管理创新，创造出许多实用的方法，为实现准时化并彻底消除浪费，创建形成完整的丰田生产方式。

丰田生产方式让丰田汽车的生产数量和质量大为提升，在全球多个区域热销，吸引全世界的关注。1982年，大野耐一对丰田生产方式进行了理论化和体系化介绍[309]。1985年，美国麻省理工学院的沃麦科教授和琼斯教授对丰田生产方式进行了详细研究，通过走访企业、调查分析等方式，共同完成了著作《改变世界的机器》，把丰田生产方式定义为精益生产。1996年，他们出版的《精益思想》一书，高度概括总结了精益生产的主要精髓和思想。

精益生产是通过系统结构、人员组织、运行方式和市场供求等方面的变革，使生产系统能很快适应用户需求的不断变化，并能使生产过程中一切无用、多余的东西被精简，最终达到包括市场供销在内的生产各方面最好结果的一种生产管理方式。精益生产能适应多品种、小批量的生产方式，满足消费者个性化的需求，降低生产成本，消除浪费，精简组织机构，追求质量完美，不断改革创新。精益生产方式不仅是先进的制造技术，也是科学的组织管理方法，它以企业为整体，从管理意识、管理组织、管理制度、具体的手段和方法等开展全面系统变革。以客户需求为导向，以消除浪费为目标，以质量改进为核心，以最少的投入获得最显著的收益，是一种高效、高质的现代企业生产管理新模式。

（二）精益生产管理的特点

精益生产又称精良生产，是以消费者需求为核心，在需要的时候，按需要的量，生产所需的产品，通过追求消除浪费、零缺陷、零库存、柔性生产、准时制造、快速反应等方式，不断改进生产方式，获取收益的过程。精益生产是拉动的准时化生产，下一道工序拉动上一道工序生产。精益生产也要注重全面质量管理，是全过程、全员的质量管理，关注生产过程的每个环节，不断改进，避免生产出不合格品。精益生产注重工作中的标准化，也注重不断创新，使标准内容能够适应新的生产需求。精益生产注重灵活团队的建设，注重扁平化组织的建构，加强团队协同作战能力，调动员工“创造性思考”，解决生产或服务相关难题。精益生产注重“现地现物”生产，意思是不论领导还是普通员工，都要深入一线，基于现场发生的事实进行管理。精益生产注重零库存，但不是简单地把库存产品从一个仓库搬到另一个仓库，而是降低整个供应链的库存。精益生产强调“自我反省”，认识到自己的错误，不断地自我改进，培养员工的集体感和共同价值观。

二、精益生产管理的基本方法

（一）现场管理

现场管理方法最早可以追溯到19世纪，当时一些企业就已经开展了现场管理，但这种管理模式还处于萌芽阶段。20世纪初，泰勒开展科学管理研究，首次提出现场管理的概念。此后，产品生产的现场管理受到重视。20世纪50年代，丰田汽车公司的大野耐一结合自己的工作经验，首次提出了5S现场管理法，从“整理”“整顿”“清扫”“清洁”“素养”这几个方面进行现场管理，这几个词语的罗马音均以“S”开头，所以叫作“5S”。5S管理法“安全始于整理整顿，终于整理整顿”的口号，从降低成本、准时交货、安全生产、高度的标准化、创建良好的工作环境、加强现场交流等方面严格执行，获得较好的效果，逐渐被各国的管理界所认识[310]。进入20世纪80年代，5S管理法系统的理论书籍陆续问世，在全球掀起“5S”现场管理热潮。此后，一些学者在此基础上提出“6S”“7S”“8S”“9S”“10S”的理论新观点，但这些理论都是在丰田5S现场管理法的基础上改进的，他们将理论结合相关行业展开应用，也获得了较好的效果。

我国也重视现场管理，20世纪60年代大庆油田就提出了“三老、四严、四个一样”的现场管理经验；海尔提出了“日清日高OEC管理法”；第二汽车制造厂提出了现场综合管理法；中国石油天然气集团有限公司提出了现场三维评价等。周忠亭以5S现场管理法为基础，研究4D现场管理，即整理到位、责任到位、执行到位、培训到位的“四个到位”概念[311]。

（二）自働化管理

自働化是精益生产两大支柱之一，最早是由丰田的创始人丰田佐吉提出来的，他创造了自働化织机，只要经线或纬线出现问题，织机就会自働停止，工人过来检修，减少产品的不良率。大野耐一原来在丰田纺织厂工作，后来他被调整到丰田汽车公司，发现工人只能一对一地制造汽车，不能像丰田纺织厂的工人一样一对多地管理机器，由此他开始对丰田汽车的生产开展自働化改革，并获得了成功，使生产效率大为提高。自働化不等于自动化，其强调人的智慧，当发现错误或异常时，将人的智能注入机器，开发出智能机器自动判断异常，有异常情况机器自动停止，由工人判断并检修，提升产品合格率。为更好地让自働化思想在我国传播，凌国良等解释了自働化的内涵、其与自动化的区别[312]。刘承元分析了精益生产的自働化原则[313]，认为能加强系统性思考和方法改善。我国企业在具体实践中参考了自働化生产方式，但在理论研究方面，关于自働化的研究论文只有零星几篇，值得深入研究。

（三）准时化生产

准时化生产（Just in Time，JIT）是精益生产另一大支柱，是丰田汽车研究出来的高效生产方式，意思是保证物流、信息流、工作各流程在必要的时刻，生产必要数量的产品。准时化生产不仅是生产管理技术，更体现了企业合理利用资源、高效组织生产和灵活处理事务的现代经营理念。准时化生产能提升工作效率，减少浪费，现已被应用到各行各业。Alfasi N 认为准时化生产的出现标志着从 20 世纪福特主义到 21 世纪后福特主义的转变[314]。Monden Y 系统概述了丰田公司开展准时化生产的方法[315]。魏大鹏归纳了准时化生产的技术支撑体系，以便更好地学习丰田生产方式[316]。胡曰明研究生产计划环节如何使用准时化生产[317]。王语嫣分析了准时化生产的优势、劣势及需要改进的事项，认为订单驱动的采购管理、零部件需求、生产管理是零散的，频繁补货会使成本增加，可以采用最优经济批量方法进行批量补货，实现成本最优，通过物流外包的方式减少库存，提高准时率[318]。何通能和朱云杰运用人工智能改进型粒子群算法，研究了制造业企业准时化生产的要求[319]。

（四）“拉动式”生产

大野耐一在美国超市学习时发现，超市的补货程序是先确定需要多少货再向供应商申请购买相应的货品，是以结果为导向的工作方式。大野耐一将这种方法应用到丰田汽车的生产过程中，采用逆向工作方式，以结果为导向拉动相关的生产工序[320]。“拉动式”生产可为准时化生产提供技术支持，是一种适时、适量、适品的工作方式。Clark A J 等提出基于基本库存量制定“拉动式”生产方案[321]，Deleersnyder J L 等基于顾客的动态需求设计“拉动式”生产方案[322]，陈建华和彭鸿广从 MRP、JIT 和 TOC 三种集成的方法设计拉动模型[323]。侯哲平研究了混流“拉动式”生产对流程改造的影响[324]。付云池认为仅靠“拉动式”生产虽然能够节约成本，但如果顾客需要紧急供货，企业无法马上生产出来，也会造成交货不及时，他建议可以结合使用“推动式”

和“拉动式”两种生产方式。关于“拉动式”生产模式还有其他方式，随着计算机技术的发展，“拉动式”生产的动态管理将更容易实现[325]。

（五）看板管理

看板管理是丰田公司重要的创新方法，是实现准时化生产的重要工具。看板管理将后序工作先显示出来，工人通过看板可以及时关注物料是否用完，做看板显示的事，看板没有显示的事不做，从而消除浪费和无效劳动，提高准时化生产能力。看板管理方法在丰田公司应用后获得了较好效果，20世纪70年代初开始大规模推广，西方国家也引入看板管理，减少浪费，提高生产率。我国在改革开放后引入看板管理方法，效果显著。随着技术的进步，看板管理的方法也在不断改进，Al-Tahat M D等提出了生产线排队模型，对看板的准时化进行了改进[326]。Raju N M等提出了电子看板系统，对看板的操作程序和物流进行了优化[327]。Mackerron G等人创建供应商的电子看板，利用价值流程图观察看板回路[328]。André Perroni de Burgos等提出了看板系统虽然有其优势，但是如果现场经理能力有限，不能理解看板内容，可能会产生新的浪费[329]。邱光宇对看板管理的操作原则、种类、用途和机能进行了概述[330]。以看板方法为基础，一些企业又发展形成了目视管理，将制造业的可视化管理进一步拓展到衣食住行等方面，扩大了看板管理的应用范围。

（六）均衡生产

均衡生产是丰田公司重要的管理理念，是实现准时化的前提。意思是产品按照计划进度进行生产，使产品的具体产量、工人的工作量或工作项目等，在相等的时间内完成的数量基本相等或稳定递增。均衡生产使产品生产过程平稳有序，使产品生产始终处于可接受状态。朱培军等研究了准时化均衡生产与 MRP Ⅱ、TOC 集成生产管理模式等的比较问题[331]。刘畅研究了船舶企业数字化车间均衡生产的连续化等问题，并且研究了小组流水线的均衡生产问题①。易东波研究了多品种产品混投排序法对产品均衡生产的影响[332]。翟桂武认为均衡生产是实现精细化管理的主要手段，均衡管理已经应用到许多行业，获得较好的效益[333]。

（七）快速换模技术

20 世纪 60 年代末，丰田公司的新乡重夫在生产中发现某类产品生产完，开展其他型号产品的生产时，原来的整条生产线都要停止生产，更换完模具和原材料后才能开工，大大延误生产周期。由此，他提出快速换模具的方法。经过他的不懈努力，有些模具一分钟就可以完成换模，大大提高了生产率。快速换模法是工业工程（IE）的基本内容，新乡重夫努力促进工业工程的发展，形成工业工程管理的核心思想——减少工序、化繁为简、以简驭繁。此后，许多学者或企业技术人员研究如何应用快速换模法在不同流水线实现快速换模。如刘东发现飞机蒙皮种类繁多、生产批量小，传统换模时间长、换模过程烦琐，提出了蒙皮拉形机快速换模系统，并对该系统的力学安全性进行了分析[334]。自动化技术发展后，李静等研究冲压生产线上全自动快速换模方法，提高企业生产效率[335]。未来，换模的工作环境会更加多样化，如何在不同工作环境或不同组织背景下开展快速换模也是值得深入思考的议题。

① 刘畅 . 数字化车间分段小组立流水线均衡生产研究［D］. 大连：大连理工大学，2018.

三、精益生产中质量管理的相关研究

（一）精益生产与质量管理的关系研究

丰田公司开展精益生产，仍然非常重视质量管理，认为不从根本上保证产品质量，就不可能实现精益生产。准时化生产的前提是零缺陷生产产品的能力，需要严格控制工序质量，通过持续的质量改进，识别和消除系统中质量不稳定因素，保证产品的可靠性和稳定性。Blecken A 等将精益生产和质量管理结合，构建了精益质量管理体系，认为这种体系可以消除重复性的工作，促进质量改进、生产效率提高、成本最小化，这也是现代企业管理追求的目标[336]。Schonberger R 认为精益生产和质量管理是共生关系，相互促进，不能厚此薄彼[337]。Ringen G 等将精益生产与质量管理进行整合，提出了精益质量概念[338]。Ma T B 提出了基于精益生产和质量管理的持续改进方案[339]。严兵和顾克江认为精益生产是全面质量管理所要求达到的高质量的目标，提出了没有全面质量管理就没有精益生产的观点[340]。

（二）精益生产中质量控制过程的相关研究

刘建国研究了精益生产中质量控制的方式和特点，认为在不同生产阶段，由不同岗位的员工承担质量责任，精益生产制造是标准化作业，需要用到质量统计学的知识和全过程的质量检查[341]。王会召以航空业为例，探讨了从研发到生产等各环节精益质量管控的思路[342]。邓俊杰等研究了精益生产过程的质量管理，验证了精益质量管理体系能有效提高产品质量①。吕永卫等构建了 PDAIC 精益质量过程改进

① 邓俊杰，杨晓英，徐彩霞. 基于精益思想的耐火材料企业质量管理改进［J］. 耐火材料，2015，49（3）：223-225.

模型，开展实证研究[343]。范晓华研究了精益生产下的质量管理小组活动，认为精益思想应用在质量管理小组内，能有效提升质量管理小组的工作效率[344]。苏伟玥认为质量管理小组是精益生产的载体[345]。兰琦等提出了质量过程管控的精益质量推进思路[346]。

（三）精益生产中质量管理的指标研究

近年来，一些学者开始关注精益生产中质量管理的指标研究。谢庆红提出，如果不同批次的产品质量主要指标有重现性，就可以认为产品质量是稳定的，这是精益生产精细化管理的优势所在[347]。张洪亮通过研究精益制造的规律，得到了精益实施能力因子，提供了企业精益质量管理衡量标准[348]。陈金兰等提出精益生产中的质量损失因素，为精益生产质量损失提供了相关分析方法[349]。Neukomm D 认为在精益生产方式下，员工个人能力对质量管理水平影响显著[350]。

（四）精益质量管理相关研究

随着精益生产思想与质量管理研究的深入，精益生产思想与质量管理、ISO 9000 标准和六西格玛管理体系融合，形成精益质量管理。精益质量管理以综合改善作业系统质量和效率及零缺陷为目标，通过员工职业化、生产系统化、工序标准化、度量精细化、持续改进化等方式，以事实和数据驱动，以灵活的项目团队形式推进精益质量管理。推行精益质量管理的基础是作业流程及操作的标准化，即 5M1E 分析法（人、机器、材料、方法、测量、环境六个方面）。虽然精益质量管理的概念提出的时间不长，但得到许多企业的认可，GE、海尔等企业都积极应用精益质量管理的方式开展生产。除了对精益质量管理进行应用研究外，叶湘杰设计了精益质量管理体系①，

① 叶湘杰 . M 公司精益质量管理体系设计研究［D］. 长沙：湖南工业大学，2018.

杨晓平研究了精益质量管理评价体系[351]，陈俐竹研究了精益质量成本控制等问题[352]。精益质量管理融合了多种方法，具有一定的优势，近年来逐渐成为研究的热点。截至2022年6月，以“精益质量”为篇名搜索词在中国知网的搜索结果如图6-1所示。

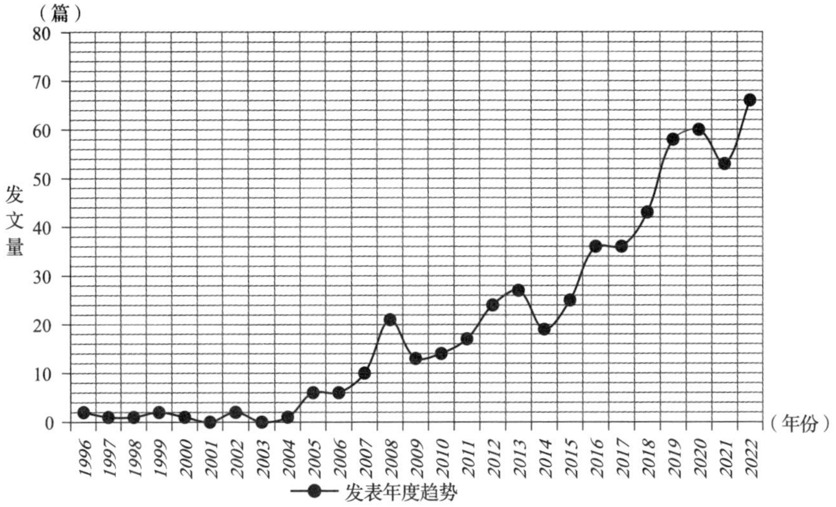

图6-1 以“精益质量”为篇名搜索词在中国知网的搜索结果

第二节 六西格玛管理理论

20世纪80年代末，摩托罗拉公司提出了六西格玛管理法，这是一种融合以往质量管理优秀经验并加以创新的综合技术，追求“零缺陷”质量目标，实现高质量低成本，获取高额利润与企业竞争力的突破。自六西格玛管理法问世以来，全球许多国家积极学习并发展这种方法，并把其他先进方法融入六西格玛管理法中，六西格玛管理法由最初单纯的质量改进方法逐步转变为一种多元融合和追求卓越绩效的管理模式。

一、六西格玛管理理论的起源与发展

20世纪80年代初，美国多数公司面临提升产品质量应对日本企业竞争威胁的问题，一些企业内部开展质量改进活动。来自摩托罗拉的工程师比尔·史密斯在总结全面质量管理阶段、统计控制质量阶段优秀经验的基础上，创造性地提出六西格玛管理法[353]。这种方法融合了统计学、质量管理、工业工程等知识，使产品百万机会缺陷数不超过3.4，远远低于行业平均水平，其他企业纷纷向摩托罗拉公司学习和效仿。GE在1996年开展六西格玛改革，1997年节约3亿美元，1998年节约7.5亿美元，1999年节约15亿美元[354]。

六西格玛管理是全面质量管理的继承和发展，Montgomery D C认为其发展历程可以分为三个阶段[355]。第一阶段是1987—1994年，这个阶段是方法创立及推广期，主要应用于制造业消除缺陷的管理法应用和改进。第二阶段是1995—2000年，这个阶段是利用六西格玛管理法改进产品设计、生产等各环节，降低质量成本，这个时期的代表企业是GE。第三阶段是2001年至今，这个阶段六西格玛管理法被广泛应用到整个组织的价值创造上，供应链与六西格玛[356]管理、精益生产与六西格玛管理的结合研究也成了关注的热点[357]。

六西格玛管理法自提出以来，管理理念、方法工具和实施模式都有不同程度的发展。从大型企业到中小企业、从政府机构到非盈利机构、从制造业到各行各业都掀起了六西格玛变革，形成了丰富的六西格玛管理理论和实践经验。中国企业虽然学习利用六西格玛管理法起步较晚，但发展快速，许多行业积极学习六西格玛管理法，许多学者对六西格玛管理法的应用和改进进行了研究。

二、六西格玛管理理论的主要内容

（一）六西格玛的含义

关于六西格玛的含义可以从统计学和管理学两个方面理解。

六西格玛（6σ）本身就是统计学的名称，意思是考虑正态分布中心相对规格中心偏离 ±1.5σ 后出现缺陷的概率，即每百万不超过 3.4 个缺陷，换句话说是 99.999770% 的产品合格率，趋近于零缺陷水平。

理论界和实务界更喜欢从管理学的视角研究六西格玛。Schrneder R G 等采用扎根理论提出了六西格玛的初始定义和理论，他们认为尽管六西格玛中的工具和技术与之前的质量管理方法惊人地相似，但它提供了一种前所未有的组织结构，这种新兴的质量管理组织结构有助于组织更严格地控制过程改进活动，同时创建一个能够在不同组织成员之间探索问题的环境[358]。Antony J 认为在六西格玛的管理下，不能实现财务盈利的项目不会立项，强调高层管理者的支持和参与，注重组织内各类质量改进专家角色结构的搭配，提出规范化的业务流程改造，改善人文要素和过程要素，基于事实和数据，利用统计学的方法进行质量管理[359]。Pakdil F 认为虽然六西格玛在微观层面上是一种解决问题和质量改进的方法，但在宏观层面上它也被认为是一种全组织的业务战略。六西格玛被认为是一种质量改进方法，旨在减少过程可变性，在整个组织中实现最小化浪费并实现成本最低，使用 DMAIC（六西格玛管理中的流程改善工具）过程产生无缺陷的结果。在宏观层面，六西格玛也被认为是一种方法，它可以不断提高社会绩效[360]。

（二）六西格玛的流程管理

Gupta P 认为六西格玛是超越 PDCA 循环的流程管理模式，最初的六西格玛包括以下步骤：定义产品或服务；识别客户和他们的关键需求；确定要实现和满足的需求；客户要求建立完成工作的流程，如果性能较差，则测量和验证性使其不良率能低于 3.4PPM（Parts Per Million）；提高达到六西格玛的能力[361]。此后有些学者在此基础上简化为定义阶段（Define）、测量阶段（Measure）、分析阶段（Analyze）、改进阶段（Improve）、控制阶段（Control），六西格玛的流程管理也可以叫作 DMAIC（取每个单词首字母）改善过程[362]。表 6-1 显示 DMAIC 过程活动的要点及工具。

质量流程管理意味着建立预期的目标性能，制订计划，提供必要的资源，确保良好方法的卓越执行，并在适当的过程控制下处理异常。Srinivasan K 等认为 DMAIC 是兼容六西格玛概念在制造业、服务业的优秀模型，但是在非常规领域，应用 DMAIC 尚未开始广泛而深入地研究[363]。迄今为止，研究者已提出多种形式的六西格玛流程，例如，Johnson J A 等在迈阿密大学设计新住房时，采用 DMADV 流程，即定义、测量、分析、设计、验证[364]；Cronemyr P 将 DMADV 与传统的 DMAIC 进行了比较研究，认为如果过程失控但只有轻微的客户问题，建议将 DMAIC 和 DMADV 结合使用[365]。此外，还有 Kim J 提出了 DMADOV 流程，在 DMADV 流程中增加了优化环节[366]；DCCDI 流程，指的是定义、顾客、概念、设计、实现[367]；DMEDI 流程，指的是定义、测量、研究、概念、实现；ASI 的质量管理专家乔杜里提出的 IDDOV 流程，即识别、定义、设计、优化、验证。以上流程虽然表述不同，但本质都是在 DMAIC 流程的基础上不断改进的[368]。

表 6-1 DMAIC 过程活动的要点及工具

阶段	活动要点	常用工具和技术	
D （定义阶段）	选择确定项目 分析项目 描述项目	头脑风暴法 亲和图 树图 流程图 SIPOC 图（组织系统模型图） 平衡计分卡	力场图 因果图 顾客的声音 质量功能展开 不良质量成本 项目管理
M （测量阶段）	收集数据 数据梳理	排列图 因果图 散布图 流程图 测量系统分析 FMEA	过程能力指数 不良质量成本 水平对比法 直方图 趋势图 检查表 抽样计划
A （分析阶段）	确定主要原因	头脑风暴法 因果图 FMEA 水平对比法 方差分析 浪费分析 价值流图 流程程序分析	试验设计 抽样计划 假设检验 多变异分析 回归分析 作业时间分析 价值过程 全面生产维护
I （改进阶段）	消除主要原因	试验设计 响应曲面法 调优运算 目视管理 5S 管理 定置管理	FMEA 测量系统分析 看板管理 快速换型 设备布局改进
C （控制阶段）	保持成果运行在新水平	控制图 防差错措施 过程能力指数	标准化作业及标准操作程序 过程文件控制

（三）六西格玛的组织管理

经过长期实践，六西格玛形成了一套自己的“黑带团队”组织，黑带团队包括最高管理者、倡导者、业务负责人、财务代表、资深黑带、黑带、绿带。同时它需要最高管理者、项目保证人及质量管理过程的所有人给予充分支持、沟通与调解。六西格玛组织结构中角色的作用与职责见表6-2。

表6-2 六西格玛组织结构中角色的作用与职责

角色	作用	职责
最高管理者	最核心的领导者，关键的少数	制定六西格玛活动方针和战略
倡导者	六西格玛管理推进的主要负责人	制定六西格玛战略的具体内容、目标等，对企业质量资源分配、组织内外协调沟通等
业务负责人	某个六西格玛项目的关键业务负责人	积极协调组织成员关系，帮助项目实施，寻求相关资源，固化成果
财务代表	开展六西格玛项目财务分析	对项目进行效益预估和财务评价
资深黑带	高级别的六西格玛质量管理专家，为项目顺利展开从整体提供指导、咨询、培训	在全公司从整体协调、推进六西格玛的开展，提供咨询、辅导服务，指导和协助黑带及团队完成项目。
黑带	是具体的黑带团队负责人，企业核心力量，有较强的技术能力，是企业技术骨干	参与具体六西格玛项目管理工作，协调沟通在项目中出现的问题
绿带	六西格玛管理绿带项目负责人，黑带项目参与者	结合专业知识执行六西格玛项目计划，提供专业咨询等

Basu R 等认为有必要构建六西格玛组织文化，在企业内部从上而下建立六西格玛语言和工具，形成六西格玛专业队伍[369]。Schroeder R G 等认为六西格玛是平行—内旋的组织结构，通过提升专家的能

力可以减少组织过程的变异，实现卓越绩效目标[370]。Gutierrez L J G 等认为要重视企业内团队的建设，团队的经验与质量过程控制能力对六西格玛能否顺利开展有一定的影响[371]。Arumugam V 等认为加强组织学习、组织创造和转移能力，对组织绩效有显著影响[372]。Easton G S 等认为在六西格玛组织中，团队领导与团队成员的个人经验都对组织目标能否成功完成产生影响[373]。

三、六西格玛管理理论的其他研究

（一）精益生产与六西格玛的结合

精益生产与六西格玛结合是近年来的研究热点，精益六西格玛不是精益生产和六西格玛的简单相加，而是二者的互相补充、有机结合。与精益生产相比，精益六西格玛增强了可操作性，吸收了六西格玛处理复杂问题的统计学工具和规范的 DMAIC 流程；与六西格玛相比，精益六西格玛把项目与产品所处的整个价值流系统及企业的战略联系在一起，为寻找正确的项目提供了方向[374]。

国外对精益六西格玛的理论研究和实践应用进行了较为广泛的研究。Alhuraish I 等研究发现，专业技能程度、员工参与程度和组织文化变革是精益六西格玛获得成功的关键[375]。Nagi M 等利用精益六西格玛方法改善了 114 种产品的线性平衡和在制品管控问题[376]。Cohen 等采用问卷调查方式，构建了不同质量目标的精益六西格玛改进模型[377]。Gaikwad L 等提出了精益绿色六西格玛的新概念，设计了集成的框架图，帮助印度制造业改善业绩，提升了全球市场竞争力。总体而言，国外关于精益六西格玛管理的研究，大部分都能得到改善产品质量与流程优化的结论[378]。

国内最早对精益六西格玛展开研究是从 2005 年开始的，徐敏提出了六西格玛与精益生产集成使用的想法[379]，张丽红等提出将精益生产与六西格玛整合，提升制造业质量水平的作用[380]。施学良等以物流行业为例，研究认为物流业精益六西格玛管理能够实现质量和速度的完美结合[381]。何桢等进一步阐释了精益六西格玛是实现持续改进的管理模式，是获取竞争优势的新方法[382]。这几篇文章是我国较早开始精益六西格玛管理的文献，主要从开展精益六西格玛方法进行企业质量管理的意义和应用展开，此后关于精益六西格玛的研究逐年增多。王颖等认为精益六西格玛管理虽然是当前先进的管理方式，但要结合企业实际，简单模仿、生搬硬套都是不可取的。要以顾客驱动为原则，要高层管理者积极参与，全员参与，形成持续质量改进的组织文化[383]。申卫群等介绍了精益六西格玛项目失败的教训，提出六西格玛需要全员建立精益六西格玛观念，形成共识后才能成功①。何桢等对 2000 年至 2021 年 6 月的精益六西格玛文献进行了回顾，梳理精益六西格玛理论研究和产业应用的现状，提出从战略、系统和集成的角度分析精益六西格玛发展趋势[384]。

精益生产和六西格玛是源于东西方文化的不同管理思想，各有千秋，如何将二者进行深度融合，获取两种方法的优势，仍然值得深入研究。

（二）新技术背景下六西格玛管理的变革

随着人工智能、物联网、工业互联网、大数据等数字技术的发展，六西格玛管理理念借助数字新技术，能够发挥六西格玛质量管理综合考虑用户的需求特征，结合数字技术精细化处理数据能力、

① 申卫群．精益六西格玛视域下的图书馆服务流程优化研究［J］．情报理论与杂志，2017，40（5）：99-105.

高质量个性化服务能力，实现企业与客户的双赢目标。张广芳研究了互联网产品的六西格玛管理，通过六西格玛的流程改进，提升了互联网产品的效益和综合竞争力[385]。李帆研究了物联网技术与六西格玛质量管理结合，设计了物联网六西格玛质量管理系统，从硬件和软件方面构架设计，结合质量功能展开和CE矩阵功能，帮助质量管理人员更好地解决质量问题[386]。李富晓将工业互联网与精益六西格玛融合研究，发现精益六西格玛导入工业互联网服务后，能够弥补精益六西格玛的短板①。刘春辛研究智能制造背景下企业六西格玛管理的特点，其能使FMEA分析理论的控制范围扩大，提升项目实际质量的评价精确度[387]。胡亮将大数据技术与精益六西格玛结合研究，能够更好地利用大数据技术对海量质量数据进行处理[388]。刘兴锋等介绍徐工集团利用互联网、大数据等技术，探索互联网大数据环境精益质量管理的先进经验，对其他单位有一定的启发作用[389]。

未来，新技术与六西格玛管理体系的融合是一种趋势，可以进一步解决企业生产和管理实践上存在的问题，赋能企业进一步开展质量改进工作。

第三节　小结与评述

精益生产理论是日本丰田汽车公司的经验总结，其关注客户需求，以客户需求为拉动，追求零缺陷，以消除浪费和不断改善为核

---

① 李富晓.工业互联网背景下F公司精益六西格玛应用研究［D］.开封：河南大学，2019.

心，是企业成本较低、效益较高的一种全新的生产管理模式。强调发挥整体功能，以准时化和自働化为支柱，尽可能满足客户对时间和价值的要求，通过不断改进工序，注重全员的协调配合，缩短生产周期，为客户带来增值的生产活动，从而显著提高企业竞争能力。

丰田汽车公司认为没有保证产品的质量，则不可能实现精益生产，精益生产和质量管理相结合，能促进产品质量的持续改进。精益生产制造是标准化作业，需要用到质量统计学的知识和全过程的质量检查，精益生产的质量管理强调事前预防，在设计阶段就把可能出现不合格品的问题考虑清楚，从而在根源上保证质量，保证整条生产线的合格品率，使必要的工作概念由模糊变得十分清晰，消除不该产生的浪费。

精益质量管理是精益生产思想与质量管理、ISO 9000 标准和六西格玛管理体系的融合，以综合改善作业系统质量、效率及零缺陷为目标，通过员工职业化、生产系统化、工序标准化、度量精细化、持续改进化等方式，以事实和数据驱动，以灵活的项目团队形式推进精益质量管理。推行精益质量管理的基础是作业流程及操作的标准化，即 5M1E（人、机器、材料、方法、测量、环境六个方面）。精益质量管理是近年的研究热点，但关于如何与不同管理体系进行深度融合，还有待深入研究。

六西格玛管理法最早由美国摩托罗拉公司在 20 世纪 80 年代提出，现在已经成为风靡全球的质量管理体系。六西格玛管理法借助统计学知识，注重事实和数据，核心是追求零缺陷生产，防范产品责任风险，降低成本，提高生产率和市场占有率，提高顾客满意度和忠诚度。六西格玛管理法关注产品、服务质量的实际情况，也关注产品和服务质量过程的持续改进。六西格玛管理法的“黑带团队”组织管理方式也颇具特色，注重最高层管理者、中层管理者、基层管理者和普通员工的全员参与，明确不同岗位员工的质量管理职责。六西格玛管理法是兼容性较强的方法，适用于不同技术情境，随着大数据技术、人工智能技术、移动互联网、物联网、云计算等技术的推广，六西格玛管理法与这些技术结合，能够发挥六西格玛质量管理综合考虑用户的需求特征，实现企业与客户的双赢。

第七章

前沿命题与未来发展

▲

CHAPTER 7

第一节 国家质量战略及相关理论的发展

综观美国、日本、德国等国家，从工业贫瘠到工业发达，在其发展的历程中，他们关注质量管理，制定国家质量战略，促进国家经济水平提高，提升国家竞争力。

一、现代几个典型国家的质量战略

（一）日本的“质量救国战略”

日本本土市场容量小，主要靠出口获取顺差收益。20世纪四五十年代，日本生产落后，产品质低价廉，产品在国际上的声誉并不高。为了提升经济，加大产品出口贸易顺差额度，日本政府提出了“质量救国战略”，并采取了一系列措施，促使日本产品质量迅速提高，达到全球领先水平，实现质量兴邦。

国家层面，日本制定一系列政策开展“质量救国战略”。早在1951年，日本就设立了“戴明质量奖”，表彰那些对日本质量发展做出突出贡献的个人或团体，这是全球第一个以国家的名义颁发的国家质量奖。为推进日本企业开展全面的质量创新，日本政府出台质量竞争政策，指导并激励企业通过质量创新获取竞争优势，推动日本企业从产品设计到生产及销售等领域，都进行质量管理革新，增强企业经济活力。监管方面，为维护消费者权益，日本重视消费者质量保护政策的颁布，培育多层次、有公信力的社会质量组织，加强形成专业化的质量保护服务体系。1968 年，日本政府围绕消费者质量权益保护出台了《消费者保护基本法》，体现了日本政府对质量的重视。此后，围绕解决产品质量问题，日本政府颁布了 260 多种法律、法规，形成了完整的消费者权益法律体系。在质量人才培养方面，日本在 20 世纪 40 年代末就有组织地选派有为青年到美国等发达国家学习质量管理的先进方法，培养学生的工匠精神，利用校企合作、工学结合等方式完善国家质量人才培育体系，通过提升劳动力质量，驱动质量管理良性发展。日本质量管理政策也重视对中小企业质量咨询的指导，帮助中小企业开展质量改进计划。日本质量政策注重对标准化的管理，通过推进标准化战略，不断修订和提升相应标准，形成适应新的市场环境的标准化制度。日本质量文化中群体意识较强，工作中注重对集体力量的培养，部门合作及协调都非常容易开展，有利于全面质量管理理论及方法的推行[390]。

第二次世界大战后，日本开展的“质量救国战略”成效显著，产品质量达到了全球领先水平，通过“质量”使本国产品在国际上获得了较高的声誉，取得了较高的经济效益。

（二）美国的质量战略

近代以来，美国开启科学质量管理的先河，却在 20 世纪六七十年代遭遇了来自德国、日本的质量挑战。美国政府从德国、日本重视质量管理获得竞争优势的经验中意识到，美国如果想重新夺回领导地位，必然要重视质量管理。为此，美国陆续出台一系列政策，希望通过提升质量，重振美国经济。

美国政府从 20 世纪初就意识到质量对国家经济发展的重要作用，从 1906 年开始就零星出台一些质量政策[391]。20 世纪 60 年代，美国政府意识到本国的质量政策迫切需要完善，由此更新和强化新的产品质量管理政策[392]。1987年，里根总统签署了《质量振兴法案》，希望通过强化生产和质量，提振美国经济。为显示美国政府对质量管理的重视，美国学习日本经验，设置美国波多里奇国家质量奖，旨在表彰为美国质量管理做出卓越贡献的企业，为了让这个奖项的含金量更高，得奖率非常低，每年每个类别的奖项只有两个名额。美国还设置了"质量月"，号召全国企业及民众重视质量管理[393]。

美国政府颁布了一系列相关的法律法规，来完善对产品质量的监管。设立了质量监管部门，其职责不仅包括监管国内产品的质量，还包括对进出口产品的质量进行监管。基于产品不同的质量风险等级，采取不同的质量监管模式，如对与百姓生活密切相关的产品采取质量强制监管、缺陷商品的召回监管等。美国的质量管理不是由政府单一管理的，而是同时邀请许多社会组织、行业协会等共同治理质量安全问题，同时借助互联网舆情等，协同利用多种量化工具评估质量效果，不断改进相关质量政策。

现代机器化生产强调更紧密的合作，从美国一些获得成功的世界级工厂的经验来看，其质量文化也更加重视完整性、协调性，整条价值链的成员都是质量的统一体，人人都重视质量，形成开放、诚信的质量沟通平台，重视质量改进。因此，美国企业在全面质量管理阶段成绩斐然，还提出了六西格玛的质量管理新方法[394]。

通过多年的努力，美国的国家质量管理能力迅速提升，国家竞争力显著加强，重回世界排名第一的位置，提高了国民收入水平，提振了国家经济。

（三）德国质量标准化战略

19世纪中期以前，德国制造的产品质量被广为诟病。而现在，德国制造的产品在世界上有着广泛的美誉度和知名度。德国靠的是严格的质量管理和标准化管理才取得今天的成就[395]。德国是世界工业标准化的发祥地之一，世界上有许多标准是在德国制定，并被广泛推广的。德国一直奉行质量发展，标准先行的原则。德国从19世纪中后期开展标准化活动后，工业品质量快速提高，并迅速占领市场。标准化使德国经济一直处于全球领先水平，德国深刻体会到“谁制定标准，谁就拥有市场”的红利，把标准化作为经济战略工具。进入21世纪后，德国改进标准化战略。为迎接欧洲统一市场，2005年德国制定的标准化战略包括5项目标和23项措施。2013年4月德国推出《德国工业4.0战略计划实施建议》，随后德国标准化协会（DIN）确定工业4.0标准化路线，旨在让德国在新一代信息技术创新浪潮中依然保持强劲的竞争力。2016年，德国再次更新了标准化战略的愿景与目标，目的是促进德国“工业4.0”与新能源转型背景结合，更好地面对未来的挑战。2016年11月出版的德国标准化战略目标及实施要点如表7-1所示。

表7-1　德国标准化战略目标及实施要点

战略目标	实施要点或构想
标准化促进国际和欧洲贸易发展	①加强标准化制定，成为ISO等国际组织的标准 ②努力使德国标准在欧洲及国际范围适用 ③使标准化项目能更贴近市场 ④德国标准化协会（DIN）、德国电气工程师协会（VDE）和德国电工委员会（DKE）的决策得到“国家—社会—企业”的多重认可
标准化成为放松管制的一种工具	①标准化工作使政府放松管制，助力公共采购 ②使“新立法框架”涵盖更广泛的领域 ③标准制定人员与政府相关部门、企业建立深度联系，互信、合作 ④标准化工作要考虑公众利益

续表

战略目标	实施要点或构想
德国走在将面向未来的议题纳入全球标准化工作的最前沿	①德国标准化协会、德国电子协会、德国电工委员会在全球具有影响力，创建全球领先的标准化平台 ②德国标准化协会、德国电子协会、德国电工委员会融入数字化变革、标准化制定与数字变革融合
企业和社会成为标准化的驱动力量	①企业积极参与标准化工作，有较强的制定标准化和持续参与标准化工作的意愿 ②企业提出标准化制定的议题 ③标准化制定要符合社会总体要求 ④标准化制定为社会创造附加值和可持续发展价值 ⑤标准制定要与技术协会、各类论坛和联盟紧密合作，共同商讨标准化发展议题
企业将标准化作为一种重要的战略工具	①标准化对德国产业发展的益处 ②企业通过制定标准及标准化工作形成竞争优势，使标准化作为战略工具 ③标准化工具的先进性 ④企业结合用户需求开展标准化工作 ⑤中小企业积极参与标准化活动 ⑥提升企业影响力，在国外或国际标准组织制定标准
公众高度认可标准化	①标准代表产品更具安全性，有更好的性能及质量 ②各层级标准化组织有较高的标准化工作能力 ③公众能表达标准诉求，参与标准化活动 ④各层级标准化组织能够公开、共享标准内容，鼓励各企业、各部门等利益相关方参与标准制定 ⑤确保标准化工作流程的公开和制定质量 ⑥学术团体、政府机构重视标准化教育 ⑦推广和宣传标准化的应用及标准化对经济、社会发展、普通民众的贡献

从德国的标准化战略演进中可以看出，德国标准化战略不是一成不变的，其会根据当前世界技术发展的方向，随时调整标准化战略的内容，目的是以标准化获取竞争优势和经济效益，利用标准化

战略服务德国企业更好地参与市场竞争。德国标准化战略不是只在国内进行，其积极在全球布局标准化理念，将德国标准上升为欧盟标准或国际标准，从标准专利中获取高额的收益。德国标准化机构处理对外事务时非常灵活，协调能力强，从而能够更好地把德国标准推向全世界[396]。

（四）中国的质量强国战略

改革开放以来，我国经济、文化、技术等各方面成就显著，但也从和国外发达国家的往来中意识到差距，一些有识之士借鉴国外发展经验，提出了“质量强国”的建议。根据《中国统计年鉴》分析，截至2021年，我国第一产业比重逐年减少，第三产业比重逐年增加，我国进入“发展型阶段”。老年人口比重增加，未富先老，年出生人数减少，出现“用工荒”，靠低廉劳动力成本、出口低价低质产品的模式已经不适应我国当前的生产实际。与此同时，改革开放40多年，百姓生活水平提高，居民需求结构发生变化，对产品质量和生活品质的要求更高，要使国家经济总量和人均收入达到更高的水平，必然要走高质量发展道路，实施质量强国战略[397]。2012年，国务院印发的《质量发展纲要（2011—2020年）》提出“建设质量强国”。2016年3月，《中华人民共和国国民经济和社会发展第十三个五年规划纲要》提出“实施质量强国战略”。

质量强国既是目标也是过程，更是我国建设社会主义现代化强国必经的路程。实施质量强国战略是系统工程，需要对当前我国开展质量强国的宏观、微观环境进行分析，从政府和市场两条路径研究如何实现质量强国，加强社会资源的利用，注意质量管理组织的多层次培育，利用标准化组织参与管理，设计质量信息不对称时的交易制度，从“硬制度”和“软制度”等方面设计相应的制度支撑[398]。我国质量强国战略框架如图 7-1 所示。

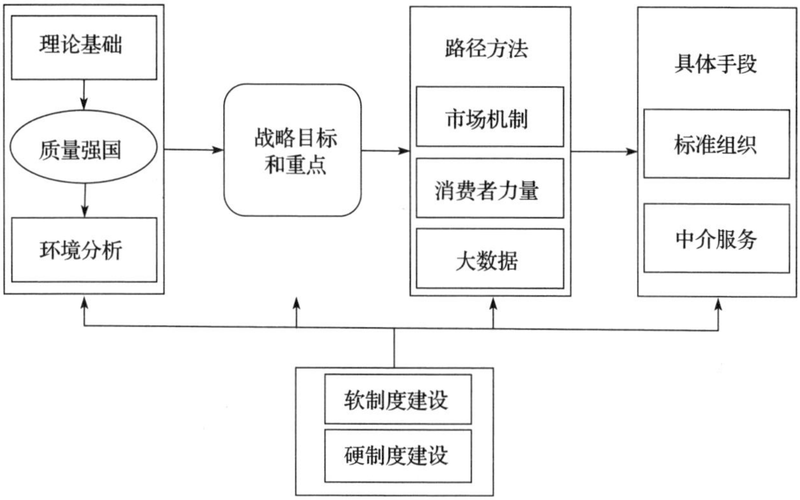

图 7-1　我国质量强国战略框架

资料来源：程虹，陈昕洲，罗连发．质量强国战略若干重大问题研究［J］．宏观质量研究，2013，1（3）：1-14.

当前，我国政府已经颁布了一系列质量政策，形成了协同有效的质量管理制度体系和法规体系。我国围绕质量管理颁布了《中华人民共和国产品质量法》《中华人民共和国消费者权益保护法》等法律法规，形成了较为完善的质量法律法规体系。构建了"中央—地方政府—企业"多层次的质量监管体系，对质量工作形成立体的考核制度。中国政府在 2012 年设立了质量领域的国家级大奖——"中国质量奖"，旨在表彰在质量领域做出杰出贡献的组织和个人。"中国质量奖"每两年评选一次，着重从质量管理方法和模式创新等维度构建评选指标，目的是树立中国质量管理标杆，带动全国质量升级，促进产业更好地转型。向其他国家学习，开展国家质量基础设施建设，从执行计量、标准、认证认可等角度设计质量体制框架，提升国家发展质量的基石[399]。国家质量基础设施体制框架如图 7-2 所示。

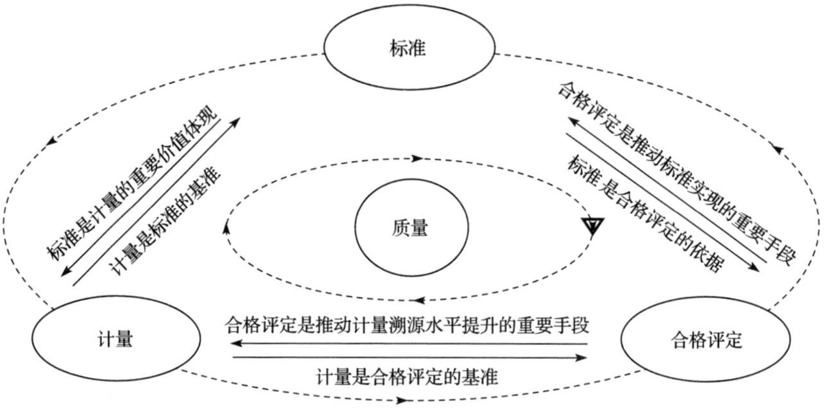

图 7-2　国家质量基础设施体制框架

我国开展质量强国建设，任重道远，需要通过政府、企业、社会组织、消费者等的共同努力，推进多主体、多层次参与质量强国建设。质量强国不是一蹴而就的，在这个伟大的征程中，仍然需要与时俱进，不断改进已有的政策。因此，部分学者围绕质量强国建言献策，提出了自己的观点。有的学者提出要打击假冒伪劣，建设质量诚信体系，加强对企业的质量信用记录，加大对质量失信“黑名单”内企业的惩罚。吴生龙等认为质量强国应该是“点（企业）一线（地方政府）一面（国家）”自上而下及自下而上双向调节的质量振兴过程管理[400]，江晖认为要向国外学习，培养工匠精神，利用互联网技术开展质量专业知识的普及[401]。闫坤等对相关政策提出了自己的见解，如提出宏观质量政策框架[402]、具体的财政政策体系等[403]。于欣丽强调标准化对质量强国的作用，强调标准创新[404]。我国的质量强国之路，道阻且长，战略的实现就是对问题的突破，需要全社会的共同努力。

二、质量竞争力理论

传统的质量观念认为提高产品质量必然会提高产品价格，从而导致产品销量降低，质量与价格是不可调和的矛盾[405]。但随着生产力提升，消费升级，一些经济学家发现虽然产品质量提升、成本提高，但企业获取的利润反而更高了[406]。在美国麻省理工学院的一项研究发现，刚开始产品拥有较高的市场占有率可以获取较多的利润，但如果产品要拥有持续的市场占有率，则需要在“产品和服务质量”方面处于领先位置，从而提高产品质量竞争优势[407]。

经济学家将产品质量的差异化水平分为水平差异化竞争和垂直差异化竞争。在水平差异化竞争中，产品质量的差别非常微小，而在垂直差异化竞争中，产品的质量差别则比较显著，由此开展研究。对水平差异化及产品质量同质化的研究最早可以追溯到1838年的古诺模型[408]，其前提条件就是产品质量完全相同，由此得到企业数量无穷时，产品均衡利润为零。产品质量垂直差异化竞争则是进入20世纪后，随着相应的消费现象被经济学家发现后才开始被研究，并被不断演绎。20世纪后许多关于产品质量竞争研究的文献主要研究的是产品质量垂直差异化竞争。研究主要从以下几个方面展开。

一是产品质量竞争的主体。包括产品供应者、消费者和竞争者。通过研究三者的关系，研究供应者在质量竞争中采取什么策略可以获得更多消费者的认可，研究相互间的供需关系对最后消费者购买决策的影响。产品质量竞争可以提升企业的创新能力，提升企业的进取精神，提升产品质量，获取竞争优势。消费者能够从多种信息渠道获取物美价廉的优质产品。

二是质量竞争的范围。研究不同国家产品质量竞争的差异性、引起其差异的原因及相关影响。研究认为欧美国家的产品质量高，竞争优势大，发展中国家的产品集中分布在低质量产品中，欧美国家与发展中国家存在“质量阶梯”，产品质量竞争会导致优胜劣汰，发展中国家处于产品质量垂直竞争的弱势[409]。Aiginger计算单位产品价值，与几个主要竞争国的数据相比较，认为德国出口产品质量存在竞争优势[410]。André F J选择对质量敏感的行业作为研究对象，实证分析认为欧美国家质量竞争力较强，在这些行业以质量竞争为主[411]。

三是质量与收益的关系。李正权认为企业高质量的产品被高收入群体购买，高收入群体的销售量对高质量产品的收益影响较大。高质量的产品同样可以进行差异化生产，只要能找到产品质量和收益达到最经济的那个点，企业一样可以获得垄断收益[412]。李志德认为质量竞争不仅要注重获取高额收益，还应该关注产品设计和研发过程，质量竞争是综合竞争力的表现[413]。

四是制度和环境建设等方面。马小平认为产品质量升级很容易导致技术壁垒，企业在质量竞争中获取超额利润，处于垄断地位，因此，需要建设一个结构配套的市场体系，使劳动、资本等生产要素得以流通，从制度上遏制垄断，保护产品质量竞争的开展[414]。

五是质量竞争力的评价。当前获取质量竞争优势，对一些企业而言是非常重要的，但这些企业并不清楚自身的质量竞争力[415]。由此，一些学者设计质量竞争力模型，采用多种多样的评价方法，多层次、多目标地对企业质量竞争力进行评价，为提升企业质量竞争力起到更好的指导作用。神经网络方法可以对多个企业质量竞争力进行评估，难点在于数据收集，需要根据历史数据反复调试才能确定[416]。于洋等利用复合线性矩阵测评方法评估企业具体部门质量管理情况，形成竞争力指数[416]。卓越绩效准则评价方法将竞争对手与行业龙头企业的数据导入，通过比较，能够认识到本企业差距及改进的因素[417]。层次分析法结合专家的意见，主观性强，但对一些复杂决策问题可以直接评价[418]。

质量是企业获取持续竞争优势的关键因素，质量是企业获取收益的重要来源，对质量进行竞争力分析，有利于企业对自身条件进行客观判断，也有助于企业认识不足，提出改进的方向。

三、宏观质量管理理论

国外关于宏观质量管理的研究成果缺乏系统性，主要从政府质量安全治理、质量监管等维度分别展开论述，探讨政府开展质量治理的相关政策研究。根据中国知网相关文件分析，国内最早开展宏观质量管理研究的是吕广振、陈建勋对卫生防疫工作的宏观质量管理研究[419]。任恕崇从系统的观点认为宏观质量管理要从整体性和层次性的角度开展管理[420]。金良超认为质量管理存在效用性、经济性和社会性的特点，可以将产品质量标准、市场需求、质量利润和质量损失等作为宏观质量评价指标[421]。郭仲伟等将宏观质量评估和微观质量评估两个维度相结合，提出了质量评估系统结构，并提出了宏观质量管理的基本理论与方法[422]，质量评估系统结构如图 7-3 所示。方永祥从制定宏观质量规划的依据、指导思想等角度，提出了对宏观质量发展进行规划的提议①。刘丽探讨了在市场经济环境下，我国宏观质量管理的对策[423]。

① 方永祥. 关于宏观质量发展规划工作初探 [J]. 管理科学，1994（4）：25-26.

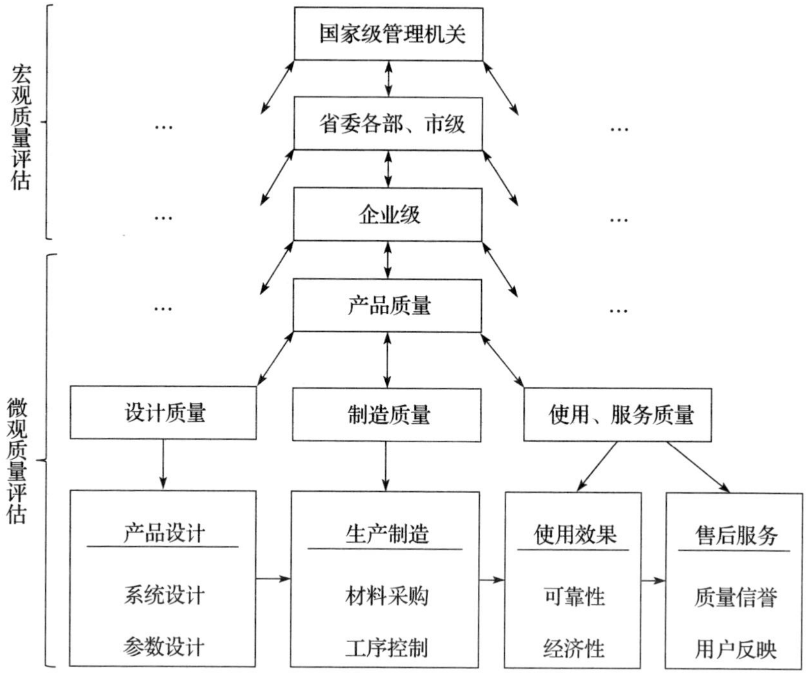

图 7-3 质量评估系统结构

资料来源：郭仲伟，徐联仓，朱力群，等.宏观质量评估的理论与方法［C］.企业发展与系统工程——中国系统工程学会第七届年会论文集，1992：156-162.

进入21世纪后，我国宏观质量管理工作遇到新问题与新挑战，迫切需要一套更加系统的宏观质量管理理论指导当前工作，程虹结合前人宏观质量管理研究的优点，结合国家宏观质量管理的特点，系统性地构建宏观质量管理理论。程虹认为宏观质量管理是一门科学，研究对象是一个国家、具体区域、行业的总体质量，目的是对总体质量进行有效监管[424]。他认为，开展宏观质量管理需要在社会质量安全的假设基础上展开，从质量收益和质量伤害两个维度分析。宏观质量管理体制由三大体系构成：第一是由市场这个“看不见的手”对市场进行监管，建设市场质量监管体系；第二是发挥社会各种组织、机构力量形成社会质量监管体系；第三是政府从机构设置、执法人员培训等方面形成政府质量监管体系。高忠维等结合程虹的研究成果，绘制了宏观质量工作模型（见图 7-4），有助于理解我国开展宏观质量管理的具体内容。宏观质量管理理论在未来很可能会随着社会经济的发展而不断演进[425]。

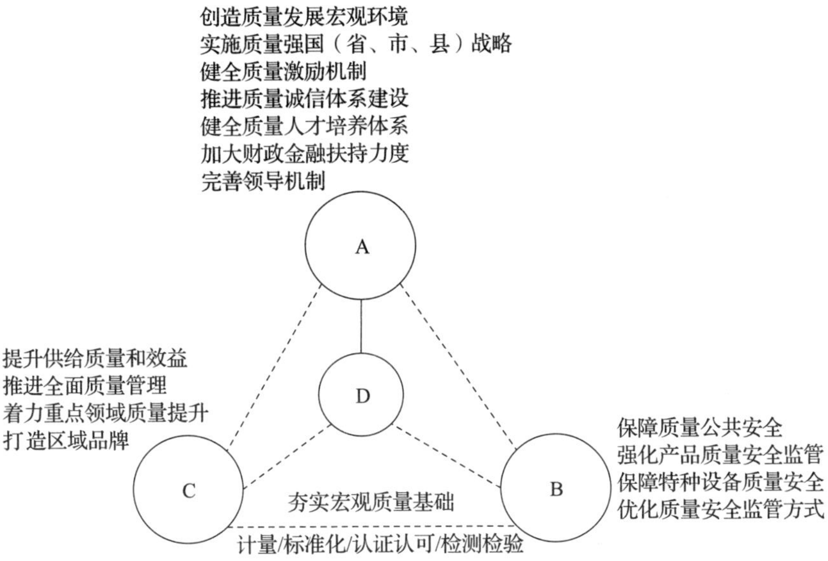

图 7-4 宏观质量工作模型

资料来源：高忠维，王立兵，李建国，等. 宏观质量管理的系统方法研究［J］. 质量探索，2018，15（3）：53-59.

开展宏观质量管理能够满足社会和国民的要求，也有一些学者对宏观质量管理进行评价研究。主要从顾客满意度和质量竞争力维度展开。Ennew 等以银行业为研究对象，从消费者满意度等维度测量金融服务质量指数①。Beaumont 和 Libizewski 以医药行业为研究对象，建立相应的服务质量指数②。程虹基于消费者感知，构建我国宏观质量

① Ennew C T，Bink C T. Binks M R. Impact of participative service relationships on quality，Satisfaction and retention：an exploratory study［J］. Journal of business research，1999，46（2）：121-132.

② Beaumont A G，Libiszewski D A. A prescription for quality［J］. Management Services-Enfield. 1993（37）：18-18.

分析模型，评价我国宏观质量现状[426]。马小平用因子分析法，构建了宏观质量指数[427]。程虹等构建主客观指标，提出了区域总体质量指数（TQI 指数）[428]。

第二节　魅力质量理论

一、魅力质量理论的概况

狩野纪昭是日本现代著名的质量管理学家，他最伟大的成就是提出并发展魅力质量理论。他的理论同时受到赫兹伯格的双因素激励理论和石川馨前向后向二维品质评价的启示，从二维的角度研究产品质量的客观品质与消费者对产品质量的主观感受结合，创建 KANO 二维模型的魅力质量理论。

魅力质量理论的核心是 KANO 模型（卡诺模型）[429]，这个模型是建立在二维坐标系的，横轴代表产品或服务本身的质量水平，其物理特性的充足或不足程度；纵轴代表消费者对产品质量的感知水平，存在“非常满意”“无差异”“非常不满意”等评价等级。结合产品客观物理特性水平和消费者对产品质量的主观评价，得到了五种质量属性类型。KANO 模型如图 7-5 所示。

一是必备质量要素属性。即这个质量属性是最基本的，这种质量属性让消费者认为是理所当然应该有且必须有的质量属性，如果这种属性消失，则会引起消费者对这个产品的不满。

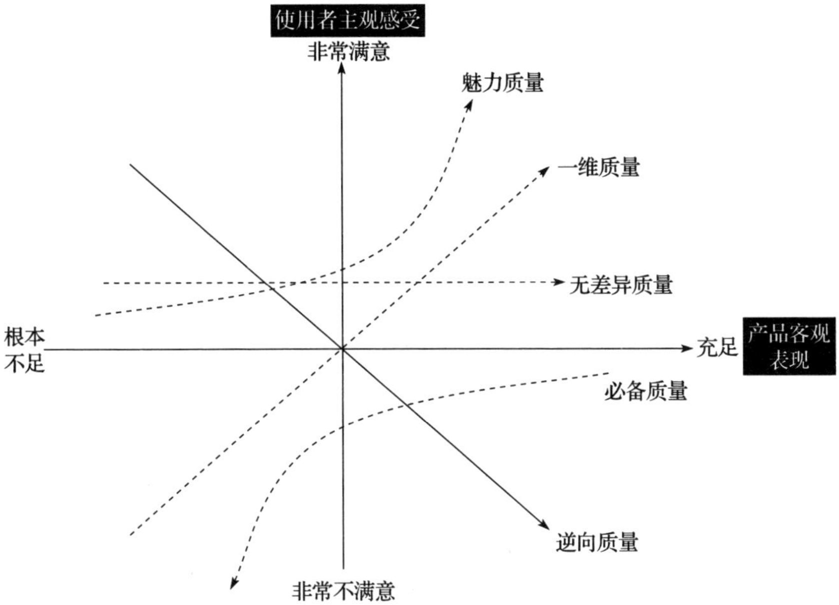

图 7-5 KANO 模型

资料来源：狩野纪昭 . 在全球化中创造魅力质量［ J ］. 中国质量，2002（9）：39-41.

二是一维质量要素属性。即企业或机构提供这种质量属性越多越充足时，消费者获得的满意度越高，反之则越少。体现产品质量属性与消费者满意度的正向关系。

三是魅力质量要素属性。这种要素存在时，会给消费者意想不到的惊喜和喜悦感，完全超出消费者预期。当这种要素消失时，消费者不会过于在意，但拥有魅力质量要素的产品会赢得更多消费者的青睐。

四是无差异质量要素属性。是指这种要素不论有或没有，消费者完全不在意，不会影响消费者的满意度。

五是逆向质量要素属性。这种要素存在时，不但不会吸引消费者认可，反而会引起反感，消费者满意度会迅速降低。

为更好地分析产品不同功能的质量属性对应的质量所属层次，

狩野纪昭开发 KANO 模型质量要素问卷，形成 KANO 模型质量要素对应表，如表 7-2 所示。

表 7-2 KANO 模型质量要素对应表

正向＼反向	喜欢（选项 1）	理所当然（选项 2）	没感觉（选项 3）	能忍受（选项 4）	不喜欢（选项 5）
喜欢（选项 1）	一维质量要素	魅力质量要素	魅力质量要素	魅力质量要素	一维质量要素
理所当然（选项 2）	逆向质量要素	无差异质量要素	无差异质量要素	无差异质量要素	必备质量要素
没感觉（选项 3）	逆向质量要素	无差异质量要素	无差异质量要素	无差异质量要素	必备质量要素
能忍受（选项 4）	逆向质量要素	无差异质量要素	无差异质量要素	无差异质量要素	必备质量要素
不喜欢（选项 5）	逆向质量要素	逆向质量要素	逆向质量要素	逆向质量要素	一维质量要素

狩野纪昭认为产品质量属性不是一成不变的，而是动态性发展的。他以彩色电视机为例，认为其经历了“魅力质量（1983 年）→一维质量（1989 年）→必备质量（1998 年）→魅力质量（2000 年）”的动态发展，其质量属性存在生命周期的特性。狩野纪昭认为满足消费者魅力质量属性不是终极目的，关键是要寻找到并实现消费者的潜在意愿，给予其持续的喜悦感，消费者才会成为忠实顾客。结合 KANO 模型，狩野纪昭认为质量管理可以分为三个步骤：首先是按照一定的标准，产品达到必备质量程度之上；其次是开展产品设计，侧重一维质量因素研究；最后是分析消费者潜在需求，开发魅力质量要素，使产品具有黏性，拥有一批忠诚的客户，将企业品牌做大做强。

二、KANO 模型的发展

狩野纪昭推出 KANO 模型后，立即受到了质量管理界的推崇。一些学者对他的方法进行了改进，例如，Kurt Matzler 从正反两面提出相应问题，直接确定质量属性的类别，目前成为 KANO 模型普遍使用的方法。一些学者通过调研及案例分析，认为 KANO 模型具备许多优点，其能够识别不同类型的客户，提升最有利的质量特性。在确定必备质量属性前，能够在产品开发阶段就确定相应标准的取舍。能够基于不同细分市场中顾客的需求，有针对性地设计产品，提升产品质量属性，还能帮助顾客设计魅力质量要素，打造质量惊喜。KANO 模型对质量的管理是系统的管理，形成系统的质量要素管理。

KANO 模型具有普遍适用性，而且可以简单操作，能够有效识别潜在的客户需求，目前被广泛应用在各行各业。KANO 模型与质量功能展开（QFD）结合，开展多维度的研究。KANO 模型融入产品设计，提高消费者满意度。利用 KANO 模型可以对服务质量进行评价。KANO 模型可以开展客户知识管理，将客户隐性知识转化为显性知识。

KANO 模型应用 40 年来，也被不断改进。Berger C 测算相对顾客满意系数比值，判断 KANO 模型的质量特性类别[430]。Yang Ching-Chow 对质量属性进一步细分[431]，段黎明等提出对样本再抽样以解决最大值问题[432]，陈波波等定义了“最大领先度”，以解决 KANO 模型应用局限性难题[433]。孟庆良等结合模糊决策方法研究消费者的个性化需求，获得了较好成果[434]。魅力质量理论为提升服务能力、加强顾客关系管理、维护忠诚顾客等方面提供很好的建议和分析范式，有助于企业发展魅力质量能力。

第三节　数字技术与质量管理理论发展

一、数字技术与质量管理结合相关理论的发展

1984年，以U Rembold为代表的学者利用计算机技术研究产品的质量，率先提出了计算机辅助质量管理（Computer Aided Quality，CAQ），同时也提出了质量数据分析系统概念。计算机辅助质量管理能够借助计算机技术，对产品的质量数据进行收集和智能化分析，结合分析结果提出相关的处理意见，对质量实现数字化监控[435]。美国Dessouky M I等经过不懈努力和不断研究，提出了集成质量系统（Integrated Quality System，IQS）的概念①。无论是从集成度方面来讲，还是从应用领域层面而言，CAQ与IQS均存在一定差异；从根本上看，均是在计算机的支持与协助下，自动采集并处理相关数据，成功实现质量自动化监控。

Tannock等借鉴前人的研究成果，率先提出了质量系统集成化的战略。在他看来，质量系统的集成从本质上来讲，指的是质量信息的集成[436]。两年后，Tannock经过全面深入的研究，针对制造业生产，提出质量系统自动化监测和集成采集，对IQS的结构化设计及改进方法进行了详细说明，明确了质量数据采集流程和质量管理机制[437]。

---

① Dessouky M I，Kapoor S G，Devor R E. A methodology for integrated quality systems［J］. Manufacturing science and Engineering，1987，109（3）：241-247.

从20世纪90年代开始，各国学者高度重视质量系统设计并对其展开了广泛而深入的探讨与分析，IQS或CAQ在CIM（计算机集成制造）中所发挥的作用日益凸显。1992年，Durakbasa等认为计算机技术开发能力的提升，有利于利用计算机辅助设计开展质量管理[438]。备受人们青睐且应用比较广泛的计算机辅助质量管理软件主要包括德国知名企业MIU自主研发的CAQ系统、美国著名企业SSA推出的HTKS系统等。作为全球管理系统软件最大的供货商，库得克公司自主研发出了一款性能稳定、功能完善且操作便捷的QIS系列软件，能够对企业业务开展过程中的每一个环节进行智能化管理，有利于工作人员及时、全面了解生产状态[439]。

尽管质量数据分析系统研究工作开展时间比较晚，但是在各相关技术、理论日臻完善成熟的今天，其研究工作仍取得了长足进展[440]。无论是从理论分析方面来讲，还是从技术研发层面而言，经济发展水平较高的国家及地区处于明显优势地位，它们在理论研究方面取得了一系列令人瞩目的成果，同时在成果转化和工业应用方面取得了长足进展。

日本专家从计算机系统改进和质量控制对策这两方面入手对质量管理系统展开了全面细致的探讨和分析，普遍表示质量问题属于管理范畴类。他们认为无论是何种质量问题，都需要追究到具体责任人。在进行广泛而深入的研究后，日本专家认为优化质量数据分析系统可以从职工工作标准系统化、专业化培训，增强职工质量责任感，在全企业上下构建起有效的质量文化培训体系[441]。

把质量数据分析系统视为CIMS（计算机集成制造系统）中不可或缺的主要构成要素，和CAD、CAPP（计算机辅助工艺过程设计）等主流系统同等重要，不仅支持质量控制自动化，并且能够自动采集和分析数据。作为全球赫赫有名的制造业大国，德国工业制造水平一向处于全球领先位置，旨在将“德国制造”打造成高质量的象征[442]。德国专家针对CAQ取得各种研究成果，发布到最新技术报告中。报告不仅对CIM接口标准进行了全面细致的分析，并且对CAQ与CIM系统接口展开了全方位、深层次的探究。德国CAQ研究工作起步比较早，研究内容相对丰富多样，其研究水平在全球范围内首屈一指。当前，全球已经有几个较为出名的数字化质量管理系统。

（一）高度智能的质量数据分析系统

从20世纪90年代开始，各国学者纷纷将目光聚焦于先进成熟的人工智能（Artificial Intelligence，AI）技术，并对其在制造、生产领域方面的应用情况展开了全面深入的探讨和分析，此技术能够通过模拟人脑思维方式，对各类不同知识进行准确描述及集中处理。各国学者在质量数据分析系统引入并应用AI技术，成功创建人工神经网络和用以满足推理逻辑的传统人工智能。在此之后，各国学者尝试将决策支持系统（DSS）和AI技术相融合，由此开发出功能更强大且性能更稳定可靠的智能化决策支持系统（Intelligence Decision Supporting System，IDSS）[443]。IDSS原理是在专家系统（Expert System，ES）技术的基础上，提前将行业内权威专家在日常工作中积累起来的建模经验，整合为能够被计算机语言所辨识的知识组织，将其存储于专门的知识库内，通过名为推理机的程序对行业权威学者的推理逻辑进行模仿，由此形成一个具有学习功能的智能软件[444]。在传统的DSS中，若需专家干预，第一步需要启动运行智能软件，如果无法处理现有任务，需要人工处理，此举不仅有利于大幅改善决策效率，还能够切实降低决策人的工作处理量。IDSS可被分为多种驱动类型，被普遍应用的是数据驱动IDSS。当前全球技术逐步朝着智能化发展，由此质量监控技术必然也要朝着智能化发展，才能有效地满足实际应用需求。

（二）基于先进制造技术的 Web 集成质量系统

先进制造技术（Advanceed Manufacturing Technology，AMT）是由美国专家研发出的一项新型技术[445]，融合先进成熟的信息技术和现代化管理理念，适用于包括产品规划、生产、管理等在内的各个环节，为实现高效、优质生产提供可靠的技术支持，同时，增强了市场适应能力。基于以上分析，AMT 技术的诞生、应用和互联网之间具有较强关联。网络的广泛普及和大范围覆盖，不仅使信息传递形式发生较大变化，而且在很大程度上改变企业的组织管理模式，有助于企业在及时把握市场需求的基础上，制造出与用户需求更契合的产品。在竞争愈演愈烈的今天，企业不仅需要第一时间准确、全面掌握各子企业的运营现状，还需要实现信息在各部门、各区域的实时传输。除此之外，企业和用户、合作商等之间均需及时传递信息。在数据交换领域，基于 AMT 技术的 Web 集成质量系统[446]，其支持技术和主要研究方法都是在互联网环境下形成多层次软件技术体系结构。

在中国，互联网先进技术的发展，同时伴随着各种先进质量管理理念和模式的推行，在一定程度上推动了质量数据分析系统的研发与应用。现在，很多高校和科研单位都加入到了此项目的研究行列中。有学者对以质量 BOM 和整合条码为基础而创建的质量数据分析系统进行了深入细致的研究[447]，在借鉴前人研究成果的基础上，对 CIMS 环境下的质量开发过程和开发方法进行了深入研究[448]，以上研究在很大程度上促进了新的质量管理系统的诞生与应用。

当前，各行业学者在借鉴西方国家先进技术和成熟经验的基础上纷纷研发出了适用于不同行业的质量管理信息系统。基于日益完善且成熟的理论研究体系，各种各样的质量管理商用软件被相继推出，如海尔集团等在内的多家知名企业引入并应用了质量管理信息系统，由此获得了较为可观的经济收益。

国内高校和企业也推出了许多质量管理系统，比如，浙江长兴昇阳科技有限公司和西安交通大学通过协同合作探索，共同推出了一款以客户端服务器为基础的智能化质量管理系统。它能够对机械制造企业各业务流程进行集中化、全面化质量管控，有利于企业获得更多的经济收益[449]。北京航空航天大学的研究团队在汲取当时先进成果的基础上成功地研发出面向 ERP 系统集成的质量保证与管理系统[450]，性能可靠、功能完善且操作便捷，为企业开展质量管理工作提供了强大支持。

未来，随着智能制造、大数据、人工智能等数字化技术的发展，中国企业加强产品质量系统的研发应用，必然会推动中国质量管理模式的变革和发展。

二、数字技术与产品质量追溯体系理论的发展

产品质量追溯体系最早是和质量危机事件联系在一起的。在 20 世纪 80 年代到 90 年代中期，许多牛染上了疯牛病，为保障普通民众的食品安全与生命安全，1997 年，欧盟成员国围绕制止染上疯牛病的牛被送上餐桌，建立了农产品质量安全追溯体系。建立牛肉质量追溯体系，一方面在事后能追溯牛肉食源性疾病的来源；另一方面通过建立牛肉标识追溯系统，预防染上疯牛病的牛进入市场。由此，围绕农产品及各个行业的产品质量追溯活动纷纷展开，促进产品质量追溯理论研究的迅速发展。数字技术兴起后，许多专家学者将数字技术与产品质量追溯理论结合在一起研究，主要从以下几个

方面展开。

一是数字技术与产品质量追溯体系结合产生的作用与功能。RFID（射频识别）技术体积小、容量大、识别速度快、适应环境能力强，被广泛应用到产品质量追溯体系中，获得不错的效果。有的专家为增强 RFID 技术的效果，将其与二维码技术结合，提升扫码效率[451]。云计算技术虚拟化突破了时间和空间，王坤等学者将云计算技术与产品质量追溯体系结合，实现多用户 B/S 服务[452]。马勇等学者利用人工智能技术，将 Agent 技术应用到视频质量追溯体系中，快速识别质量问题，针对相关的质量问题调整相应的服务[453]。区块链技术能解决产品质量的信任和安全问题，对追溯过程中存在的质量问题不可篡改，是产品质量追溯中的高可靠性工具。汪洋基于区块链的技术优点，设计产品质量追溯系统，获得好评[454]。大数据技术当前也被广泛应用到产品质量追溯体系，有些学者对基于产品质量追溯系统产生的数据进行分析，研究产品在不同环境条件下的质量变异程度、产品质量环境改进的方法。

二是数字技术与产品质量追溯体系结合产生的新问题。新技术条件下，社会监管和法律监管应该适时调整，使数字技术更好地为产品质量追溯体系服务。在新技术条件下，组织形式也应该相应地调整，传统质量追溯体系的组织形式要有所改进，从产品质量追溯的数据共享问题出发，研究体系内不同主体的利益分配问题、大数据征信问题等[455]。

三是研究不同国家、不同区域的数字技术与产品质量追溯体系结合后的相关的新系统。国外发达国家产品质量追溯体系较为完善，将数字技术与产品质量追溯结合，研究这些国家的监管方式、法律法规的调整、相关的追溯实例等。

当前，数字技术与产品质量追溯体系的结合依然是热点，除了可以更好地对产品质量追溯，同时组织管理、法律、监管、利益分配等其他相关问题也亟待破解。

第四节　绿色质量管理与可持续发展

工业技术的进步及对产品质量要求的不断提高，带来生态环境恶化，一些学者开始反思发展工业质量、追求消费者满意度，能否放弃环境可持续发展的严峻命题。通过几十年的呼吁和发展，企业绿色质量观得以建立，绿色质量建设应用到企业更多环节。ISO 9000等一系列国际标准制定时，也将产品质量与环境质量结合起来，提升绿色意识和可持续发展能力。

一、绿色技术与产品质量的关系研究

绿色技术与产品质量的关系存在以下三个方面的关系。

(一) 绿色技术能够促进企业产品质量的提高

有学者通过研究发现绿色技术如果成本较低、外部政策足够优惠，也能对产品质量起到促进作用[456]。Carrión-Flores 等通过对美国制造业的产品质量与污染排放量关系做研究，认为采用环保绿色技术能够显著增加工人劳动积极性，进而提高产品质量[457]。Tanguay G A 对欧盟城市技术的指标进行分析，认为绿色技术使环境变得更好，提升产品质量，降低激励成本[458]。

（二）绿色技术并不能显著提升产品质量

Martin R 等以美国企业研发为研究对象，发现绿色创新和产品质量的关系并不紧密[459]。Endres A 等对不同绿色创新技术与产业关系进行了分析，认为绿色新型技术的开放性并不能显著提高产品质量，产品利润也没有得到显著提升[460]。

（三）绿色技术质量管理与经典质量管理的比较

经典质量管理理论是基础，绿色技术质量管理将绿色环保因素融入进去，考虑人与自然的可持续发展等因素，考虑节约自然资源、保护自然环境、促进未来绿色发展等因素。绿色技术质量管理与全面质量管理的对比分析如表 7-3 所示。

表 7-3 绿色技术质量管理与全面质量管理的对比分析

<table>
<tr><th>异同点</th><th>维度</th><th>绿色技术质量管理</th><th>全面质量管理</th></tr>
<tr><td rowspan="4">相同点</td><td>顾客方面</td><td colspan="2">重视顾客需求，围绕顾客需求开展质量管理活动</td></tr>
<tr><td>员工方面</td><td colspan="2">全体员工参与质量管理，高层管理者制定战略及发展方向，中层管理者承上启下宣传政策，基层员工积极贯彻执行质量管理要求</td></tr>
<tr><td>过程管理</td><td colspan="2">都是全过程的质量管理活动</td></tr>
<tr><td>质量改进</td><td colspan="2">企业积极学习新技术新方法，实现质量管理能力的持续改进</td></tr>
<tr><td rowspan="4">不同点</td><td>战略角度</td><td>兼顾利益的同时追求企业与自然、社会的长期协调发展</td><td>追求企业利益的最大化</td></tr>
<tr><td>管理目的</td><td>注重环境保护前提下，确保产品和服务质量，追求零缺陷</td><td>通过持续改善使缺陷品减少，达到零缺陷</td></tr>
<tr><td>环境保护</td><td>注重环境保护、可持续发展，运用绿色质量管理手段及技术来实现战略目标</td><td>关注到环境保护，但仍然以效益优先</td></tr>
<tr><td>未来发展</td><td>采用绿色质量管理方法及绿色技术的创新和应用，促进实现全面协调的发展</td><td>绿色质量管理与全面质量管理融合</td></tr>
</table>

二、绿色质量管理理论

可持续发展战略驱动下，已有的产品质量管理理论已经不适应新的贸易条件。ISO 14000 认证是国际贸易得以顺利开展的绿色通行证，它要求企业将绿色生产相关指标与企业质量管理相结合，产品达不到贸易对方国家环境指标要求，产品则无法销售。许多国家及其学者开展绿色质量管理研究，主要从以下维度展开。

（一）绿色质量管理的概念

绿色质量管理是将绿色因素融入企业质量管理，达到绿色生产与产品质量管理相结合的目的，在生产时，坚持生态原则，重视采用先进的绿色技术，树立“存续观”[461]，节约资源，降低成本，遵循“自然—生产—消费—自然”的循环[462]。

（二）绿色质量管理体系构建

从系统的角度构建绿色质量管理体系，以过程为基础，建立各个要素相互关联和相互作用的关系，持续地对企业绿色质量管理进行监控[463]。也有学者认为绿色质量管理体系应该遵循标准化原则，将 ISO 9001、ISO 14001 标准内容贯彻到绿色质量管理体系建设中[464]。

（三）绿色质量保证

绿色质量保证与绿色质量体系的关系是先有绿色质量保证再有绿色质量体系，绿色质量保证包括内部质量保证和外部质量保证，内部质量保证可以从组织管理、安全、环境等标准化规范活动展开，使领导层确信组织内部可以开展绿色质量保证。外部质量保证是企业遵循各层次标准文件的要求，向第三方组织或消费者证明企业能够开展绿色质量管理的证明[465]。

（四）绿色产品的质量控制

绿色产品质量控制的动机包括公开动机和私人动机。公开动机是指产品质量如果达不到相关标准要求则会面临惩罚，私人动机是通过控制产品质量获得更好的声誉，占有更高的市场[466]。Gómez M I 等认为发展中国家的绿色产品普遍被认为质量低劣，通过质量控制，目的是获取和发达国家一样的竞争优势[467]。展进涛等对绿色产品生产企业的质量控制态度进行研究，认为不同规模的企业，其对待绿色质量控制的态度不同，一般企业越大，对绿色质量管理越重视，更具社会责任。影响绿色产品质量安全控制的因素研究也引起了众多学者的兴趣，认为与政府管制严格程度、政府政策、企业规模、企业组织结构、绿色产品的市场结构等有关[468]。

（五）绿色质量管理评价研究

不同的学者采用多种方法进行评价。采用网络评价原理，为客户提供更直观的信息[469]。采用模糊综合评价法、改进 Relief 算法与自适应粒子群算法等，对绿色质量特性进行评价，都获得了较好的效果[470]。

（六）绿色质量管理体系的持续改进

结合 PDCA 循环的思想，利用市场反馈的质量信息进行识别，结合质量改进目标，提出质量改进方向，采用科学的技术与方法对绿色质量管理体系进行改进。也有从动态性发展的过程模式研究绿色质量管理体系的改进的情况[471]。

三、生产相关环节与绿色质量管理

（一）生产设计环节与绿色质量管理

开展绿色设计能够显著降低产品对环境的污染，减少对环境的投资。在设计阶段就加入绿色元素，能更好地满足消费者的绿色需求，提升消费者对产品质量的满意度。将事后的环境治理转化为事先的环境预防和过程治理[472]，通过对绿色产品的翻新，重新出售，显示了可持续发展理念。

（二）制造环节与绿色质量管理

20 世纪中期以来，欧美等发达国家观察到工业制造对环境的影响触目惊心，围绕绿色制造制定一系列的法律法规，旨在要求企业在进行工业制造时，要同时关心产品质量和环境保护。20 世纪 90 年代开始，日本及欧美等发达国家陆续推出“绿色制造计划”，广大消费者形成环保理念，也热衷于购买绿色制造产品。一些符合绿色制造要求、同时质量过硬的产品在市场受到热捧[473]。1996 年，美国制造工程学会发表的 *Green Manufacturing* 蓝皮书，对绿色制造进行系统介绍，并在国际互联网大会上做主题报告，引起全球对绿色制造的关注。近几年，ISO 14000 环境管理系列标准发布并实施，绿色产品认证发布，对绿色制造产品的质量提出了更高的要求。从已有文献看，研究绿色制造的文献较多，但把绿色制造和质量结合的文献不多。国内以刘飞为核心的团队围绕产品质量生命周期，研究了绿色制造的一般理论方法[474]。陈晓昀研究产品质量，提出了提升企业绿色制造能力的策略[475]。王修远等从低碳的视角，研究了制造业企业的质量提升路径和机制，为我国绿色制造企业开展工作提供了很好的思路[476]。

（三）营销环节与绿色质量管理

绿色营销是企业营销观念的重大转变，以可持续发展为指导，研究人与自然的协调发展，绿色营销除了注重营销环节的环境保护，也重视产品的绿色性，在充分满足消费者绿色需求的前提下，实现企业利益、消费者利益和社会环境利益的统一。绿色营销的需求观认为，产品除了满足消费者正常需求外，还应该从绿色设计到绿色生产都围绕环境保护和可持续发展理念。绿色营销的环境观认为，绿色营销能够改善人类生存环境质量，把绿色意识融入生产环节，能够使员工树立正确绿色价值观，生产出安全、健康、无害的高质量产品。绿色营销推动我国企业将 ISO 14000 标准引入企业管理，在产品设计和生产环节就以绿色标准严格要求，注重产品的后期回收、可循环利用，突破绿色壁垒，获取更大的绿色市场，提升企业绿色竞争力[477]。

绿色质量管理理论是传统质量管理理论的改进，考虑了人与自然的和谐相处，将绿色因素融入企业质量管理中，适应可持续发展要求，从“绿色设计→绿色制造→绿色营销”都考虑绿色质量因素，满足消费者绿色需求，也体现了企业的绿色社会责任观。

第五节　质量管理未来发展

一、新产业、新业态、新模式与质量管理发展

全面质量管理大师朱兰曾经说过："21 世纪是质量的世纪"。

当前，全球技术创新，数字化和智能化技术的使用，使得产品原有的生产方式、生产组织模式都发生了改变。新业态、新模式的涌现，使得产品的质量管理模式必然发生变革，质量管理内容、具体的质量管理方式等都需要做出相应的改变，以适应新的生产环境变化。美国质量协会（ASQ）对未来质量管理模式进行预测，认为全球化、创新创造和改革、外包、消费者与价值创造实现、质量观的改变等关键影响因素会对未来的质量管理产生影响。

（一）全球化

全球化使企业由独立管理向供应链管理发展，各个企业在供应链上行使的职能各不相同，结合各个零件供应商的优势，产品零件供应商可能分布在全球各个区域。传统企业质量管理"黑箱"的存在，使得原有的质量管理模式将不适应全球化生产模式，质量管理也需要进行变革。由此，一些学者对质量管理的研究由点向链扩展，质量链的概念应运而生。1996 年，加拿大的 T Troczynski 首先提出了质量链的概念。质量链由许多组织构成，是实现质量过程的集

合体，它的载体包括质量流、价值流，多个组织在生产中形成合作关系，将生产流程的各个环节的质量链接在一起，形成“质量链接体”[478]。这是在朱兰提出的“质量环”（质量螺旋）概念的基础上改进的，强调组织间从整体上加强质量控制，促进质量管理的系统性和协作性[479]。此后，围绕质量链的研究吸引了许多学者的关注。我国学者唐晓青和段桂江结合国内外质量链研究的成果，创新性地提出全球质量链协同管理实施框架，对我国企业参与全球化竞争，参与全球质量协同合作提供了参考，全球化协同质量链管理实施框架如图 7-6 所示。

（二）创新、创造和变革

当前，全球工业化和现代化进程加速，原本靠土地、资本等传统要素的投入促进经济增长的方式，在新常态下难以为继，知识、新技术等新的生产要素相继投入到企业生产经营中，出现更多的技术创新范式和管理创新范式。由此，对质量管理也提出更高的要求。围绕质量管理，一些学者开展质量创新研究。1989 年，Aghion P 和 Howitt P 提出了质量阶梯模型，认为一个产品存在最低的质量状态和最高的质量状态，在最低和最高两个质量状态期间，产品质量可以被无限次改进，相应的质量管理水平或质量服务会呈现离散型跳跃[480]。质量阶梯模型是质量创新理论最重要的模型之一，模型的含义是指产品沿着质量阶梯不断攀升，带来产品质量改进，是促进经济社会发展的源泉。李春田认为质量创新不是某一个方面的创新，是集成创新，它包括市场创新、技术创新和管理创新等多个层面的创新[481]。刘东等认为质量创新使得企业运营的理念、方法和内容等都发生改进[482]。程虹等研究质量创新战略[483]，从八个模块构建了质量创新战略框架体系，质量创新理论体系如图 7-7 所示。近年来，质

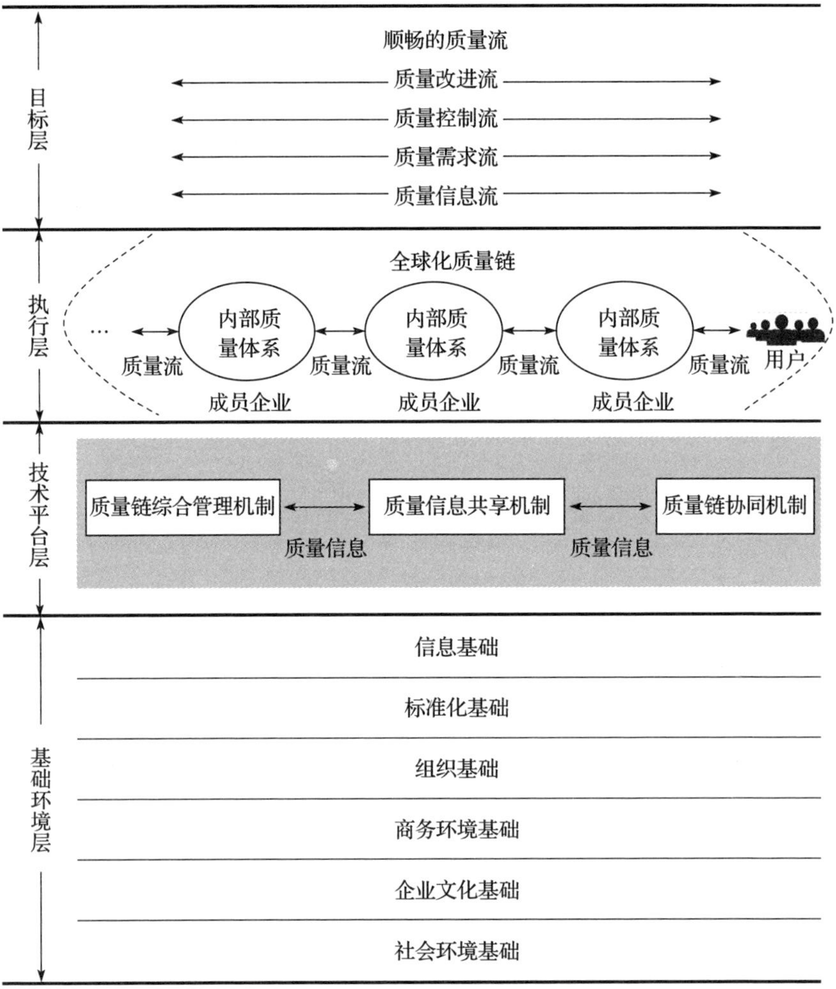

图 7-6 全球化协同质量链管理实施框架

资料来源：唐晓青，段桂江．面向全球化制造的协同质量链管理［J］．中国质量，2002（9）：32-34+20.

量创新是质量理论的研究热点，国外相关文献较多，主要是和其他理论研究相结合，如结合经济增长理论、国际贸易理论等。大多数学者都认为开展质量创新活动后，产品质量改进，消费者购买意愿加强，企业的利润会提高，降低竞争压力。

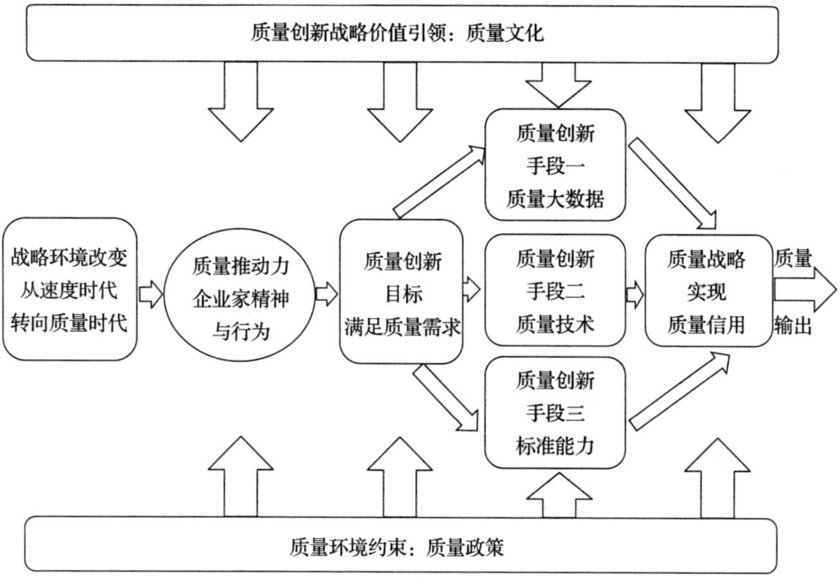

图 7-7 质量创新理论体系

资料来源：程虹，许伟.质量创新战略：质量管理的新范式与框架体系研究 [J]. 宏观质量研究，2016，4（3）：1-22.

（三）外包

管理学大师彼得·德鲁克曾经说过，企业要优化已有的生产及管理资源，保留最核心的竞争力，而那些不创造营业额、不能提供高级发展机会的工作应该外包出去。受彼得·德鲁克思想的启发，许多行业的核心企业将非核心业务外包出去，转变企业生产运营模式，并由此引发一系列质量管理问题。由于发包方和承包方沟通不畅，以及发包方对产品生产质量不可控，产品的生产进程难以精确控制，资源和成本也可能存在浪费等问题，一些质量管理专家对这些问题展开研究并提出相关对策。一些专家认为，发包方应该对承包企业的资质进行审核，选择那些已经被 ISO 等各层次标准组织认证的企业，这些企业已经形成较为成熟的质量管理体系，可以较为高效地开展质量管理活动。有些学者认为开展外包业务前，发包方与承包方应该从“设计—生产—发货”等各环节制定质量管理规范和标准，加强发包方和承包方的无障碍交流，加强过程管理，从质量测量数据、相关评审制度等方面，结合 PDCA 循环对外包业务进行质量管理[484]。有些学者对外包业务质量进行评价，从服务质量差距分析，利用网络分析法（Analytic Network Process，ANP）对外包服务质量进行评价[485]，也有些学者直接将相关标准的条件与外包企业一一对应，得到企业的外包质量管理综合评价情况[486]。

未来，随着数字技术的发展，外包业务的生产形式和组织形式也可能转变，已有的外包业务质量管理模式也需要升级。

（四）消费者与价值创造实现

质量最早的概念是以达到生产要求的目的定义的，到消费社会后，转化为满足消费者需求进行定义。戴明、朱兰和克劳士比等质量大师都意识到开展质量管理活动一定要重视消费者的意见。戴明提出，消费者对质量的感知是多维的，不能只从某一方面界定产品或服务的质量属性。

现代企业管理者通过学习全面质量管理等知识，意识到开展质量管理是全流程的质量管理，设计、制造、销售等各个环节都要重视质量管理，但实际上这是企业层面的主观质量判断，产品质量是否过硬，还需要消费者质量感知后进行客观判断才能评定。因此，有学者认为应该站在消费者的角度，基于消费者实际感知，围绕提高产品质量开展一系列价值创造活动。也有学者认为消费者满意度是其中一个重要的评价指标，应该想办法提升消费者对产品的忠诚度，并上升到价值感知层面。企业与消费者的关系是动态的，需要企业想尽更多的办法留住消费者。未来，消费进一步升级，消费者的消费感知呈现多元化发展，需要企业以消费者为导向，围绕价值创造，关注并提升消费者的价值感[487]。

（五）质量观的改变

随着现代生产方式的变革，对产品的质量管理也应该变革。质量管理存在小组管理、过程管理和全面系统管理等多种形式，每种形式在不同的组织内部各有其优点。因此质量管理应该结合实际的组织形式、生产环境条件等，采用动态的质量观，对相应的质量管理模式进行科学管理，开展科学的质量管理活动。

二、其他的几个质量管理理论

（一）三维质量结构理论

三维质量结构理论是由美国著名的医疗质量管理学家 Avedis Donabedian 在 1966 年建立的，旨在从“结构—过程—结果”（SPO）三个维度对医疗服务质量开展质量评价[488]，目前已经在医疗行业很多领域被广泛应用，获得了不错的评价效果。

在这三维中，结构是指医疗机构能够提供的稳定的资源因素，包括稳定的医疗人员、足够的医疗用品和设备，构建严格的医疗护理工作制度守则，有干净、整洁、卫生的医疗环境等。过程是指医务人员严格按照医疗服务要求的标准和规定开展相关的医疗活动。医疗服务业和制造行业不同，过程和结果经常同时发生。过程质量的评估除了评估医疗行为中是否存在不足，还应在前馈环节对可能出现的医疗问题提供弥补对策。结果是对医疗医护环节的评价，包括康复率、好转率、患者健康知识积累及医疗照护的满意度评价等。根据汇总的经验教训，持续改进医疗护理质量。

从已有文献看，三维质量结构理论主要应用在医疗行业的评价上，指导医疗行业提升医疗质量，获得较好的评价结果。三维质量结构理论在其他行业的评价较少，从已有文献来看，有学者研究校园足球竞赛质量评价，获得不错的结果[489]。三维质量结构理论对评价质量具有一定的普适性，未来，三维质量结构理论可以推广到更多的行业进行评价。

（二）质量声誉模型

Shapiro 基于声誉理论，结合产品质量声誉及人们的选择行为构造出质量声誉模型[490]。在质量声誉模型中，产品质量必须是真实的质量，产品质量能够被消费者发现，消费者在质量感知中形成对产品质量声誉的认知，并做出相应的行为决策。质量声誉模型发表后，吸引许多学者的兴趣，希望通过质量声誉的研究提升质量治理水平。刘江会研究不同市场结构下质量声誉的影响，认为如果垄断者不是通过竞争机制获取垄断地位，质量声誉机制可能会被破坏，完全竞争市场和完全垄断市场也无法形成质量声誉机制[491]。过度竞争同样不利于质量声誉的建立，一般而言，在垄断竞争市场较容易形成质量声誉机制。从政府监管角度来看，张维迎认为适度的政府监管有利于质量声誉的建立，而政府过度监管，质量声誉结果很可能会失真。从社会治理角度看，质量声誉机制的建立能够降低社会信息搜寻成本，降低生产者的机会主义行为。质量声誉的评价是动态的、长期的[492]。Mailath G J 等研究质量声誉的持续问题，以及在多主体中，中间人的质量声誉对不同主体的影响等[493]。

（三）质量驱动管理理论

从历史上看，一些新的、重要的质量管理理论是从企业生产实践中总结出来的。如福特汽车的“标准化”质量管理，摩托罗拉公司的六西格玛质量管理，这些著名的质量管理思想，从企业中来又到企业中去，不少企业从他们的先进经验中掌握方法，指导企业更好地进行质量改进。

联邦快递公司（Federal Express）提出“质量驱动管理”的工作思想，公司在实际工作中，始终把质量放在第一位，通过设计有效的原则和工具，结合实际情况，把企业的每个决定和行动连接起来，以达到更好的质量管理的目的。联邦快递公司的质量驱动管理的特色是以客户为基础，纪律严明，适用于企业组织的各个层级甚至个人，这是一套有效提高企业业绩的好理论，能协调好消费者的消费需求、公司业绩最优发展及企业员工的个人回报三者的平衡关系，实现联邦快递“让客户每一次都享受到联邦快递无与伦比的服务”的紫色承诺。质量驱动管理存在四个步骤，第一，从提升质量的维度思考并定义如何提升客户体验或企业业绩；第二，分析出现质量事件的原因并找出解决方法；第三，执行和控制质量管理；第四，评估项目的执行，提出质量改进计划。遵循“定义、分析、执行和评估”四个步骤。推行质量驱动管理思想后，联邦快递公司不仅服务质量提升了，企业服务质量水平也进一步提高。表 7-4 显示了联邦快递公司操作质量提升的前后对比情况。

表 7-4 联邦快递公司操作质量提升的前后对比情况

<table>
<tr><th colspan="3">01/02 对照组</th><th>2015 年 6 月至 2016 年 1 月</th><th>2016 年 6 月至 2017 年 1 月</th><th>变化趋势</th></tr>
<tr><td rowspan="4">人员</td><td rowspan="2">安全员</td><td>通用机柜人数</td><td>2</td><td>0</td><td>减少 2 人</td></tr>
<tr><td>制冷柜管理人数</td><td>0</td><td>0</td><td>不变</td></tr>
<tr><td colspan="2">联合货运飞机人员</td><td>2</td><td>5</td><td>增加 3 人</td></tr>
<tr><td colspan="2">货物周转人员</td><td>14</td><td>5</td><td>减少 9 人</td></tr>
<tr><td rowspan="2">服务</td><td colspan="2">南本德转运中心准时率</td><td>65.30%</td><td>71.31%</td><td>提升 6.01%</td></tr>
<tr><td colspan="2">管理人员数量</td><td>1</td><td>1</td><td>不变</td></tr>
</table>

续表

07/08 对照组			2015年6月至2016年1月	2016年6月至2017年1月	变化趋势
人员	安全员	通用机柜人员	1	1	不变
		制冷柜管理人员	0	0	不变
	联合货运飞机人员		5	12	增加7人
	货物周转人员		12	5	减少7人
服务	科隆	容许机舱负荷	86.54%	87.27%	增加0.73%
	曼谷	容许机舱负荷	60.53%	70.34%	增加9.81%
	管理人员数量		1	0	减少1人

资料来源：《联邦快递亚太转运中心项目提升回顾资料（2017年）》。

第六节　小结与评述

20世纪，一些发达国家意识到质量管理的重要性，把质量管理提升到国家战略层面。日本提出的“质量救国战略”，从政府到普通国民，都深刻认识到质量的重要性。在20世纪六七十年代，日本产品的质量在全球声名鹊起，获得大量的出口订单，日本一跃进入发达国家行列。美国产品质量曾经一度居于全球领先水平，被日本追赶后，提出质量振兴计划，反过来向日本学习先进的质量管理经验，结合本国企业的质量创新能力，产品质量及国家经济重新得以提升。近年来，德国提出的工业4.0战略及标准化战略，积极推动本国企业开展标准化活动，使德国制造产品通过“标准引领”，产品质量处于全球领先水平，德国享受到了质量标准的红利。中国这几年，学习发达国家的先进经验，意识到质量对经济发展的重要性，提出了质量强国战略。政府从政策、国家质量基础设施等方面积极提供支持，企业也响应号召积极开展质量管理，不断提升企业质量竞争力。

质量竞争理论是美国麻省理工学院通过研究发现的，认为加强产品和服务质量，并使之处于领先位置，能够获取竞争优势。由此，许多专家从质量竞争的差异化水平、质量竞争的主体、质量竞争的收益分配、质量竞争的制度和环境建设等方面展开有益的探讨，为企业参与质量竞争提供思路。

宏观质量理论是我国开展质量建设的理论成果之一。20 世纪 80 年代，我国学者就开始进行了宏观质量管理研究，把宏观质量管理理论系统总结出来的是程虹教授。宏观质量管理理论由三大体系构成，包括市场质量监管体系、社会质量监管体系和政府质量监管体系，具体内容包括夯实宏观质量基础、创造质量发展宏观环境、保障质量公共安全及提升供给质量和效益等。对宏观质量管理的评价是近年的研究热点，一些学者利用各种方法积极编制宏观质量指数，科学评价宏观质量管理水平，对当前我国开展质量强国建设起到了较好的评价效果。

魅力质量理论是日本质量管理大家狩野纪昭提出的。他构建 KANO 模型（魅力质量模型），以产品质量客观物理特性为横轴，以消费者主观感知为纵轴，从二维角度研究产品质量，得到五种质量属性，分别是达到最基本要求的必备质量要素属性、质量属性与消费者满意度呈正向相关的一维质量要素属性、能给消费者带来惊喜的魅力质量要素属性、质量元素存不存在对消费者都没有影响的无差异质量要素，以及可能给消费者带来逆向体验的逆向质量要素属性。魅力质量理论提出后，为企业开展质量管理提供了新的思路。为满足不同消费者的消费需求及其满意度，企业可以结合魅力质量模型各质量属性的特点，组合应用不同的质量属性，从而达到满足消费者满意度的质量管理目标。

数字技术的发展促进质量管理理论与数字技术结合，焕发出新的光彩。计算机专家、专业领域生产运营专家和质量管理专家等通过深入交流，开发出许多性能优越的质量管理系统，协助企业开展质量数字化管理。高智能的质量搜取能力、质量数据分析能力、集成质量信息能力成为现代数字质量管理信息系统的目标要求。数字技术的应用，协助产品质量追溯管理能力的提高，丰富了产品质量追溯理论，利用数字化技术加强产品质量的治理。

绿色生态、人与自然可持续发展，是现代工业发展后更为重视的内容。开展质量管理不能忽视绿色环保，绿色质量管理促进工业可持续发展成为各国的共识。绿色质量管理吸引许多国家学者的兴趣，他们对此开展广泛的研究。从绿色技术和产品质量的关系、绿色质量概念、体系构建、绿色质量保证、绿色质量控制及绿色质量评价等环节展开研究，获得丰富的成果，为企业开展绿色质量管理提供参考。

新产业、新业态、新模式的出现，促进质量管理方式也要不断变革以适应新的生产方式，由此提出新的质量管理理念。将研究的范围逐步扩大，由原来只研究一个企业的质量管理向外拓展，研究外包企业的质量管理，甚至研究全球供应链的质量管理，质量管理的研究范围由点向链发展，未来还可能向面及立体化管理发展。全面质量管理时代提出质量管理要满足消费者需求，新环境下，质量管理应该满足消费者的忠诚度、消费价值的提升，生产质量观和消费质量观是动态演进的过程。三维质量结构理论、质量声誉模型及质量驱动管理是现代质量管理较为新兴的理论。企业组织模式的变革、生产方式的变革必然要求质量管理理论也要不断创新，促进质量管理模式向多维方向发展，以适应新的生产变化要求。

参考文献

［1］陈昕洲．从直接管理向间接管理转变［D］．武汉：武汉大学，2016.

［2］郭若虚．质量与可持续发展［M］．北京：中国计量出版社，2001.

［3］黄建英．质量经济学［M］．北京：中国经济出版社，1990.

［4］岳志坚．中国质量管理［M］．北京：中国财政经济出版社，1989.

［5］李晶晶，张富强，张接信．机械零部件互换性服务手册的数字化设计与开发［J］．机械研究与应用，2017，30（1）：137-140.

［6］韩毅，张琢石．历史嬗变的轨迹美国工业现代化的进程［M］．沈阳：辽宁教育出版社，1992.

［7］李炳森．软件质量管理［M］．北京：清华大学出版社，2013.

［8］Shewhart W A. Economic control of quality of manufactured product［M］. London：Macmillan and Go Led，1931.

［9］吴中超．小企业经营管理［M］．北京：中国人民大学出版社，2009.

［10］张星久，闫帅．文化传统，制度创新与日本的“质量奇迹”［J］．宏观质量研究，2013（12）：10-18.

［11］夏骋翔，高觉民，黎虹．对ISO9000系列标准的再认识［J］．西北轻工业学院学报，1998（4）：114-117.

［12］杨跃进．质量管理百年历程［J］．航空标准化与质量，2000（1）：46-47.

［13］叶守礼．企业运营管理［M］．上海：立信会计出版社，2004.

［14］苏秦．现代质量管理学［M］．北京：清华大学出版社，2005.

［15］李保红，余根强．现代质量管理［M］．郑州：河南大学出版社，2013.

［16］苏秦，宋永涛，刘威延．中国企业质量管理成熟度研究［J］．科学学与科学技术管理，2010，31（9）：172-177.

［17］ 陈文汉. 现代企业管理［M］. 北京：中国电力出版社，2012.
［18］ 祁晓荔. 智能制造成就传统工业腾飞之梦［J］. 中国设备工程，2015（11）：28-31.
［19］ 李正权. 产品：价值、损失与质量效益［J］. 深圳技术监督，1995（3）：4-6.
［20］ 彭兆荣. "人文""生态""生生"的跨文化解释［J］. 社会科学家，2013（2）：8-12.
［21］ R・W・霍耶，布鲁克 B・Y・霍耶. 何谓质量——世界八位著名质量专家给质量定义［J］. 中国质量技术监督，2002（1）：52-54.
［22］ 李正权. 质量与经济［M］. 北京：中国质检出版社，2015.
［23］ 沈云交. 对克劳斯比的研究与发现［J］. 世界标准化与质量管理，2008（4）：17-20.
［24］ 傅海. 装备制造企业质量责任分析［J］. 内燃机与配件，2020（19）：201-202.
［25］ 马谦杰. 论商品向量及其效用［J］. 中国流通经济，2000（2）：20-23.
［26］ 刘广第. 质量管理学［M］. 北京：清华大学出版社有限公司，2003.
［27］ 程红玲. 我国制造企业质量管理体系分析［J］. 经济体制改革，2003（3）：66-69.
［28］ 魏建清. 浅析"沟通"在 ISO 9001：2015 审核中的应用（上）［J］. 上海质量，2015（11）：61-63.
［29］ 史玉川. 企业如何建立管理体系提高人员素质的探讨［J］. 中国质量技术监督，2015（2）：72-73.
［30］ 刘珂，周广亮. 现代企业管理［M］. 北京：经济科学出版社，2009.
［31］ 格雷戈里・沃森，栗志敏. 全面质量管理之父：阿曼德・费根堡姆（上）［J］. 上海质量，2015（10）：23-26.
［32］ 袁竹，王菁. 现代企业管理［M］. 北京：清华大学出版社，2015.
［33］ 王艳红. 发达国家质量监管体系及对我国的启示［J］. 行政与法，2012（3）：122-125.
［34］ 申虹. 民族文化对质量管理影响分析——中美日质量管理特征的比较研

究［J］. 现代商贸工业，2014，26（2）：81-83.
［35］ 程虹，范寒冰，罗英. 美国政府质量管理体制及借鉴［J］. 中国软科学，2012（12）：1-16.
［36］ 程虹，沈珺，宁璐. 日本持续性质量管理政策及其借鉴［J］. 国家行政学院学报，2017（1）：56-59+127.
［37］ 于凤亭. 日本质量管理的特点［J］. 质量与可靠性，1998（6）：43-44.
［38］ 陈宇. 日本质量管理的特色及启示［J］. 电子产品可靠性与环境试验，2017，35（6）：50-52.
［39］ 薛福连. 日本质量管理的特点［J］. 化工质量，2003（6）：33.
［40］ 刘函. 苏联国家统一产品质量管理体系工作的基本原则［J］. 质量与可靠性，1985：46-47.
［41］ 施玲. 苏联东欧各国利用价格机制刺激产品提高质量和更新品种的做法［J］. 计划经济研究，1985（2）：5-7.
［42］ 邢小江. 质量：苏联经济发展战略中的首要问题［J］. 世界经济，1987（12）：70-74.
［43］ 耿祥弟. 苏联的质量管理［J］. 质量与可靠性，1989（2）：45-51.
［44］ 李正权. 质量与心理学如何结缘［J］. 印刷质量与标准化，2012（6）：41-50.
［45］ 赵异. 马克思生产力质量思想探析［J］. 延边党校学报，2016，32（2）：28-31.
［46］ 李正权. 质量问题大剖析对质量的社会学研究［M］. 成都：电子科技大学出版社，1992.
［47］ 黄文杰. 中国古代质量管理体制的演变［J］. 宏观质量研究，2013，1（3）：43-49.
［48］ 程虹，陈昕洲. 我国古代政府质量管理体制发展历程研究［J］. 华中师范大学学报（人文社会科学版），2016，55（2）：32-48.
［49］ 黄文杰. 中国古代质量管理体制的演变［J］. 宏观质量研究，2013，1（3）：43-49.
［50］ 宋家宏. 中西方古代文化思想对物理学发展的影响［J］. 中国校外教育，

2020（03）：26-27.

［51］张今泽. 色诺芬的公共经济思想及其当代价值研究［D］. 郑州：河南大学，2020.

［52］李昌麒. 经济法学［M］. 北京：中国政法大学出版社，1999.

［53］吴四江等. 经济法［M］. 长沙：中南大学出版社，2012.

［54］舒辉. 标准化管理［M］. 北京：北京大学出版社，2016.

［55］洪生伟. 标准化管理［M］. 北京：中国计量出版社，2003.

［56］邹依仁. 中外质量管理史话［M］. 上海：上海社会科学院出版社，1988.

［57］邹依仁.《周礼·考工记》中的质量管理［J］. 上海社会科学院学术季刊，1985（2）：59-65.

［58］宋京军. 质量经济学［M］. 北京：中国经济出版社，1990.

［59］李攀. 浅谈中国古代质量管理［J］. 现代企业，2011（8）：24-25.

［60］朱兰，林公孚. 中国古代手工艺与质量管理［J］. 福建质量信息，1999（1）：21-22.

［61］宋时磊. 中国古代质量管理研究进展综述［J］. 宏观质量研究，2015，3（2）：59-70.

［62］谢沁彤. 秦始皇统一度量衡的意义［J］. 中华传奇，2018（36）：71-72.

［63］关增建. 汉代到隋代度量衡制度的发展［J］. 质量与标准化，2022（3）：33-35.

［64］丘光明. 度量衡的经典著作《汉书·律历志》［J］. 品牌与标准化，2020（1）：62-65.

［65］宫长为. 试论《秦律》中的手工业管理——读《睡虎地秦墓竹简》札记［J］. 学术月刊，1995（9）：61-65.

［66］赵文斌. 质量春秋［M］. 北京：中国质检出版社，2015.

［67］梁安和. 试议秦的“物勒工名”制度［J］. 咸阳师范学院学报，2002（3）：5-8.

［68］王丹誉. 物勒工名：古人怎样做好产品质量追溯［J］. 廉政瞭望，2021（5）：65.

［69］邓耕生. 谈我国古代手工业产品的质量管理［J］. 商业科技，1987（9）：

25-26.

［70］丘光明．先秦时期质量管理思想措施与法规［J］．考古与文物，1996（3）：53-60.

［71］冯辛酉，苏跃琴．我国古代的产品质量及其管理［J］．大众标准化，1996（2）：16-17.

［72］高怀瑾．中国古代制器质量观："天有时，地有气"［J］．上海计量测试，2009，36（3）：38-39.

［73］侯家驹．中国经济史［M］．北京：新星出版社，2008.

［74］柳锦华．《礼记·王制》写作年代研究［J］．青年文学家，2019（12）：68-69.

［75］李昌麒．经济法学［M］．北京：中国政法大学出版社，2007.

［76］王柏中，隋文家．秦朝利用法律手段对经济行为的规范管理［J］．鞍山师范学院学报，2000（2）：51-56.

［77］张家山247号汉墓竹简整理小组．张家山汉墓竹简·贼律［M］．北京：文物出版社，2001.

［78］谢华．秦汉商法述略［D］．南昌：江西师范大学，2003.

［79］张家山247号汉墓竹简整理小组．张家山汉墓竹简·市律［M］．北京：文物出版社，2001.

［80］汪茂和．先秦三大经营家——范蠡、子贡和白圭（三）［J］．经营与管理，1983（6）：52-53+48.

［81］罗国杰．中国传统道德简编本［M］．北京：中国人民大学出版社，1995.

［82］叶圣利．中国诚信经济思想研究［D］．上海：复旦大学，2004.

［83］李华瑞．"唐宋变革"论的由来与发展［M］．天津：天津古籍出版社，2012.

［84］赵文斌．质量春秋［M］．北京：中国质检出版社，2015.

［85］蒲坚．中国古代法制丛钞（第2卷）［M］．北京：光明日报出版社，2001.

［86］刘志坚．唐代市场管理制度初探［J］．兰州学刊，1986（4）：85-90.

［87］杨光华．古代市场的商品质量管理［J］．文史知识，1996（7）：55-58.

［88］张至邈．浅析北宋"三冗"现象及其危害［J］．新余学院学报，2014，

19（2）：120-122.
［89］朱灵通，方宝璋．宋代工商业成本核算与质量管理思想探析［J］．商业时代，2014（17）：144-145.
［90］刘永华．明代匠籍制度下匠户的户籍与应役实态——兼论王朝制度与民众生活的关系［J］．厦门大学学报（哲学社会科学版），2014（2）：50-57.
［91］王铁男．清代产业技术标准化研究［D］．苏州：苏州大学，2020.
［92］全汉昇．中国行会制度史［M］．上海：新生命书局，1934.
［93］范金民．清代江南会馆公所的功能性质［J］．清史研究，1999（2）：45-53.
［94］山东省地方史志编纂委员会．山东省志 56 工业综合管理志［M］．济南：山东人民出版社，1999.
［95］许檀．明清时期华北的商业城镇与市场层级［J］．中国社会科学，2016（11）：187-204+209.
［96］陈昕洲．从直接管理向间接管理转变［D］．武汉：武汉大学，2016.
［97］武汉大学质量发展战略研究院．宏观质量管理精品课程汇编［M］．武汉：湖北科学技术出版社，2012.
［98］汪泉．质量模式和方法论的演化及进展：纪念泰勒发表《科学管理原理》100 周年［J］．标准科学，2011（12）：54-60.
［99］范煦，张天蔚，钱文浩．工商管理［M］．上海：上海交通大学出版社，1996.
［100］王富民，田皓，周亚莉．应用统计学［M］．西安：西安交通大学出版社，2009.
［101］Frederick Winslow Taylor.The principles of scientific management［M］. New York and London：Harper& Brothers Publishers，1919.
［102］纪光欣，孔敏．论泰勒科学管理理论的系统性特征［J］．系统科学学报，2022（2）：18-24.
［103］刘铁明．泰勒科学管理思想研究的回顾与思考［J］．湖南财政经济学院学报，2012，28（2）：143-149.
［104］《公差与配合》国家标准工作组．公差与配合标准的分析［M］．北京：

技术标准出版社，1980.
[105] 李柱. 互换性与测量技术基础（上）[M]. 北京：计量出版社，1984.
[106] 汪罗. 吉尔布雷斯：动作研究之父 [J]. 当代电力文化，2016（2）：80-81.
[107] 弗雷得里克·温斯洛·泰勒. 管理科学第一书科学管理原理 [M]. 北京：中国经济出版社，2013.
[108] 范煦，张天蔚，钱文浩. 工商管理 [M]. 上海：上海交通大学出版社，1996.
[109] 顿官刚. 轧花机之父伊莱·惠特尼 [J]. 世界文化，1996（3）：19-20.
[110] 丁一. 大工业的前奏：颠覆“手艺” [J]. 21 世纪商业评论，2005（11）：158.
[111] 王寅. 伊莱·惠特尼与他的发明 [J]. 历史教学，2005（11）：62-67.
[112] 刘晓君. 福特制（Fordism）的百年 [J]. 自然辩证法研究，2001（3）：62-66.
[113] 李娉. 葛兰西对福特制资本主义的批判述评 [J]. 天中学刊，2018，33（6）：67-70.
[114] 杨成龙. 汽车帝王亨利·福特 [M]. 北京：中国言实出版社，2017.
[115] 李海飞，王海潮. 后福特制生产方式与当代生产社会化的新发展 [J]. 改革与战略，2017，33（3）：148-151.
[116] 汪泉发，黎燕. 质量卓越方式一个质量实践者的视角 [M]. 广州：暨南大学出版社，2011.
[117] 麦绿波. 标准化学：标准化的科学理论 [M]. 北京：科学出版社，2017.
[118] Kelemen，M. Managing quality：managerial and critical perspectives [M]. London：Sage，2003.
[119] 沈云交. 对休哈特生平的研究和发现 [J]. 世界标准化与质量管理，2006（1）：53-56.
[120] 杨军. 统计质量控制 [M]. 北京：中国标准出版社，2012.
[121] 宋辉. 应用休哈特控制图要真正掌握基本原理 [J]. 现代邮政，1990

（2）：28-31.

［122］ 周剑．田口质量管理理论与休哈特控制图理论比较研究［J］．技术与市场，2008（12）：83.

［123］ Page E S. Continuous inspection schemes［J］．Biometrika，1954（41）：100-115.

［124］ Roberts S.W.Control chart tests based on geometric moving average［J］．Technometrics，1959（1）：239-250.

［125］ Hillier H S.Efficient heuristic procedures for integer linear programming with an interior［J］，Operations Research，1969（17）：600-637.

［126］ Quesenberry C P. SPC Q-Charts for start-up processes and short or long runs［J］．Journal of Quality Technology. 1991，23（3）：213-224.

［127］ Joe H S，William H. W. A control chart for preliminary analysis of individual observations［J］．Journal of Quality Technology，1996（28）：265-278.

［128］ Hotelling H. Multivariate quality control［J］．Techniques of Statistic Alanalysis，1947（1）：111-184.

［129］ 张公绪．选控图理论与实践［M］．北京：人民邮电出版社，1984.

［130］ Deming，W E，Elementary principles of the statistical control of quality［M］．Tokyo：JUSE，1950.

［131］ Shewhart，W A. Statistical method from the viewpoint of quality control［J］．Nature，1939（146）：150-156.

［132］ Moen R. Foundation and History of the PDSA Cycle［C］//Asian network for quality conference.Tokyo.https://www.deming.org/sites/default/files/pdf/2015/PDSA_History_Ron_Moen. Pdf. 2009.

［133］ Mauléon C，B Bergman.On the theory of knowledge in the quality movement-C.I.Lewis’ contribution to quality pioneers［C］．Proceedings of the 8th Annual Research Seminar，New York：Fordham University，2002：156-164.

［134］ Sliwa M，Wilcox M. Philosophical thought and the origins of quality management: uncovering conceptual underpinnings of WA Shewhart's ideas on quality [J]. Culture and Organization, 2008, 14 (1): 97-106.

[135] Whitehead A N.Process and reality [M]. New York: The MacMillan Company, 1929.

[136] Walter Andrew Shewhart. Statistical Method from the viewpoint of quality control [M]. New York: Dover Publications, 1988.

[137] Neave H.There's nothing normal about SPC [J].Training for Quality, 1997 (5): 106-111.

[138] Shewhart W A.Statistical method from the viewpoint of quality control [M]. New York: Dover Publications, 1939.

[139] Lewis C I.Mind and the world order: outline of a theory of knowledge [M]. New York: Dover Publications, 1929.

[140] 纪正昆国家质量监督检验检疫总局产品质量监督司. 产品质量国家监督抽查工作实施指南（上）[M]. 北京：中国计量出版社，2002.

[141] 寇洪财. 新版抽样检验国家标准实用手册 [M]. 北京：中国标准出版社，2005.

[142] 任树林. 质量管理抽样方法及在 SAPR/3 系统中的应用研究 [D]. 天津：天津工业大学，2007.

[143] 王孟威. 出口产品质量抽样检验方法研究 [D]. 宁波：宁波大学，2012.

[144] Gautschi W.Some remarks on systematic sampling [J]. The Annals of Mathematical Statistics, 1957 (6): 385-394.

[145] Subramani J. Diagonal systematic sampling scheme for finite populations [J]. Journal of the Indian Society of Agricultural Statistics, 2000, 53 (2): 187-195.

[146] 张涛. 基于空间聚类的分层抽样方法改进研究 [D]. 太原：山西财经大学，2021.

[147] 刘红英. 关于多目标分层抽样方法及其应用研究 [D]. 西安：西安财经学院，2010.

［148］ 黎敏讷．分布式数据分层抽样技术及其在目标检测领域的应用研究［D］．长沙：国防科学技术大学，2017.

［149］ Coleman J S. Relational Analysis：The Study of Social Organizations with Survey Methods［J］．Human Organization，1958（17）：28-36.

［150］ Sherman R E.Design and evaluation of a repetitive group sampling plan［J］．Technometrics，1965，7（1）：11-21.

［151］ Balamurali S，Jun C. Repetitive group sampling procedure for variables inspection［J］．Journal of Applied Statistics，2006，33（3）：327-338.

［152］ 孙青，庄奕琪．电子元器件可靠性工程［M］．北京：电子工业出版社，2002.

［153］ 李良巧．中国质量协会可靠性工程师注册考试指定辅导教材可靠性工程师手册［M］．2 版．北京：中国人民大学出版社，2017.

［154］ 郑骏．21 世纪的可靠性研究［J］．世界科技研究与发展，1996（Z1）：148-150.

［155］ Fussell J B.A formal methodology for fault tree construction［J］．Nuclear Science Engineering，1973（52）：421-432.

［156］ Lapp S A，Powers G J. Computer-aided Synthesis of Fault-trees［J］．IEEE Transactions on Reliability，1977（6）：2-13.

［157］ Salem S L，Apostolakis G E. New Methodology for the computer-aided construction of fault trees［J］．Annals of Nuclear Energy，1977（4）：417-433.

［158］ Sheng B I，Wei DONG，Xinya SUN，et al.Method for Automatic Construction of Fault Propagation Digraph Based on OO Models［C］．Proceedings 2010 IEEE International Conference on Software Engineering and Service Sciences，ICSESS 2010，Beijing，China：277-281.

［159］ G Latif-Shabgahi，F Tjarrod. A New Approach for the Construction of Fault Trees from System Simulink［C］．International Conference on availability，Reliability and Security，ARES 2009，ukuoka Prefecture，Japan：713-717.

[160] 钱彦岭，邱静，温熙森. 基于有向图故障树自动建树方法的规范化描述及其应用研究[J]. 自动化学报，2003（5）：767-772.

[161] 朱建军. 基于元件故障模式的控制系统故障树的生成[D]. 大连：大连理工大学，2004.

[162] 孟庆贺，孙秦. 基于二态不完全判定表的故障树建模方法[J]. 吉林大学学报（信息科学版），2015（5）：601-610.

[163] 张钊谦，张贝克，夏涛，等. 一种新的计算机辅助故障树生成方法[J]. 计算机仿真，2005（10）：125-129.

[164] Xie G，Xue D，Xi S. Tree-Expert：A tree-based expert system for fault tree construction[J]. Reliability Engineering & System Safety，1993，40（3）：295-309.

[165] 韩冰，童节娟，薛大知. 故障树辅助建树专家系统[J]. 核动力工程，2003（1）：77-79+93.

[166] 范亚琼，陈海燕. 基于顺序逻辑的状态事件故障树定性分析模型[J]. 计算机技术与发展，2017（27）：12-15+19.

[167] Akers S B.Binary decision diagram[J]. IEEE Transactions on Reliability，1978（27）：509-516.

[168] 刘东，张红林，王波，等. 动态故障树分析方法[M]. 北京：国防工业出版社，2013.

[169] 张连文，郭海鹏. 贝叶斯网引论[M]. 北京：科学出版社，2006.

[170] Wang Y M，Chin K S，Poon G K K，et al. Risk evaluation in failure mode and effects analysis using fuzzy weighted geometric mean[J]. Expert Systems with Applications，2009（36）：1195-1207.

[171] Chang C L，Liu P H，Wei C C. Failure mode and effects analysis using grey theory[J]. Integrated Manufacturing Systems，2001（12）：211-216.

[172] Zammori F，Gabbrielli R. ANP/RPN：A multi criteria evaluation of the risk priority number[J]. Quality and Reliability Engineering International，2012（28）：85-104.

[173] Chin K S，Wang Y M，Poon G K K，et al. Failure mode and effects

analysis using a group-based evidential reasoning approach [J]. Computers & Operations Research, 2009 (36): 1768-1779.

[174] 刘龙. 基于故障模式与影响分析的医用磁共振设备故障研究 [D]. 上海：上海交通大学，2020.

[175] Hofer E, Kloos M, Krzykacz-Hausmann B, et al. Dynamic event trees for probabilistic safety analysis [R]. Paper presented at International forum for nuclear safety, Germany Berling, July 2002.

[176] Rutt B, Catalyurek U, Hakobyan A, et al. Distributed dynamic event tree generation for reliability and risk assessment [C]. Challenges of Large Applications in Distributed Environments. IEEE, 2006: 61-70.

[177] 李丹. 基于动态事件树的小破口事故风险分析 [D]. 哈尔滨：哈尔滨工程大学，2017.

[178] 郭海宽，赵新文，蔡琦，等. 改进离散动态事件树的分支生成机制——精确概率阈值法 [J]. 核动力工程，2017，38 (5): 81-85.

[179] 陈妍，李朝君，张盼，等. 基于离散动态事件树的风险指引的安全裕度分析方法研究 [J]. 原子能科学技术，2022 (9): 1-8.

[180] 葛智君，丁世来. 质量可靠性工程软件现状、发展趋势与对策分析 [J]. 电子产品可靠性与环境试验，2021，39 (S2): 47-51.

[181] 王为人. QC 新七大工具之五：矩阵图法 [J]. 中国卫生质量管理，2018，25 (6): 135-137.

[182] 王为人. QC 新七大工具介绍之六：矩阵数据分析法 [J]. 中国卫生质量管理，2019，26 (1): 139-143.

[183] 王为人. QC 新七大工具介绍之七：过程决策程序图法 [J]. 中国卫生质量管理，2019，26 (2): 136-139.

[184] 王杰. 电脑机箱生产质量可靠性研究 [D]. 北京：清华大学，2009.

[185] 格雷戈里·沃森，栗志敏. 全面质量管理之父：阿曼德·费根鲍姆（上）[J]. 上海质量，2015 (10): 23-26.

[186] 约瑟夫·朱兰. 听质量大师讲故事：约瑟夫·M. 朱兰 [J]. 大众标准化，2010 (10): 54-55.

[187] 斯图尔特·克雷纳，柳松，秦文淳. 管理大师约瑟夫·朱兰 [J]. 管理观察，2016 (34)：6-7.

[188]《朱兰质量手册》连载 (1)“美国制造”与质量管理 [J]. 中国质量与品牌，2004 (4)：64-67.

[189] 韩冰. 朱兰的质量管理三部曲 [J]. 企业改革与管理，2009 (9)：65-66.

[190] 董文杰，刘思峰，方志耕，方世力，刘靖，于亮，杨晓钰，陶良彦，曹颖赛. 贫信息背景下朱兰质量成本灰色 GM (1，1) 测算模型 [J]. 数学的实践与认识，2017，47 (9)：84-90.

[191] 张根保. 现代质量管理 [M]. 北京：机械工业出版社，2015.

[192] 常兰，田帅辉，刘小红. 基于质量螺旋的物流管理专业人才培养质量评价研究 [J]. 物流工程与管理，2018，40 (11)：137-139.

[193] Imai M. Kaizen：The key to Japan's competitive success [M]. New York：Random House，1986.

[194] Moen R. Foundation and history of the PDSA cycle [C] //Asian network for quality conference.Tokyo.https://www.deming.org/sites/default/files/pdf/2015/PDSA_History_Ron_Moen. Pdf. 2009.

[195] 袁凌. 管理大师的智慧 [M]. 长沙：湖南大学出版社，2008.

[196] Phillips Carson P, Carson K D. Deming versus historical management theorists on the importance of goal-setting: can both be right ? [C] Academy of Management Proceedings. Briarcliff Manor，NY 10510：Academy of Management, 1992 (1)：144-148.

[197] 质量君. 戴明“十四点”：质量无须惊人之举 [J]. 中国纤检，2018 (12)：54-56.

[198] Deming W E. Out of the crisis，reissue [M]. Massachusetts：MIT press，1986.

[199] Dornblaser B，Lin T，Van de Ven A H. Innovative outcomes，learning and action loops [A]. In Van de Ven A. H. Angle H. Poole S. (Eds) . Research on the Management of Innovation [C]. New York：Harper & Row. 1989：

193-217.

［200］康路晨．让你管得明明白白——加强对“戴明十四点”的理解［J］．中国质量技术监督，2014（7）：76-79.

［201］侯纪伟．戴明十四点——历久弥新的管理思想［J］．中国质量，2004（2）：26-29.

［202］Scherkenbach W W.The Deming route to quality and productivity：Road maps and road blocks［M］．Rockville MD：Mercury Press，1986.

［203］洪生伟．汽车客运服务质量体系［M］．北京：中国标准出版社，2002.

［204］王华轲．顾客导向——普通高校成人高等教育全面质量管理的灵魂［J］．高等农业教育，2008（7）：81-84.

［205］赵涛，高林．发现戴明［M］．北京：北京工业大学出版社，2002.

［206］［美］菲利浦·克劳士比．质量无泪［M］．北京：中国财经经济出版社，2002.

［207］杨钢．零缺陷管理：打造终极品质［J］．中国质量万里行，2005（4）：64-65.

［208］张长江，章伟民，晋国运．克劳士比管理哲学思想的核心［J］．现代企业教育，2003（11）：45.

［209］周雪．基于零缺陷理念的质量成本管理研究［D］．北京：首都经济贸易大学，2018.

［210］菲利浦·克劳士比．领导成为一名执行官的艺术［M］．北京：经济科学出版社，2006.

［211］菲利浦·克劳士比．完整性：21 世纪的质量［M］．北京：中国人民大学出版社，2006.

［212］Crosby P B. Crosby’s 14 steps to improvement［J］．Quality Progress，2005（38）：60-64.

［213］［美］菲利浦·克劳士比．质量免费：确定质量的艺术［M］．杨钢，林海，译．北京：中国人民大学出版社，2006.

［214］American Society for Quality. ANSI/ISO/ASQ Q9004-2000［S］．Milwaukee：ASQ Quality Press，2000：A8.

［215］杨全义，符志民．质量管理成熟度模型评价［J］．项目管理技术，2011，9（3）：34-38.

［216］Li J，Fok W，Fok L. The impact of QM maturity upon the extent and effectiveness of customer relationship management systems［J］. Supply Chain Management：An International Journal，2002，7（4）：212-224.

［217］潘彦伶．推行“零缺陷”质量管理追求卓越品质［J］．大众科技，2010（3）：197-198.

［218］伍梅仙，石欣亚，邵英强，等．深入实践“零缺陷”质量管理工作探究［J］．质量可靠性，2014（1）：36-38.

［219］贾志涛．“零缺陷”管理与系统工程［J］．质量与可靠性，2009（3）：22-28.

［220］赵华坚，奚立峰．应用防错技术实现质量零缺陷［J］．工业工程与管理，2002，7（4）：46-49.

［221］丛秋波，罗姆．4个“M”保障品质零缺陷［J］．电子设计技术，2011，18（12）：60.

［222］曹巍．石川馨的全面质量管理理念［N］．中国质量报，2007-06-13（007）.

［223］曾楚楚．基于鱼骨图分析的化工企业多米诺风险评价方法研究［D］．南京：南京大学，2017.

［224］崔帅帅，盖会明，辛宁波．基于鱼骨图和层次分析法的变压器制造质量影响因素研究［J］．设备监理，2022（2）：18-22+34.

［225］南萍．石川馨的重要思想——纪念石川馨先生诞辰100周年［J］．中国质量，2015（5）：76-77.

［226］汪泉发，黎燕．质量卓越方式一个质量实践者的视角［M］．广州：暨南大学出版社，2011.

［227］闫荣宇．QC小组质量改进的应用研究［D］．长春：吉林大学，2019.

［228］马慧．QC小组在工程项目管理实践中的应用研究［D］．西安：西安建筑科技大学，2018.

［229］王彦懿．基于QC小组的110kV黄家庄变电站工程全面质量管理研究

[D]. 昆明：昆明理工大学，2019.
[230] 关康奎. QC 小组活动在 A 公司产品质量改善中的应用 [D]. 广州：华南理工大学，2013.
[231] 主要发达国家质量政策比较研究课题组. 日本质量政策：突出全体意识 [N]. 中国质量报，2020-05-11（006）.
[232] 牛勇，袁泉，侯郁. 田口方法近年来的发展——稳健性技术开发 [J]. 农机化研究，2001（1）：33-37.
[233] Taguchi G，Rajesh J. New trends in multivariate diagnosis [J]. Sankhyā：The Indian Journal of Statistics，Series B，2000（2）：233-248.
[234] T Taguchi G，Wu Y，Chodhury S. Mahalanobis-Taguchi system [M]. New York：McGraw-Hill Professional，2000.
[235] Taguchi G，Jugulum R. The Mahalanobis-Taguchi strategy：A pattern technology system [M]. New York：John Wiley & Sons，2002.
[236] Taguchi G，Jugulum R，Taguchi S. Multivariate data analysis method and uses thereof：U.S. Patent 7，043，401 [P]. 2006-5-9.
[237] Okubo H，Ushiku T，Satoh M. Fault diagnosis of adaptive beam using the Mahalanobis-Taguchi system [J]. Journal of Intelligent Material Systems and Structures，2021，32（10）：1089-1094.
[238] 何桢，潘越，刘子先，等. 因子试验 RSM 与田口方法的比较研究 [J]. 机械设计，1999（11）：1-4.
[239] 杨凯欣，孙文磊，肖奇，等. 基于田口灰色关联法对 Fe06-15%TiC 熔覆层激光工艺参数优化 [J]. 材料导报，2022（24）：1-18.
[240] Pardeshi P M，Mungray A A，Mungray A K.Determination of optimum conditions in forward osmosis using a combined Taguchi-neural approach [J]. Chemical Engineering Research and Design，2016（109）：215-225.
[241] 杨道广，张力. 基于小样本的 GDI 涡轮增压发动机性能预测方法比较分析 [J]. 重庆：重庆大学学报，2020（43）：52-61.
[242] 方开泰. 在水平数不同的正交试验中决定因素主次关系的一种方法 [J]. 数学的实践与认识，1978（1）：33-36.

[243] 王元，方开泰. 关于均匀分布与试验设计（数论方法）[J]. 科学通报，1981（2）：65-70.

[244] 徐明钊，唐昭，王君，等. 田口方法的适用性研究 [J]. 科技管理研究，2021(11)：216-223.

[245] 刘广第. 质量管理学 [M]. 北京：清华大学出版社，1996.

[246] 梁工谦，赵永强，刘德智. 质量管理学 [M]. 北京：中国人民大学出版社，2014.

[247] 李佳星. 基于田口算法的电动物流车用永磁同步电机多目标优化设计 [D]. 赣州：江西理工大学，2020.

[248] 刘勤远. 利用田口方法改善产品主轴质量稳定性 [D]. 上海：上海交通大学，2012.

[249] Box G E，Meyer R D. Analyzing two-level fractional factorial experiments for possible dispersion effects [R]. wisconsin univ-madison mathematics research center，1984.

[250] Taguchi G，Jugulum R. The Mahalanobis-Taguchi strategy：A pattern technology system [M]. John Wiley & Sons，2002.

[251] Taguchi G. Taguchi methods in LSI fabrication process [C] //2001 6th International Workshop on Statistical Methodology(Cat. No. 01TH8550). IEEE，2001：1-6.

[252] Akao Y. QFD：Past，present，and future [C] //International Symposium on QFD. 1997，97（2）：1-12.

[253] Mizuno S，Akao Y. Quality function deployment：A company wide quality approach [M]. Tokyo：JUSE Press，1978.

[254] Sullivan L P. Quality function deployment [J]. Quality Progress，1986(6)：39-50.

[255] American Supplier Institute. Quality function deployment for service implementation manual [M]. Dearborn，MI：ASI Press，1992.

[256] Cohen L. Quality function deployment：How to make QFD work for you [M]. Upper Saddle River：Prentice Hall，1995.

[257] 陈劲，王芳瑞. 技术创新管理方法 [M]. 北京：清华大学出版社，2006.

[258] Cristiano J J，Liker J K，White C C. Customer-driven product development through quality function deployment in the U.S. and Japan [J]. Journal of Product Innovation Management，2000 (17)：286-308.

[259] Chan L K，Wu M L. Quality function deployment：A comprehensive review of its concepts and methods [J]. Quality engineering，2002 (1)：23-35.

[260] 延鹏，赵丽萍，王冠群，等. 面向客户需求分析的产品模块化配置方法 [J]. 计算机集成制造系统，2010 (11)：2341-2345.

[261] 耿秀丽，叶春明. 基于特征选择技术的顾客需求重要度确定方法 [J]. 计算机集成制造系统，2014 (7)：1751-1757.

[262] Jia G Z，Bai M. An approach for manufacturing strategy development based on fuzzy-QFD [J]. Computers & Industrial Engineering，2011 (3)：445-454.

[263] 胡尧，肖人彬，张文旭. 产品评论数据驱动的质量功能展开客户需求挖掘 [J]. 计算机集成制造系统，2022 (1)：184-196.

[264] Chan L K，Kao H P，Wu M L. Rating the importance of customer needs in quality function deployment by fuzzy and entropy methods [J]. International journal of production research，1999 (11)：2499-2518.

[265] 胡启国，张鹏. 基于群策层次分析法和模糊聚类理论的改进质量功能展开研究 [J]. 计算机集成制造系统，2007 (7)：1374-1380.

[266] 王晓暾，熊伟. 质量功能展开中顾客需求重要度确定的粗糙层次分析法 [J]. 计算机集成制造系统，2010 (4)：763-771.

[267] 耿秀丽，董雪琦. 基于云模型和信息公理的产品功能需求配置优化 [J]. 计算机集成制造系，2018 (1)：154-163.

[268] Matzler K，Hinterhuber H H. How to make product development projects more successful by integrating Kano's model of customer satisfaction into quality function deployment [J]. Technovation，1998 (1)：25-38.

[269] Tan K C，Pawitra T A. Integrating SERVQUAL and Kano's model into QFD for service excellence development [J]. Managing Service Quality：An International Journal，2001，11（6）：418-430.

[270] 孙园园，刘飞，李丽. 基于 Kano-QFD 的个性化产品属性指标重要度确定方法 [J]. 计算机集成制造系统，2014（11）：2697-2704.

[271] Ginn D M，Jones D V，Rahnejat H，et al. The " QFD/FMEA interface " [J]. European Journal of Innovation Management，1998（1）：7-20.

[272] Hsiao S W，Wu C N. Integrated kansei engineering and FMEA in innovative product design [M]. Amsterdam：IOS Press，2017.

[273] 何健，张大鹏，邹邦彦，等. 基于改进 QFD 的 FMECA 模型在车辆器材装备质量管理中的应用 [J]. 物流技术，2016（5）：164-168+187.

[274] Friedman M，Kuznets S.The data on income from independent professional practice [M]. Cambridge：NBER，1954.

[275] 傅莲英. 推进质量环境认证减少国际贸易壁垒 [N]. 国际商报，2001-10-29（002）.

[276] Zimmerman M A，Zeitz G J.Beyond survival：A chieving new venture growth by building legitimacy [J]. Academy of Management Review，2002（3）：414-431.

[277] Boiral O. ISO9000：Outside the iron cage [M]. Hanover：Informs.2003.

[278] Corbett C J，Montes-Sancho M J，Kirsch D A.The financial impact of lSO 9000 certification in the United States：An empirical analysis [J]. Management Science，2005（7）：1046-1059.

[279] Kreps D M，Wilson R. Reputation and imperfect information [J]. Journal of Economic Theory，1982（2）：253-279.

[280] Meyer J，Rowan B，Meyer J W. Institutionalized organizations：Formal structures as a myth and ceremony [J]. American Journal of Sociology，1977，83（2）：340-363.

[281] Khan Z. Cleaner production：an economical option for ISO certification in developing countries [J]. Journal of Cleaner Production，2008，16（1）：

22-27.

[282] Shaw C，Groene O，Mora N，et al. Accreditation and ISO certification：do they explain differences in quality management in European hospitals? [J]. International Journal for Quality in Health Care，2010，22（6）：445-451.

[283] Mokhtar M Z，Muda M S. Comparative study on performance measures and attributes between ISO and non-ISO certification companies [J]. International Journal of Business and Management，2012，7（3）：185.

[284] Lo L K，Chang D S. The difference in the perceived benefits between firms that maintain ISO certification and those that do not [J]. International Journal of Production Research，2007，45（8）：1881-1897.

[285] 费先云，王建刚. ISO认证与企业创新：地理位置与组织形式的调节效应[J]. 科技和产业，2022，22（2）：165-173.

[286] Kartha C P. A comparison of ISO 9000：2000 quality system standards，QS9000，ISO/TS 16949 and Baldrige criteria [J]. The TQM Magazine，2004，16（5）：331-340.

[287] Vouzas F. Investigating the human resources context and content on TQM，business excellence and ISO 9001：2000 [J]. Measuring Business Excellence，2007，11（3）：21-29.

[288] Wilson J P，Walsh M A T，Needy K L S. An examination of the economic benefits of ISO 9000 and the Baldrige Award to manufacturing firms [J]. Engineering Management Journal，2003，15（4）：3-10.

[289] 韩福荣.《卓越绩效评价准则》标准的理论视角 [J]. 标准科学，2012（5）：12-16.

[290] 久米均，马林. 质量经营（中国质量管理协会成立20周年纪念讲话）[C]. 全国推行全面质量管理20周年大会论文集，1999.

[291] 蔡升华，任治军，戴洪军. 卓越绩效视角下的质量管理模式创新与实践[J]. 电力勘测设计，2020（S2）：1-7.

[292] 陈得泉. 推行卓越绩效模式探索企业核心竞争力提升路径 [J]. 上海质量，2021（9）：61-64.

［293］钟慧，赵仲夏，吕航，等．“省市县”一体化卓越绩效模式探索与实践［J］．中国电力企业管理，2021（14）：34-36.

［294］周慧，张月义，孙叶芳．卓越绩效模式如何影响企业创新？［J］．科技管理研究，2022，42（11）：209-215.

［295］Brown M G. Baldrige award winning quality：How to interpret the Baldrige criteria for performance excellence［M］．Florida：CRC Press，2017.

［296］Sun Hongyi.A systems research on quality management under the MBNQA framework［J］．Total Quality Management & Business Excellence，2011，22（11）：1195-1211.

［297］安景文，白莹．成功企业的先进管理方法——卓越绩效模式［J］．价值工程，2009，28（6）：98-99.

［298］岳刚．卓越绩效模式类目相关性分析研究［D］．天津：天津大学，2008.

［299］陈庆康．卓越绩效模式对企业竞争力提升作用研究［D］．沈阳：吉林大学，2016.

［300］罗晓东．标杆管理：追求卓越的新方法［J］．宜宾师专学报，1998（1）：30-32.

［301］熊爱华．搭成功企业的便车——追求卓越绩效的标杆管理［J］．山东经济，2005（2）：72-74.

［302］马秀贞．标杆管理与追求卓越［J］．中国．城乡桥，2007（2）：74-75.

［303］李孝刚，赵海峰．卓越绩效评价准则中的平衡计分卡思想［J］．石油工业技术监督，2006（3）：8-12.

［304］何阿毡．透过卓越绩效模式看平衡计分卡在战略管理中的应用［J］．山西财经大学学报，2007（S1）：51-52.

［305］韦思佳．卓越绩效管理理论下的员工平衡计分卡设计初探［J］．中小企业管理与科技（下旬刊），2018（2）：11-12.

［306］崔继峰．卓越绩效模式中“社会责任”的理解与评价研究［J］．上海质量，2022（1）：54-57.

［307］Abdullah M，Hamid M R A，Mustafa Z，et al. Value-based total performance excellence model: A conceptual framework for organizations [J]. Total Quality Management & Business Excellence, 2012, 23 (5-6): 557-572.

[308] Abdolshah M, Moghimi M, Azin M, et al. Mehr Iran Bank's performance evaluation using EFQM excellence Model: A case study of Alborz province branches [J]. International Journal of Productivity Management and Assessment Technologies (IJPMAT), 2016, 4 (1): 15-27.

[309] Ohno T. How the Toyota production system was created [J]. Japanese Economic Studies, 1982, 10 (4): 83-101.

[310] 阎沿岩. “5S”——现场管理的利器 [J]. 河北企业, 2002 (Z3): 61.

[311] 周忠亭. 餐饮酒店 4D 现场管理 [M]. 北京: 中国青少年音像出版社, 2012.

[312] 凌国良, 马庆国. 自动化≠自働化 [J]. 企业管理, 2005 (2): 96-97.

[313] 刘承元. 怎样理解精益的“自働化”原则 [J]. 企业管理, 2016 (5): 26.

[314] Alfasi N, Portugali J. Planning just-in-time versus planning just-in-case [J]. Cities, 2004, 21 (1): 29-39.

[315] Monden Y. Toyota production system: An integrated approach to just-in-time [M]. Florida: CRC Press, 2011.

[316] 魏大鹏. 准时化生产方式的技术支撑体系 [J]. 工业工程与管理, 1998 (2): 30-33

[317] 胡曰明. 准时化生产方式应用于生产计划的制定及其执行 [J]. 机械制造与自动化, 2012, 41 (2): 89-93.

[318] 王语嫣. 对准时化生产 (JIT) 要素、优劣及改进方法的研究 [J]. 经济研究导刊, 2017 (22): 184+188.

[319] 何通能, 朱云杰. 基于准时化生产要求下改进型粒子群算法研究 [J]. 浙江工业大学学报, 2019, 47 (3): 317-321.

[320] 大野耐一. 丰田生产方式 [M]. 太原: 山西人民出版社. 1989.

[321] Clark A J, Scarf H. Optimal policies for a multi-echelon inventory problem

[J]. Management Science, 1960, 6 (4): 475-490.

[322] Deleersnyder J L, Hodgson T J, Muller-Malek H, et al. Kanban controlled pull systems: An analytic approach [J]. Management Science, 1989, 35 (9): 1079-1091.

[323] 陈建华，彭鸿广. 基于时间竞争的 MRP Ⅱ、JIT 与 TOC 集成化生产管理模式 [J]. 工业工程与管理，2004 (6): 75-79.

[324] 侯哲平. 推行混流拉动式生产方式大幅提高生产能力 [J]. 锻压技术，2002，27 (2): 59-61.

[325] 付云池. 制造业中推式生产与拉式生产方式的比较与转换点分析 [J]. 科技视界，2015 (4): 286-286.

[326] Al-Tahat M D, Mukattash A M. Design and analysis of production control scheme for Kanban-based JIT environment [J]. Journal of the Franklin Institute, 2006, 343 (4-5): 521-531.

[327] Raju N M, Vijaya K E, Upender G B. Electronic Kanban System [J]. International Journal of Scientific and Research Publications, 2013, 3 (3): 1-6.

[328] MacKerron G, Kumar M, Kumar V. A case study on E-Kanban implementation: A framework for successful implementation [M]. London: Springer, 2014.

[329] André Perroni de Burgos, Dayana Bastos Costa.Assessment of kanban use on constructionsites [C]. Proceedings for the 20th Annual Conference of the International Group for Lean Construction, California: IGLC.2012.

[330] 邱光宇. 精益建设的理论体系及其在我国建筑业运行的研究 [D]. 镇江：江苏大学，2006.

[331] 朱培军，刘飞，曹乐. MRP Ⅱ、JIT 与 TOC 集成生产管理模式研究及应用 [J]. 现代制造工程，2008 (9): 35-38.

[332] 易东波. 基于均衡生产的多品种产品混投排序应用分析 [J]. 南昌水专学报，2003 (3): 19-21.

[333] 翟桂武. 均衡生产是煤炭企业实现生产精细化管理的重要手段 [J]. 中

国煤炭，2008（6）：24-26+31+4.

[334] 刘东. 蒙皮拉形机快速换模系统安全性分析［D］. 成都：西南交通大学，2019.

[335] 李静，杨雷. 一种全自动快速换模系统在冲压生产线上的设计研究［J］. 科学技术创新，2020（30）：177-178.

[336] Blecken A，Zobel A，Maurantzas E. Development of a lean quality management system：An integrated management system［C］. International Heinz Nixdorf Symposium. Springer，Berlin，Heidelberg，2010：141-151.

[337] Schonberger R. Quality management and lean：A symbiotic relationship［J］. Quality Management Journal，2014，21（3）：6-10.

[338] Ringen G，Aschehoug S，Holtskog H，et al. Integrating quality and lean into a holistic production system［J］. Procedia CIRP，2014（17）：242-247.

[339] Ma T B. Research on the method of lean quality improvement for Permanent Magnet Motor［J］. Technology for Education and Learning，2012（136）：739-743.

[340] 严兵，顾克江. 论精益生产方式和全面质量管理的关系［J］. 工业技术创新，2016（3）：376-379.

[341] 刘建国. 精益生产方式下的质量控制［J］. 机械管理开发，1999（2）：53-55.

[342] 王会召. 航空产品精益生产模式下的质量管理［J］. 机械管理开发，1999（2）：53-55.

[343] 吕永卫，巴利伟. 基于精益六西格玛的质量管理改进实证研究［J］. 科技管理研究，2014，34（2）：226-232.

[344] 范晓华. 精益思想在QC小组活动中的应用［J］. 管理观察，2014（18）：136-137.

[345] 苏伟玥. 关于公司质量精益质量管理模式的应用分析［J］. 大科技，2017（11）：18.

[346] 兰琦，赵健雄. 面向过程的精益质量管理 - 以 DQ 公司为例 [J]. 企业改革与管理，2017 (11)：47-48.

[347] 谢庆红. 基于质量重现的精益生产管理 [D]. 郑州：河南农业大学，2010.

[348] 张洪亮. 离散制造企业精益生产实施能力研究 [D] 天津：天津大学，2010.

[349] 陈金兰，杨明忠，孙杰. 精益质量管理在企业中的应用 [J]. 企业改革与管理，2015 (12)：1-2.

[350] Neukomm D. Developing employee competence improve quality within a small，flexible，lean manufacture environment [D]. California：California State University Dominguez Hills，2008.

[351] 杨晓平. DH 公司精益质量管理绩效评价指标体系研究 [D]. 广州：华南理工大学，2013.

[352] 陈俐竹. 招标控制价编制的精益质量成本管理研究 [D]. 西安：西安建筑科技大学，2015.

[353] Brady J E，Allen T T. Six sigma literature：A review and agenda for future research [J]. Quality and Reliability Engineering International，2006，22 (3)：335-367.

[354] 潘迪. 六西格玛管理法：世界顶级企业追求卓越之道 [M]. 北京：机械工业出版社，2011.

[355] Montgomery D C.Generation III Six Sigma [J]. Quality and Reliability Engineering International，2005，21 (6)：3-4.

[356] Montgomery D C，Woodall W H.An overview of six sigma [J]. International Statistical Review，2008，76 (3)：329-346.

[357] Pepper M P J，Spedding T A. The evolution of lean Six Sigma [J]. International Journal of Quality & Reliability Management，2010，27 (2)：138-155.

[358] Schroeder R G，Linderman K，Liedtke C，et al. Six Sigma：Definition and underlying theory [J]. Journal of Operations Management，2008，26

(4): 536-554.

[359] Antony J. Some pros and cons of six sigma: an academic perspective [J]. The TQM Magazine, 2004, 16 (4): 303-306.

[360] Pakdil F. Six sigma project prioritization and selection methods: A systematic literature review [J]. International Journal of Lean Six Sigma, 2021, 13 (2): 382-407.

[361] Gupta P. Beyond PDCA-A new process management model [J]. Quality Progress, 2006, 39 (7): 45.

[362] Lynch D P, Bertolino S, Cloutier E. How to scope DMAIC projects [J]. Quality Progress, 2003, 36 (1): 37-41.

[363] Srinivasan K, Muthu S, Devadasan S R, et al. Six Sigma through DMAIC phases: A literature review [J]. International Journal of Productivity and Quality Management, 2016, 17 (2): 236-257.

[364] Johnson J A, Gitlow H, Widener S, et al. Designing new housing at the University of Miami: A "Six Sigma" DMADV/DFSS case study [J]. Quality Engineering, 2006, 18 (3): 299-323.

[365] Cronemyr P. DMAIC and DMADV-differences, similarities and synergies [J]. International Journal of Six Sigma and Competitive Advantage, 2007, 3 (3): 193-209.

[366] Kim J. Information strategy planning based on six-sigma DMADOV Methodology [J]. Korean Management Science Review, 2008, 25 (1): 75-91.

[367] Das S. Book review of Design for Six Sigma: Launching New Products & Services Without Failure. [J]. International Journal of Production Research, 2004, 42 (1): 214-214.

[368] Creveling C M, Slutsky J, Antis D. Design for Six Sigma in technology and product development [M]. Upper Saddle River: Prentice Hall Professional, 2002.

[369] Basu R, Wright J N. Quality beyond six sigma [M]. London: Routledge,

2012.

[370] Schroeder R G，Linderman K，Liedtke C，et al. Six Sigma：Definition and underlying theory [J]. Journal of Operations Management，2008，26 (4)：536-554.

[371] Gutierrez L J G，Llorens-Montes F J，Bustinza O F. Six sigma：From a goal-theoretic perspective to shared vision development [J]. International Journal of Operations & Production Management，2009，29 (1-2)：151-169.

[372] Arumugam V，Antony J，Kumar M. Linking learning and knowledge creation to project success in Six Sigma projects：An empirical investigation [J]. International Journal of Production Economics，2013，141 (1)：388-402.

[373] Easton G S，Rosenzweig E D. Team leader experience in improvement teams：A social networks perspective [J]. Journal of Operations Management，2015 (37)：13-30.

[374] 周延虎. 精益六西格玛集成应用的若干问题研究 [D]. 天津：天津大学，2007.

[375] Alhuraish I，Robledo C，Kobi A. A comparative exploration of lean manufacturing and six sigma in terms of their critical success factors [J]. Journal of cleaner production，2017 (164)：325-337.

[376] Nagi M，Chen F F，Wan H D. Throughput rate improvement in a multiproduct assembly line using lean and simulation modeling and analysis [J]. Procedia Manufacturing，2017 (11)：593-601.

[377] Cohen A，Alhuraish I，Robled C，et al. A Statistical analysis of critical quality tools and companies performance [J]. Journal of Cleaner Production，2020 (255)：120-121.

[378] Gaikwad L，Sunnapwar V . An integrated Lean，Green and Six Sigma strategies：A systematic literature review and directions for future research [J]. TQM Journal，2020，32 (2)：201-225.

［379］ 徐敏．6西格玛、敏捷制造与精益生产的集成应用［J］．工会论坛（山东省工会管理干部学院学报），2005（1）：83-84.

［380］ 张丽红，曾凤章．精益生产与六西格玛管理整合的探讨［J］．中国质量，2005（6）：25-28.

［381］ 施学良，祝庆峰．精益6西格玛物流——质量和速度的完美结合［J］．交通与运输，2005（3）：38-39.

［382］ 何桢，车建国．精益六西格玛：新竞争优势的来源［J］．天津大学学报（社会科学版），2005（5）：321-325.

［383］ 王颖，何桢，刘曰波．我国企业推广精益六西格玛应注意的关键问题［J］．大连理工大学学报（社会科学版），2007（2）：55-59.

［384］ 何桢，胡浩，刘海龙，等．精益六西格玛理论研究与应用综述［J］．工业工程，2021，24（5）：1-8+54.

［385］ 张广芳．基于六西格玛的互联网产品质量管理研究［D］．北京：北京邮电大学，2018.

［386］ 李帆．基于物联网的六西格玛质量管理系统研究与应用［D］．成都：西华大学，2021.

［387］ 刘春辛．智能制造背景下的A公司精益六西格玛研究［D］．北京：北京化工大学，2020.

［388］ 胡亮．基于大数据的精益六西格玛研究［J］．企业改革与管理，2016（7X）：15.

［389］ 刘兴锋，郭华显．大数据环境下精益六西格玛项目审计评估初探［J］．中国总会计师，2015（6）：38-39.

［390］ 主要发达国家质量政策比较研究课题组．主要发达国家质量政策比较研究之四：日本质量政策发展概况［J］．中国质量监管，2020（7）：82-84.

［391］ 程虹，范寒冰，罗英．美国政府质量管理体制及借鉴［J］．中国软科学，2012（12）：1-16.

［392］ 主要发达国家质量政策比较研究课题组．主要发达国家质量政策比较研究之二：美国质量政策研究［J］．中国质量监管，2020（5）：84-85.

［393］ 高晓红，康键．主要发达国家质量监管现状分析与经验启示［J］．世界

标准化与质量管理，2008（10）：4-8.

［394］道格拉斯·费尔．美国企业的质量文化建设［J］．中国质量，2009（10）：16-21.

［395］程振彪．德国质量是如何炼成的？［J］．企业管理，2014（4）：6-8.

［396］岳蕾．德国标准化战略对我国标准化改革的启示［J］．电器工业，2016（9）：73-74.

［397］中国社会科学院工业经济研究所“质量强国”研究课题组．中国经济转型中质量强国战略框架体系［J］．财经智库，2017，2（5）：23-40+142.

［398］程虹，陈昕洲，罗连发．质量强国战略若干重大问题研究［J］．宏观质量研究，2013，1（3）：1-14.

［399］孙霞云．不忘初心为质量强国而战党的十八大以来质检总局贯彻落实中央质量发展决策部署综述［J］．中国质量万里行，2017（11）：12-24.

［400］吴生龙，肖骏．关于实施质量强国战略的几点思考［J］．质量与标准化，2016（8）：1-4.

［401］江晖．质量强国战略背景下新时代工匠精神培育思考［J］．成才，2022（5）：1-3+18.

［402］闫坤，张鹏．构建推进质量强国战略的宏观政策支持框架［J］．财会月刊，2019（7）：3-8.

［403］闫坤，张鹏．构建推进质量强国战略的财政政策体系［J］．宏观质量研究，2019，7（1）：8-16.

［404］于欣丽．加快标准化创新发展支撑科技强国与质量强国建设［J］．广西质量监督导报，2016（12）：1.

［405］Silberston A，Abbott L.Quality and competition：An essay in economic theory［J］．Science & Society，1956，68（272）：796.

［406］Brekke K R，Siciliani L，Straume O R. Quality competition with profit constraints［J］．Journal of Economic Behavior & Organization，2012，84（2）：642-659.

［407］Young J A. Quality：The competitive strategy［J］．Science，1983，222（4623）：461-461.

[408] Cournot A A. Researches into the mathematical principles of the theory of wealth [M]. New York：Macmillan Company，1897.

[409] Peneder M. Intangible investment and human resources. The new WIFO taxonomy of manufacturing industries [R]. WIFO working papers，1999.

[410] Aiginger K. Europe's position in quality competition [M]. Luxembourg：Office for Official Publications of the European Communities，2001.

[411] André F J，González P，Porteiro N. Strategic quality competition and the Porter hypothesis [J]. Journal of Environmental Economics and Management，2009，57 (2)：182-194.

[412] 李正权. 论质量竞争力形成的市场条件 [J]. 世界标准化与质量管理，2005 (7)：20-23.

[413] 李志德. 中国产品质量发展的长效机制研究 [D]. 武汉：武汉大学，2012.

[414] 马小平. 宏观质量管理与质量竞争力研究 [D]. 南京：南京理工大学，2008.

[415] 上海质量管理科学研究院质量竞争力课题组. 指标体系与测评方法 质量竞争力指数评价《质量竞争力》专著摘要（五）[J]. 上海质量，2006 (7)：19-23.

[416] 于洋，李一军. 基于多策略评价的绩效指标权重确定方法研究 [J]. 系统工程理论与实践. 2003 (8)：8-15.

[417] 中华人民共和国国家质量监督检验检预总局，中国国家标准化管理委员会. GB/T 19580—2004 卓越绩效评价准则 [S]. 北京：中国计量出版社，2004.

[418] 袁家新，程龙生. AHP 在企业竞争力评价中的应用 [J]. 南京理工大学学报. 2003，27 (7)：16—21.

[419] 吕广振，陈建勋. 卫生防疫工作的宏观质量管理（上）[J]. 中国公共卫生（管理版)，1985 (1)：46-48.

[420] 任恕崇. 运用系统原理加强和改善宏观质量管理 [J]. 江苏机械，1986 (4)：6-8.

[421] 金良超. 论宏观质量评价指标体系 [J]. 管理现代化，1991 (3): 7-11.

[422] 郭仲伟，徐联仓，朱力群，等. 宏观质量评估的理论与方法 [C]. 企业发展与系统工程——中国系统工程学会第七届年会论文集，1992 : 156-162.

[423] 刘丽. 市场经济条件下我国产品宏观质量管理的对策 [J]. 中国农业大学社会科学学报，1996 (Z2): 15-18+21.

[424] 程虹. 宏观质量管理的基本理论研究——一种基于质量安全的分析视角 [J]. 武汉大学学报 (哲学社会科学版)，2010，63 (1): 129-134.

[425] 高忠维，王立兵，李建国，等. 宏观质量管理的系统方法研究 [J]. 质量探索，2018，15 (3): 53-59.

[426] 程虹. 2012 年中国质量状况—消费者感知与模型构建 [J]. 宏观质量研究，2013 (1): 33-48.

[427] 马小平. 宏观质量指数研究 [J]. 数理统计与管理，2009，28 (5): 921-925.

[428] 程虹，李清泉. 我国区域总体质量指数模型体系与测评研究 [J]. 管理世界，2009 (1): 2-9.

[429] 狩野纪昭，樊桦. 在全球化中创造魅力质量 [J]. 中国质量，2002 (9): 39-41.

[430] Berger C.Kano's methods for understanding customer-de-fined quality [J]. Center for Quality Management Journal，1993，2 (4): 3-36.

[431] Yang Ching-Chow.The refined Kano's model and its applica-tion [J]. Total Quality Management，2005，16 (10): 1127-1137.

[432] 段黎明，黄欢. QFD 和 Kano 模型的集成方法及应用 [J]. 重庆大学学报，2008，31 (5): 515-519.

[433] 陈波波，齐佳音，黄逸珺，等. 对 KANO 模型中质量要素评价倾向判定方法的改进 [J]. 北京邮电大学学报 (社会科学版)，2007 (2): 51-54.

[434] 孟庆良，何林. 基于模糊 KANO 模型的质量属性分类方法及其应用 [J]. 工业工程，2013，16 (3): 121-125.

[435] Sofia D. Anastasiadou.The roadmaps of total quality management in the Greek edueation system according to Deming，Juran，and Crosby in light of the EFQM model [J]. Procedia Economics and Finance，2015（33）：562-572.

[436] Tannock J D T，Maull R S. The integrated quality system in CIM [J]. Computer Integrated Manufacturing Systems，1988，1（4）：228-234.

[437] Tannock J D T，Wort R G，Savage B M. Automating quality systems [J]. Proceedings of the Institution of Mechanical Engineers，Part B：Journal of Engineering Manufacture，1990，204（4）：231-236.

[438] Durakbasa M N，Osanna P H，Oberlande R. Datacommunication for quality assuranceary quality management in computer intagrated industry [J]. IFAC Proceedings Volumes，1992，25（8）：165-172.

[439] 赵德金. 基于 QIS 的工程项目管理方法研究与实现 [D]. 成都：电子科技大学，2012.

[440] 武汉大学工业互联网研究课题组. “十四五”时期工业互联网高质量发展的战略思考 [J]. 中国软科学，2020（5）：1-9.

[441] Gonzalez R C. Digital image processing [M]. Upper Saddle River：Pearson education，2009.

[442] 孟子杰. 工业 4.0：三分技术七分管理——访德国质量管理专家罗兰·约瑟姆 [J]. 中国质量，2019（3）：75-78.

[443] 邓雪，李家铭. 层次分析法权重计算方法分析及其应用研究 [J]. 数学的实践与认识，2012（4）：93-97.

[444] He K，Zhang X，Ren S，et al. Deep residual learning for image recognition [C]. Proceedings of the IEEE conference on computer vision and pattern recognition.2016：770-778.

[445] Simonyan K，Zisserman A. Very deep convolutional networks for large-scale image recognition [J]. arXiv，2014：1409-1556.

[446] 邓良荣. 基于 Web 的分布式集成质量系统功能模块设计与实现 [D]. 北京：北京航空航天大学，2003.

［447］ 余洪亮．市政工程 EPC 项目管理质量与控制体系的建立及完善对策［J］．中国标准化，2018（8）：133-134．

［448］ 从鹏飞．质量管理体系在企业管理中的应用［J］．管理研究，2018（9）：20-22．

［449］ 雷亚国，韩天宇，王彪，李乃鹏，闫涛，杨军．XJTU-SY 滚动轴承加速寿命试验数据集解读［J］．机械工程学报，2019，55（16）：1-6．

［450］ 杨国平，邱菀华、项目管理成熟度模型发展动态展析［J］．北京航空航天大学（社会科学版）．2010，23（5）：49-52．

［451］ 李彪，蒋平安，宁松瑞，等．基于 RFID 和二维码技术的新疆哈密瓜溯源系统［J］．农机化研究，2014（8）：196-201．

［452］ 王坤，白红武，王富国，等．基于 SaaS 模式的江苏省农产品质量安全追溯管理系统研究［J］．江苏农业科学，2014（12）：414-418．

［453］ 马勇．基于 Agent 的蜂蜜质量追溯系统研究［D］．北京：中国农业科学院，2011．

［454］ 汪洋．基于区块链的农产品质量安全追溯平台的设计与实现［D］．大庆：黑龙江八一农垦大学，2021．

［455］ Baldwin E A，Hagenmaier R，Bai J.Edible coatings and films to improve food quality［M］．Florida：CRC Press，2011．

［456］ Dai Y，van Spronsen J，Witkamp G J，et al. Natural deep eutectic solvents as new potential media for green technology［J］．Analytica chimica acta，2013（766）：61-68．

［457］ Carrión-Flores C E，Innes R. Environmental innovation and environmental policy：an empirical test of bi-directional effects［R］．University of Arizona Working Paper，2006．

［458］ Tanguay G A，Rajaonson J，Lefebvre J F，et al. Measuring the sustainability of cities：An analysis of the use of local indicators［J］．Ecological indicators，2010，10（2）：407-418．

［459］ Martin R，Wagner U J. Climate policy and innovation：Evidence from Patent Data［R］．Working paper，2009．

[460] Endres A，Rundshagen B. Standard oriented environmental policy：cost-effectiveness and incentives for ‘green technology’[J]. German Economic Review，2010，11（1）：86-107.

[461] 张长元. 可持续发展对全面质量管理的挑战[J]. 冶金标准化与质量，2000（3）：53-55.

[462] 刘国珍. 绿色背景下的企业质量管理[J]. 城市技术监督，2001（2）：40-41.

[463] 隋丽辉. 企业绿色质量管理体系的构建与过程控制研究[D]. 哈尔滨：哈尔滨工业大学，2007.

[464] 濮津，鲁强. 装备制造业绿色质量管理体系的有效性评价[J]. 煤矿机械，2016，37（8）：1-3.

[465] Wei W，Wargocki P，Zirngibl J，et al. Review of parameters used to assess the quality of the indoor environment in green building certification schemes for offices and hotels[J]. Energy and Buildings，2020（209）：1-51.

[466] Caswell J A，Padberg D I.Towards a More Comprehensive Theory of Food Labels[J]. American Journal of Agricultural Economics，1992（74）：460-68.

[467] Gómez M I，Cabal M P，Torres J A. Private initiatives on food safety：the case of the Colombian poultry industry[J]. Food Control，2002，13（2）：83-86.

[468] 展进涛，徐萌，谭涛. 供应链协作关系、外部激励与食品企业质量管理行为分析——基于江苏省、山东省猪肉加工企业的问卷调查[J]. 农业技术经济，2012（2）：39-47.

[469] 陈克杰. 企业绿色质量管理研究[J]. 商业研究，2010（5）：76-80.

[470] 郑辉，赵乃莹，郭甜甜，等. 轻工装备制造阶段关键绿色质量特性提取模型[J]. 制造技术与机床，2022（1）：152-157.

[471] 陈克杰，隋丽辉. 基于过程方法的企业绿色质量管理体系研究[J]. 科技与管理，2010，12（3）：43-46.

[472] Li W H，Liu M C. Several strategic thoughts on China’s eco-compensation mechanism [J]. Resources Science，2010，32 (5)：791-796.

[473] Jiang Z，Zhang H，Sutherland J W. Development of multi-criteria decision making model for remanufacturing technology portfolio selection [J]. Journal of Cleaner Production，2011，19 (17-18)：1939-1945.

[474] 刘飞，李聪波，曹华军，等. 基于产品生命周期主线的绿色制造技术内涵及技术体系框架 [J]. 机械工程学报，2009，45 (12)：115-120.

[475] 陈晓昀. 企业绿色制造能力提升策略研究 [J]. 沿海企业与科技，2021 (3)：3-7.

[476] 王修远，王璐，曲立. 绿色低碳视角下制造型企业质量提升路径与机制 [J]. 中国质量，2021 (12)：30-36.

[477] 魏明侠. 绿色营销的机理与绩效评价研究 [D]. 武汉：武汉理工大学，2002.

[478] T Troczynski.The quality chain [J]. Quality Progress，1996，29 (9)：208-208.

[479] Juran Joseph M，Blanton A G. Juran’s quality handbook [M]. New York：Mc Gray-Hill Book，1999.

[480] Aghion P，Howitt P. A model of growth through creative destruction [J]. Econometrica，1989，60 (2)：323-351.

[481] 李春田. 21 世纪是质量创新的时代 [J]. 中国质量与品牌，2005 (2)：94-96.

[482] 刘东，佘元冠，石贵龙. 质量创新：质量管理的新阶段 [J]. 世界标准化与质量管理，2005 (3)：7-8.

[483] 程虹，许伟. 质量创新战略：质量管理的新范式与框架体系研究 [J]. 宏观质量研究，2016，4 (3)：1-22.

[484] 杨枫. 软件外包企业的软件质量管理研究 [D]. 厦门：厦门大学，2006.

[485] 邓羽. 呼叫中心外包服务的质量管理研究 [D]. 上海：上海交通大学，2015.

［486］佟刚．南天公司软件外包服务质量管理体系诊断［D］．阜新：辽宁工程技术大学，2016.

［487］Oh H M，Kim K W. Customer satisfaction，service quality，and customer value：years 2000-2015［J］. International Journal of Contemporary Hospitality Management，2017，29（1）：2-29.

［488］Donabedian A. Evaluating the quality of medical care［J］. The Milbank memorial fund quarterly，1966，44（3）：166-206.

［489］刘亚洲．基于三维质量结构理论的校园足球竞赛质量评价体系研究［D］．天津：天津体育学院，2022.

［490］Shapiro C. Premiums for high quality products as returns to reputations［J］. The quarterly journal of economics，1983，98（4）：659-679.

［491］刘江会．证券承销商声誉的理论与实证研究［D］．上海：复旦大学，2004.

［492］张维迎．法律制度的信誉基础［J］．经济研究，2002（1）：3-13+92-93.

［493］Mailath G J，Samuelson L. Who wants a good reputation?［J］. The Review of Economic Studies，2001，68（2）：415-441.

企业管理思想史系列

1.《管理思想史》
2.《组织管理思想史》
3.《知识管理思想史》
4.《人力资源管理思想史》
5.《营销管理思想史》
6.《战略管理思想史》
7.《财务管理思想史》
8.《创业管理思想史》
9.《商业模式思想史》
10.《供应链管理思想史》
11.《信息管理思想史》
12.《公司治理思想史》
13.《科技管理思想史》
14.《商业伦理思想史》
15.《企业管理思想史精读》
16.《协同管理思想史》
17.《质量管理思想史》
18.《电子商务思想史》
19.《组织行为学思想史》
20.《公共管理思想史》
21.《价值链管理思想史》
22.《企业管理前沿理论》
23.《运营管理思想史》
24.《生产管理思想史》
25.《旅游管理思想史》
26.《跨国公司经营管理思想史》
27.《项目管理思想史》
28.《投资管理思想史》
29.《创新管理思想史》
30.《公司金融思想史》
31.《物流管理思想史》
32.《风险管理思想史》
33.《成本管理思想史》
34.《内部控制思想史》
35.《企业文化思想史》
36.《管理决策思想史》
37.《系统管理思想史》
38.《国际贸易思想史》
39.《品牌管理思想史》
40.《数字管理思想史》
41.《服务管理思想史》
42.《人力资本管理思想史》

企业管理思想史系列

《创新管理思想史》

作者：胡海波

定价：98.00元

《商业伦理思想史》

作者：陈 颖

定价：98.00元

《质量管理思想史》

作者：蒋明琳

定价：98.00元

《协同管理思想史》

作者：林晓伟

定价：98.00元

《企业管理思想史精读》

作者：余来文

定价：98.00元

《科技管理思想史》

作者：周 丽

定价：98.00元

| 企业管理思想史系列 |

《电子商务思想史》

作者：范春风

定价：98.00元

《组织行为学思想史》

作者：马孟丽

定价：98.00元

《公共管理思想史》

作者：陈丽琴

定价：98.00元

《公司金融思想史》

作者：邹 玲

定价：98.00元

《民营经济思想史》

作者：卢 锐

定价：98.00元